基于重构理念的矿山开发可持续设计及评估方法研究

刘永红　宋一鸣　著

湖南大学出版社·长沙

图书在版编目（CIP）数据

基于重构理念的矿山开发可持续设计及评估方法研究 / 刘永红，宋一鸣著. -- 长沙：湖南大学出版社，2024. 12. -- ISBN 978-7-5667-3921-6

Ⅰ. F426.1

中国国家版本馆CIP 数据核字第2024MY3793号

基于重构理念的矿山开发可持续设计及评估方法研究

JIYU CHONGGOU LINIAN DE KUANGSHAN KAIFA KECHIXU SHEJI JI PINGGU FANGFA YANJIU

著　　者：刘永红　宋一鸣

责任编辑：张以绪

印　　装：长沙创峰印务有限公司

开　　本：710 mm × 1000 mm　1/16　　**印　　张：**18.5　　**字　　数：**291千字

版　　次：2024年12月第1版　　**印　　次：**2024年12月第1次印刷

书　　号：ISBN 978-7-5667-3921-6

定　　价：45.00元

出 版 人：李文邦

出版发行：湖南大学出版社

社　　址：湖南 · 长沙 · 岳麓山　　**邮　　编：**410082

电　　话：0731-88822559（营销部）　88821174（编辑部）　88821006（出版部）

传　　真：0731-88822264（总编室）

网　　址：http://press.hnu.edu.cn

序
FOREWORD

矿山开发作为国民经济的重要支柱，其可持续发展已成为全球共同面临的紧迫任务。传统矿山开发模式因过度开采、破坏环境和引发社会矛盾等问题而饱受诟病，迫切需要新的理念与方法来引领其走上绿色、和谐、可持续发展的道路。《基于重构理念的矿山开发可持续设计及评估方法研究》一书，正是设计学深度介入矿山可持续开发领域的一次重要尝试与突破，它不仅为矿山开发提供了新的视角与思路，更为行业的未来发展探索了全新的路径。

设计，作为连接人与自然、经济与环境的桥梁，其核心在于创造价值并解决问题。将设计学的理念与方法引入矿山开发领域，是对传统矿山发展路径的一次创新与突破。本书所倡导的“重构理念”，强调在矿山规划、开采、加工、闭坑及生态恢复的全生命周期中，融入系统性的设计思维，以实现资源高效利用、生态环境和谐、社区共生发展。本书从矿山空间设计、智能矿山设计及矿山信息可视化等维度探索了矿山可持续设计方法，并构建了一套全面、科学、可操作的可持续评价体系。这不仅是对矿山系统的重新布局，更是对矿山开发理念、技术手段、管理模式乃至价值导向的全面创新。

因此，《基于重构理念的矿山开发可持续设计及评估方法研究》是一部具有前瞻性和实践价值的力作，它不仅拓宽了设计学科的应用边界，更为矿山开发领域指明了可持续的发展方向。本书的出版，对于推动矿山行业转型升级，实现经济发展与生态保护的共赢，具有极其重要的意义。我衷心将此书推荐给所有关心矿山可持续发展，致力于资源节约型、环境友好型社会建设的学者、管理者及相关从业者，相信它能激发更多思考、引领更多行动，让各界共同推动矿山开发走向绿色、和谐、可持续的未来。

何人可

湖南大学设计艺术学院　教授　博士生导师

教育部高等学校工业设计专业教学指导分委会主任委员

湖南省麓山实验室主任

2024 年 9 月

前言

PREFACE

矿山开发作为国民经济发展的重要支柱，其战略地位不言而喻。在我国，矿业年产值占全国 GDP 的比重已逾 7%，彰显了其在国家经济体系中举足轻重的地位。然而，随着矿山开发的深入，一系列不可持续性因素，如环境破坏、资源浪费及安全事故等，日益成为制约矿业健康发展的瓶颈。鉴于此，探索矿山设计的创新路径，以应对功能变动带来的零散化、碎片化挑战，并促进智能技术与矿山可持续设计的深度融合，显得尤为迫切。

正是基于这一背景，本书针对矿山设计领域面临的两大核心问题，即矿山设计的零散化以及与智能技术融合不足，展开了深入细致的研究。本研究依托国家社会科学基金艺术学重大项目“中国设计智造协同创新模式研究”，旨在通过设计学的视角，为矿山可持续开发提供新的理念、模式和方法。

在理念层面，本书首次提出了矿山开发可持续重构设计理念，这一理念不仅梳理了矿山可持续开发的背景与机遇，更明确了设计创新在矿山开发中的层次与途径。通过引入重构理念，本书奠定了矿山重构设计理念的基础，明确了矿山开发重构理念的主要内容和构成要素，从而形成了系统的矿山可持续重构设计方法。

在模式层面，本书建立了矿山开发可持续设计模式。这一模式基于对现有矿山案例的深入研究，识别了四种主要的矿山可持续形式，并总结了其特征与问题。在此基础上，本书构建了“规划—系统—输出”的三层次重构设计框架，以及基于虚拟技术、可视化技术和设计评价的矿山重构设计关键机理，为矿山可持续开发提供了新的模式。

在方法层面，本书构建了矿山可持续设计及评价方法。分别对矿山空间重构、信息可视化重构进行了深入探讨，并形成了相应的设计架构、路径及要素。同时，本书还建立了完整的矿山开发可持续评价体系，为设计师提供了有力的辅助工具。

本书的主要创新点在于：提出了矿山开发可持续重构设计理念，构建了多技术应用的矿山开发可持续重构设计模式，并形成了“设计 + 评价”的矿山可持续设计方法和策略。这些创新不仅拓宽了矿山可持续设计的视野和思路，更为矿山开发过程中可持续问题的解决提供了理论和实践指导。

展望未来，随着科技的不断进步和全球对可持续发展的日益重视，矿山设计将面临更多的机遇与挑战。我们相信，未来矿山设计是多学科知识的交叉融合与应用。我们也期待更多的学者和实践者能够加入这一领域的研究，共同推动矿山设计的创新进步与可持续发展，为实现矿业可持续发展的目标贡献智慧与力量。

刘永红　宋一鸣

2024 年 9 月

目　录

CONTENTS

第1章 绪　论

本章运用文献综述的方法梳理了研究背景、现有研究成果、研究方法和研究空白领域，确定了本书研究思路和技术路线。本章主要包括研究对象、研究综述及研究方法等内容，从景观规划创新、信息呈现创新等角度重点讨论了矿山可持续创新已有研究成果及方法，也从矿山开发评价视角和评价方法两个方面进行了深入的阐述，并对国内外研究进展作了梳理，分析了既有研究中存在的不足，厘清了研究思路与方法，构建了研究的组织框架。

1.1 研究背景

随着资源开发程度的逐渐提高、开采技术的持续进步，矿山开发作为资源开发的重要组成部分，其开发理念和设计方法也在不断发展。本章主要探讨了“两山”理念和可持续发展理念在矿山开发领域的发展应用，并通过设计切入矿山可持续开发中智能技术的应用环节，以解决目前矿山开发所面临的综合性、复合型的问题。

1.1.1 “两山”理念背景下的矿山可持续开发热潮

“绿水青山就是金山银山”，是时任中共浙江省委书记的习近平于 2005 年 8 月在浙江湖州安吉考察时提出的科学论断，简称“两山”理念。“两山”理念强调生态环境保护和经济发展的辩证统一，促进经济社会发展全面绿色转型。可持续发展是一种组织原则，旨在在实现人类发展目标的同时，保持自然系统提供经济和社会所需的自然资源和生态系统服务的能力[1-2]。两种理念经过不断发展、演变及应用，对矿山开发领域产生重要影响。

1.1.1.1 “两山”理念与可持续发展

生态环境问题归根到底是发展方式和生活方式的问题，“两山”理念阐述了经济发展和生态环境保护的关系，坚持生态效益和经济社会效益相统一，经济社会发展和生态环境保护协调统一，人与自然和谐共生。“两山”理念揭示了保护生态环境就是保护生产力、改善生态环境就是发展生产力的道理，指明了实现发展和保护协同共生的新路径[3]。

“两山”理念要求积极探索绿水青山转化为金山银山的路径，利用自然优势发展特色产业，把绿水青山蕴含的生态产品价值转化为金山银山；要求抓住新一轮科技革命和产业变革机遇，推动互联网、大数据、人工智能等新兴技术与绿色低碳产业的深度融合应用，健全生态产品价值实现机制。同时，要抓住资源利用这个源头，推进资源总量管理、科学配置、全面节约、循环利用，全面提高资源利用效率[4]，形成节约资源和保护环境的空间格局、产业结构、生产方式、生活方式，加快推动产业结构、能源结构、交通运输结构、用地结构调整，加快建设美丽中国，建设人与自然和谐共生的现代化[5]。

可持续发展最早诞生于二十世纪六七十年代，西方的现代环保运动针对经济与环境的关系提出发展的“可持续性”[6–7]。1972 年，联合国人类环境会议（UNCHE）召开，标志着人类首次尝试在经济发展和环境保护之间寻求一种平衡[8]。经济发展与环境生态的系统发展也被普遍认为是可持续发展的基本概念[9–10]。1980 年，《世界自然资源保护大纲》中提出在人类谋求经济发展的过程中保护自然资源的目标，这也是“可持续发展”一词被首次提出[11]。1987 年，世界环境与发展委员会（WCED）发布了《我们共同的未来》报告，正式定义可持续发展的内涵[12]。在 1992 年 6 月的联合国环境与发展大会上，《里约环境与发展宣言》《21 世纪议程》等文件的签署在全球范围内达成了可持续发展思想的共识[13]。2015 年 9 月，联合国《2030 年可持续发展议程》提出了 17 个可持续发展目标（SDGs），其中多个目标要求进行可持续发展，平衡好人类发展和生态环境保护之间的关系[14]。可持续发展理念给人类的持续、平衡、和谐发展提供了重要的理论依据（图 1.1）。

如今，“两山”理念和可持续发展理念作为重要的发展理论和要求深入各行各业，特别是在资源开采、能源消耗等高污染高效益的产业，要求这些产业不断进行升级革新，促进经济生产与生态环境相结合，实现人与自然和谐共生。

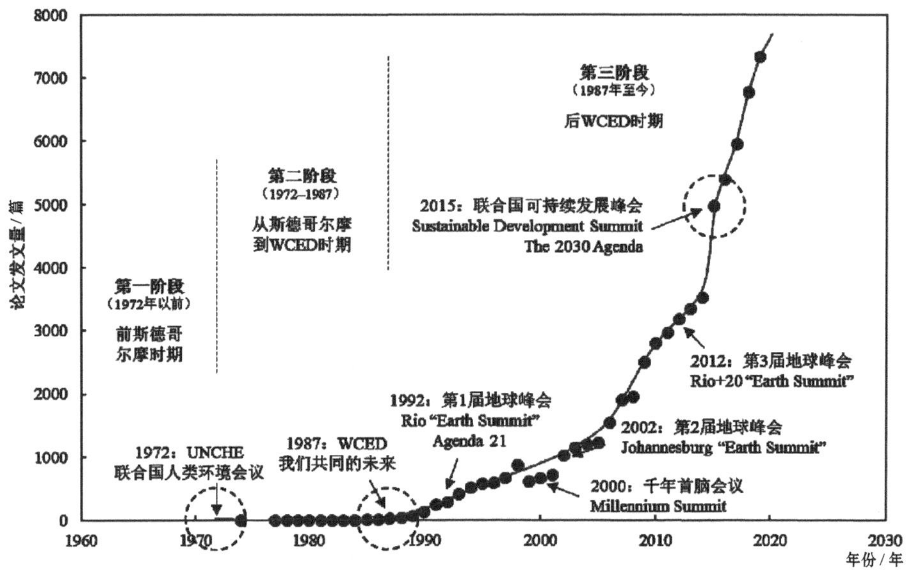

图 1.1　可持续发展与 SDGs 发展进程中的重要事件

1.1.1.2　“两山”理念指导下的矿山开发可持续发展

近年来，在“两山”理念的指导下，可持续矿山建设在全国范围内积极开展。26 个省（自治区、直辖市）将矿山的可持续建设确定为矿产资源管理领域的重点工作，并制定了地方性法规、规章或规范性文件。29 个省（自治区、直辖市）发布省级政府共同起草的绿色矿山管理办法、建设或者行动方案。我国现有国家级绿色矿山 1 100 余座。在矿业开发领域，“两山”理念要求在矿山可持续开发过程中减少对周边环境的负面影响，提高资源利用效率，减少矿山废弃物的排放量，加强矿山复绿及规划。矿山经营管理的可持续发展是指通过发展矿山循环经济，在生产、流通、消费和废物处理的各个环节上加强循环管理矿产资源，从而最大限度地提高矿产资源的开发效率 [16]。另外，坚持以人为本的发展理念，促进矿区和谐发展，通过矿山发展促进当地经济、环境和文化的发展，解决经济可持续、就业可持续等社会问题，实现矿山开发可持续发展。基于此背景，在“两山”理念和可持续理念的引领下，矿山开发不断优化升级。其中存在较多空白区域，为设计参与矿山资源开发创新提供了契机。

1.1.1.3　绿色可持续的矿山开发政策导向

我国一直坚持政策引导矿山发展路线，为实现矿山的可持续开发，制定了一系列的法规与政策（图 1.2）。

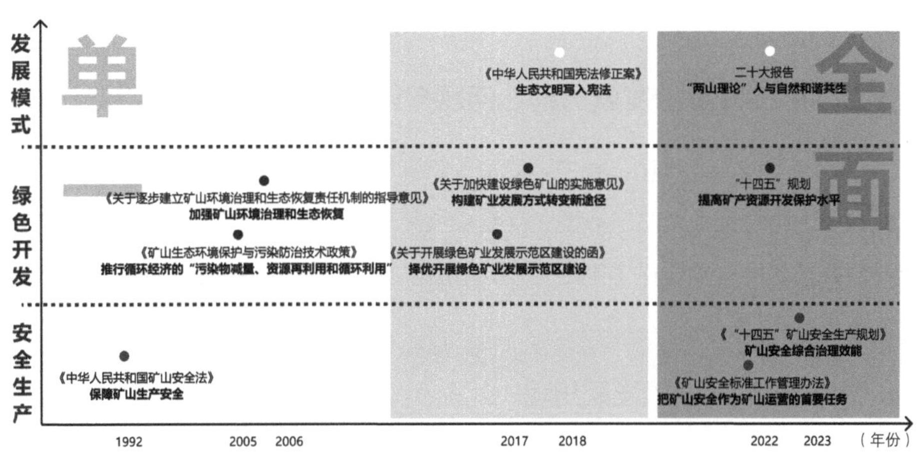

图 1.2　我国出台的矿山开发政策

2005 年和 2006 年，国家环境保护总局会同有关部门相继出台了《矿山生态环境保护与污染防治技术政策》《关于逐步建立矿山环境治理和生态恢复责任机制的指导意见》等文件。2017 年，国土资源部印发了《关于加快建设绿色矿山的实施意见》，要求通过科学有序开采、环境生态友好、资源高效利用、数字化管理和矿民安全和谐来实现矿产资源最优化和生态环境扰动最小化。随后，国土资源部印发的《关于开展绿色矿业发展示范区建设的函》要求在原有基础上促进矿业转型和绿色发展，从面上整体推动绿色发展建设。2018 年，《中华人民共和国宪法修正案》首次将生态文明写入宪法 [17]，可持续矿山建设作为生态文明在矿业领域的生动实践，上升为国家战略。"十四五"时期是我国采矿业转型发展的重要时期，在我国"十四五"规划中，加强矿山生态修复、提高矿产资源开发保护水平、发展绿色矿业和建设绿色矿山被明确提出 [18]。党的二十大报告中再次强调“绿水青山就是金山银山”理念，要站在人与自然和谐共生的高度来规划发展。矿山的开发政策强调了矿山开发的绿色性和可持续性，传统矿山开发模式亟需通过与智能技术的深度融合应用，优化矿山开发模式，降低环境风险，促进资源的高效利用，从矿山开发视域建设人与自然和谐共生的现代化。

1.1.2 矿山开发的发展历程、问题与创新

矿山开发是人类文明进程中非常重要的发展活动。但是矿山开发过程中存在大量的矛盾与冲突，对生态环境和社会发展带来极大的影响。矿山开发创新的升级与新兴技术的应用促进了矿山开发的不断发展，同时也衍生出了新的矛盾问题与发展机遇。

1.1.2.1 矿山开发的发展历程

作为促进人类社会进步的关键领域之一，采矿业担负着自然资源的开采与提取，为社会生产和日常生活提供基础物资。采矿业的发展紧随技术革新的步伐，大致可划分为四个阶段：人工采集阶段、机械化作业阶段、信息化运营阶段以及智慧矿山阶段（图 1.3）。

人类对矿产资源的开发可以追溯到石器时代，当时人们通过人力或者简易的动力机械来获取矿石和矿砂，没有明确的组织形式和技术手段。工业革命为采矿业的发展带来了动力来源的革新。19 世纪末，矿山机械化技术开始得到广泛应用，如挖掘机、采矿机等。20 世纪初，矿山机械化技术得到更深层次的发展，通过机械设备的电气化升级，矿山开采步入机械化作业阶段。20 世纪 50 年代，矿山信息化技术开始得到应用，如视频网络技术、微型传感器技术、计算机技术应用等。这些技术的应用，促进了矿山的数字化管理，解决了部分环保、安全、效率问题。21 世纪以来，矿山开发技术的发展进入了一个新的阶段，主要表现在智能化技术、虚拟技术、大数据数字化技术的应用，实现了对矿山生产过程的全面监控和管理，

提高了矿山安全、生态、生产等方面的稳定性保障。新技术的不断发展将矿山开发问题从单一技术问题转变为复杂管理问题，如何协同智能技术的应用是重要的研究热点。

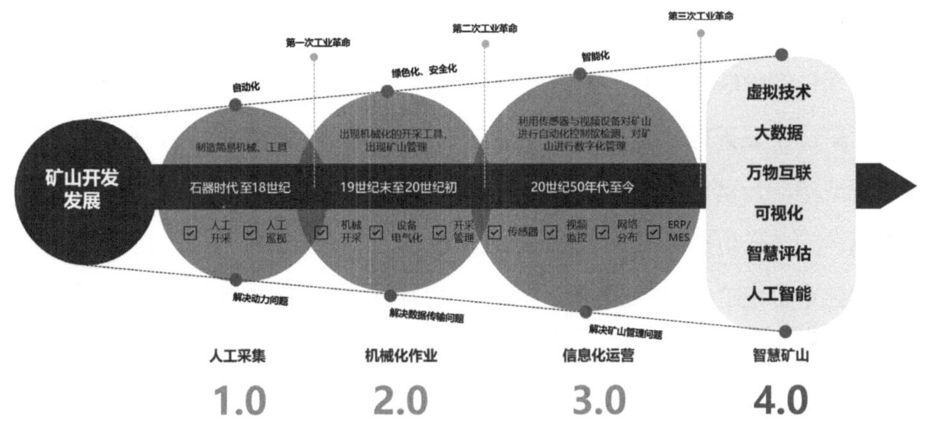

图 1.3　矿山开发发展历程

1.1.2.2　现有矿山开发模式存在的问题与矛盾

随着开发强度的不断增加，矿山开发对周边造成了植被破坏、地下水污染、粉尘飞扬等一系列环境问题，也带来了开采效率低下、开采成本能耗过高等资源开采问题，以及企业管理松散、社群关系不和谐等社会问题。据统计，我国已有 14 000 ~ 20 000 km^2 的土地被露天开采和各种废渣、废石、尾矿直接破坏和占用。矿山开发导致 870 km^2 土地出现地质问题，矿山废水排放量占工业废水排放量的 10% 以上，废渣排放占全国废渣存储量的 89%。高消耗、高能耗、高污染的粗放模式只能带来 20% ~ 30% 的资源利用率。我国矿山安全事故时有发生，以煤矿为例，2022 年共发生煤矿安全事故 168 起、死亡 245 人，矿山安全风险依然较大。同时，矿山开发活动也带来了一系列的社会、文化矛盾与问题。目前，智能化、自动化、数字化等新兴技术应用有助于点对点地解决矿山环保和安全问题。但是面对矿山开发过程中更加综合的规划复绿、系统优化、质量把控问题，我们需要对矿山开发过程进行重新审视和探索，从资源评估、规划设计、采矿和后续处理等多方面出发，结合环境、经济、社会角度进行矿山开发优化，推动矿山开发可持续转型。

1.1.2.3 智能技术加持下的矿山开发创新

随着科技的不断进步，智能化技术正在越来越多地应用于矿山开发领域。智能技术包括物联网技术[19-20]、虚拟技术[21-22]、可视化技术[23-24]等，它们可以帮助矿山企业更好地进行资源管理和生产控制，从而实现更高效的矿山生产和更低成本的运营管理。传统矿山开发面临着无网络连接、开采工况低、生产污染重、安全无防护保障的问题，自动化机械、工业互联网等技术从开采技术、矿山监控方式和矿山网络三个角度解决矿山开发基本问题，实现矿山“物—物”之间的联结。

在用技术解决矿山开发基本问题的基础上，又出现了矿山土地荒废、信息冗余、管理复杂等衍生问题，以及矿山“人—物”之间的关系问题。因此需要以人为基础，溯源矿山开发活动中的细节，由点及面，在技术支撑的基础上通过设计统筹协调问题与需求之间的关系。通过设计方法，对技术升级后的矿山进行系统优化，利用技术解决矿山开发问题，通过设计升级技术的应用场景，对土地功能进行改造，优化信息呈现方式，强化管理，从智慧空间规划、智能可视设计、智能评估搭建等视角进行设计，解决问题，实现系统层面上的矿山可持续开发，如图 1.4 所示。

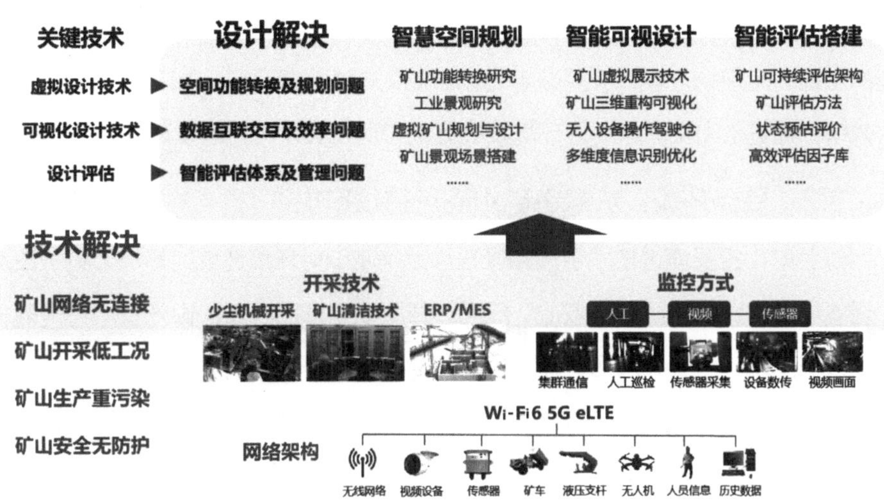

图 1.4 设计与智能技术相结合的矿山可持续开发

1.1.3 设计参与推动矿山开发的全面升级

设计参与是实现矿山可持续协同发展的重要方式。随着技术不断发展，设计创新作为矿山优化手段也在不断更新升级。矿山设计参与矿山开发主要在设计领域、设计目标、设计维度上进行升级。

1.1.3.1 领域升级：从简单设计到复杂设计

设计参与矿山开发过程中的领域升级是从简单设计到复杂设计的发展历程，从单个领域设计变成多个领域协同设计的过程。20 世纪初，矿山设计主要关注开发过程中的局部环节，如矿山装备设计、景观设计等，存在很大的局限性。然而，随着智能技术的发展和系统意识的增强，矿山设计逐渐发挥整合优势，从单个领域扩展到多个领域，涉及矿山的整个生命周期，包括勘探、评估、开发、运营和闭坑等阶段。矿山设计也将环境影响、社会责任、经济效益等更多因素考虑在内，介入环境与资源领域、土地利用与规划领域、数字化与智能化领域、社会与文化领域等方面的设计[25]。设计师需要结合多技术、多领域进行矿山设计，同时考虑如何减少环境污染、资源浪费和生态破坏等问题，协助矿山企业制定合理的土地利用规划方案，应用数字化和智能化技术提高采矿、加工、运输等方面的效率，促进矿山企业与周边环境及社区的和谐，实现可持续发展。

1.1.3.2 目标升级：从绿色矿山到可持续矿山

绿色矿山主要通过技术手段和管理规范来减少对环境造成的影响，其关注点为环境保护和资源利用即时效益。然而，在实践中依旧存在矿山开发所带来的综合性系统问题，如资源消耗、综合管理和社区影响等。可持续矿山更加注重整个生命周期内的平衡性，包括资源利用效率、经济效益、环境影响和社会责任等方面。从绿色矿山至可持续矿山的设计目标升级，将重心从环境转移到人和自然的关系。

可持续矿山要求矿山设计重视整个生命周期内的可持续性，强调经济发展、环境保护和社会责任三者之间的协调关系。在技术上，可持续矿山更加注重采用智能化、数字化等新兴技术手段，提高资源利用效率，减少对环境的影响，实现循环经济。在管理上，可持续矿山更加注重员工安全、健康、福利等方面，同时也会考虑如何促进社区发展和保护当地文化与历史遗存。可持续矿山相比于绿色矿山是一个更加综合、复杂、具有挑战性的概念，更加需要形成具体的矿山可持续设计方法。

1.1.3.3 维度升级：从单元设计到系统创新

近年来，随着可持续发展理念的普及和智能技术的发展，设计在矿山开发中越来越受到重视，特别是在参与维度上，从单元模块转变为系统层级。传统的矿山设计集中于单个模块设计，这种孤立设计方式不能全面考虑整个矿山系统的协同作用和环境影响，无法做到全局优化。因此，在智能技术的支持下，设计参与矿山开发逐渐从单元模块设计转变为系统层级创新，结合信息技术、自动化技术和人工智能等技术的应用支撑，跨领域协同多个单元设计，形成综合性环保、安全、生产、空间系统设计，更加注重整个系统的协同作用和环境影响，并考虑如何更好地协调人与自然、经济效益与环境保护、资源利用率与社会责任等方面的关系[26-27]。系统性的设计能更好地促进环境、经济、社会等多方融合，共同推进矿山全生命周期的可持续发展，实现全局最优化（图 1.5）。

图 1.5　设计参与矿山可持续开发的层次

1.2 国内外研究综述

1.2.1 矿山景观规划可持续创新方法研究

矿山景观规划是城市规划的景观设计的延伸，并逐渐进行创新尝试。其中主要包括矿山景观规划技术手段的变换、规划功能形式的变迁以及规划影响因素的丰富三个方面（表 1.1）。

表 1.1 矿山景观规划可持续创新方法

类别	发展	年份	代表学者	产出成果
技术手段变换	利用虚拟技术	2006	M. E. Menegaki	介绍和提供了一种调整地表景观设计的地理信息系统工具和方法，减少地形景观重塑造成的视觉影响
		2012	Zhao Yanling	利用遥感数据和 GIS 空间信息技术，将现有土地利用规划、生态环境破坏评价和土地资源利用格局整体优化相结合
		2019	G. R. Hancock	计算机建模和设计工具可以协助环境景观管理。通过建模可以预测沟谷的空间格局、景观演化模型
		2020	Zhang Min	以六阶段土地利用现状图为基础，利用景观水平指数和斑块类型水平指数，进一步分析景观格局的时空演变
功能形式变迁	从绿化景观转变为功能景观	2012	D. Doley	矿山景观是具有商业和社会价值的“新”生态系统和农业生态系统，可以将未恢复的生态功能与恢复的自然景观进行融合

续表

类别	发展	年份	代表学者	产出成果
功能形式变迁	从绿化景观转变为功能景观	2013	A. Magnusson	关注景观设计中涉及动态和变化的设计，探讨如何设计矿山城市公园景观，并将其作为城市和矿山之间的绿色缓冲地带
		2013	Wang Lishuang	探讨矿山开发后将废弃矿山转变为度假村开发的处理方法
		2014	陈影、刘峘	废弃矿山边坡复绿设计和矿山公园设计探索
		2015	杨宁	研究矿山公园空间组织结构与产业化发展模式设计
		2017	Hendrik Zank	矿山景观设计可根据采矿作业和土地使用类型的利益来实施
		2020	G.R. Hancock	概述了建立地貌景观和综合景观的过程和方法，认为原始景观被有功能性和生产力的景观替代
影响因素丰富	综合复合景观因素	2011	Sebla Kabas	探讨了通过植物稳定化过程来开发矿山尾矿的景观设计，并把科学、文化和人文因素纳入考虑范畴
		2012	He Yu	从矿山景观要素、景观恢复方法等方面探讨矿山生态环境恢复中的景观设计，为矿山生态恢复提供科学的建议
		2013	S. Mckichan	探索矿山工业、社会和环境因素的分层，基于现有矿山景观，加强矿山企业和受影响的社区之间的沟通
		2015	葛书红	结合不同类型的煤矿废弃地所具有的潜在景观功能和利用条件，探讨煤矿废弃地景观再生模式的可行性和实现途径
		2019	唐由海	挖掘废弃矿山的美学价值，结合人文价值和科学技术，将矿山美学与景观设计相融合
		2021	Xu Wanxia	矿山景观设计受矿业规模、城市扩张、退耕还林还草、土地复垦、村庄搬迁等因素的影响
		2022	张剑	从文化旅游的视角提出废弃矿山修复景观设计方法

随着技术的发展，大量先进的虚拟技术被应用在矿山景观规划创新中。2006 年，Menegaki[28] 等人介绍了一种测量由采矿和采石工程引起的地形景观起伏变化的地理信息系统工具，提供了一种调整地表景观设计的方法；2012 年，Zhao[29] 等人利用遥感数据和 GIS 空间信息处理技术，将土地利用规划、生态环境破坏评价和土地资源利用格局整体优化相结合；2019 年，Hancock[30] 等人通过计算机建模和设计工具协助环境景观管理，通过建模预测沟谷的空间格局、景观演化模型；2020 年，Zhang[31] 等人以六阶段土地利用现状图为基础，利用

景观水平指数和斑块类型水平指数进一步分析景观格局的时空演变。基于此，利用矿山虚拟技术对矿山景观进行模拟演化是矿山景观规划创新的发展趋势。

2012 年，Doley[32] 等人提出矿山景观是具有一系列商业和社会价值的“新”生态系统和农业生态系统，可以将未恢复的生态功能与恢复的“自然”景观进行融合；2013 年，Magnusson [33] 将关注点放到景观设计中涉及动态和变化的设计，探讨如何设计一个变化的矿山城市公园景观，并将其作为城市和矿山之间的绿色缓冲地带；同年，Wang[34] 以密歇根州上半岛为例，探讨了矿山开发后将废弃矿山转变为度假村开发的处理方法；陈影 [35] 和刘峘等人 [36] 在 2014 年对废弃矿山边坡复绿设计和矿山公园设计进行了探索；2015 年，杨宁等人 [37] 研究了矿山公园空间组织结构与产业化发展模式设计；Zank[38] 等人在 2017 年发现矿山景观设计可以根据采矿作业和其他土地使用类型的利益来实施，通过创建农业复垦区，可实现耕作景观的生物多样性；2020 年，Hancock[39] 等人基于地貌的侵蚀稳定性原理，概述了建立地貌景观和综合景观的过程和方法，认为原始景观会被有功能性和生产力的景观替代。由此得知，矿山景观规划形式也随着社会发展在不断变化，从简单的景观功能转变为具有生产力效应的产出型功能，对矿山空间的变化提出了新的要求。

矿山景观规划最初以绿化恢复为目标。但是在景观规划设计的过程中，存在大量的影响因素引导矿山景观朝不同方向发展。2011 年，Kabas[40] 等人探讨了通过植物稳定化过程来开发矿山尾矿的景观设计，以及如何将复垦工作纳入景观设计中，并把科学、文化和人文等因素纳入考虑范畴；2012 年，He[41] 等人从矿山景观要素、景观恢复方法等方面探讨了矿山生态环境恢复中的景观设计；2013 年，Mckichan[42] 通过在生产前对场地进行分析，发现矿山企业和受影响的社区之间的沟通有助于最终场地设计和土地使用，也探索了矿山工业、社会和环境因素的分层；2015 年，葛书红 [43] 等人分析了不同类型的煤矿废弃地所具有的潜在景观功能和利用条件，探讨了煤矿废弃地景观再生模式的可行性和实现途径；2019 年，唐由海 [44] 等人挖掘了废弃矿山的美学价值，将矿山美学与景观设计相结合，结合人文价值和科学技术，形成废弃矿山景观再生设计方法；2021 年，Xu[45] 等人选取景观损失指数和生态敏感性指数建立了景观生态风险评价模型，发现了矿山景观设计受矿业规模、城市扩张、退耕还林还草、土地复垦、村庄搬迁等因素的影响；2022 年，张剑 [46] 等人从文化旅游的视角提出废弃矿山修复景观设计方法。所以，科学、文化因素是最早被纳入景观规划中的影响因素，从社会视角探索景观和人之间的关系，并通过对社区的关注将矿山绿化景观转变为矿山空间功能景观。

综上所述，矿山景观规划开始利用虚拟技术对矿山的景观环境进行建模模拟。景观规划从绿化景观转变为功能景观，被赋予更多的功能需求。但是矿山景观规划创新并未形成对矿山各个阶段的空间设计方法，无法系统地对矿山空间进行可持续设计。因此，建立全生命周期视角的空间设计方法，进行各阶段的矿山功能分区、景观布局，具有重要的实践意义。

1.2.2 矿山信息呈现可持续创新方法研究

矿山信息呈现的可持续创新是基于智能化技术的发展，其中包括物联网传感器技术、智能装备技术、虚拟现实技术等。通过对技术的具体化应用，实现矿山智能化在硬件和软件上的功能升级，主要涵盖了智能矿山搭建和智能矿山可视化两部分（表 1.2）。

表 1.2 矿山信息呈现可持续创新方法

类别	阶段	年份	代表学者	产出成果
智能矿山搭建	技术应用	2011	Zhu Zhongbo	利用无线传感器网络建立物联网矿井巷道
		2012	宋金玲	通过物联网 3 个感知理念和分布式传感器进行环境感知

续表

类别	阶段	年份	代表学者	产出成果
智能矿山搭建	框架构建	2015	Li Wenjing	构建了矿山作业信息模型的基本框架
		2017	丁恩杰	矿井物联网整体设计，实现 5S 应用
		2018	毛善君	提出了透明化矿井设计的五大原则和包含三维引擎层、智能煤矿平台层和生产操作层面的透明化矿井体系建设的新系统框架
		2019、2020	张瑞新、吴群英	智能矿井设计层次关系与管理、智能矿井构建原则和“1+4”智能化服务网络
智能矿山可视化	虚拟展示	1998	Z. J. Hladysz	智能矿山设计系统所需的虚拟现实技术需求，并针对不同用户提供可以交互式地观看和参观矿山的虚拟信息模型
		2003、2011	Oldřich Kodym	介绍了虚拟现实在地下矿山中体现工艺流程的静态和动态信息的方法，并利用虚拟环境的交互功能实现沉浸式体验
	虚拟矿山	2011	杨彪	研究露天矿山的三维设计方法，利用矿业三维软件搭建矿山模型，进行关键矿山决策项目的设计与优化
		2011	蔡武	引入了虚拟现实技术对矿井虚拟仿真系统进行设计与开发，使用软件进行三维模型建模、贴图和渲染，并进行交互设计和整合
		2015	修春华	建立虚拟矿山仿真系统设计，通过采集矿山的三维坐标数据构建矿山三维模型，进行矿山渲染以及多维数据整合

自 21 世纪初，随着通信技术的发展，智能矿山的搭建逐渐变成矿山可持续领域研究的热点。2011 年，Zhu[47] 等人利用无线传感器网络建立物联网矿井巷道；2012 年，宋金玲 [48] 等人通过物联网的 3 个感知理念和分布式方法对周围的功能环境进行了感知与预警；2015 年，Li [49] 等人设计并构建了矿山作业信息模型的基本框架；2017 年，丁恩杰 [50] 等人介绍了矿井物联网的整体设计方案，利用云计算技术、大数据分析和安全生产管理的信息技术，实现了感知人员、感知灾害、感知系统、感知矿井、感知监管等；2018 年，毛善君 [51] 等人提出了透明化矿井设计的五大原则，并提出了包含三维引擎层、智能煤矿平台层和生产操作层面的透明化矿井体系建设的新系统框架；张瑞新 [52] 与吴群英 [53] 等人共同

研究，提出了智能矿井设计层次关系与管理、智能矿井构建原则和“1+4”智能化服务网络。

矿山中的虚拟可视化方法是信息呈现的重要手段。早在 1998 年，Hladysz [54] 明确指出了开发智能矿山设计系统所需的虚拟现实技术需求，提供可以交互式的矿山虚拟信息模型；Kodym 在 2003 年 [55] 和 2011 年 [56] 介绍了虚拟现实在地下矿山中体现工艺流程的静态和动态信息的方法，并利用虚拟环境的交互功能实现沉浸式体验；2011 年，杨彪 [57] 等人研究了露天矿山的三维设计方法，并以矿业三维软件为平台构建矿山模型，进行关键矿山决策项目的设计与优化；同年，蔡武 [58] 等人对矿井虚拟仿真系统进行研究，使用软件进行三维模型建模、贴图和渲染，并进行交互设计和整合；2015 年，修春华 [59] 等人进行了虚拟矿山仿真系统设计，通过采集矿山的地形地质等三维坐标数据构建矿山三维模型，并进行矿山渲染以及多维数据整合，实现矿山数字孪生。这些研究为矿山信息呈现提供了重要的技术支持。

综上所述，对矿山信息呈现的探索已完成了基础的技术性尝试，其重点放在了技术实现以及架构搭建上。但是，大部分研究对应用参与的重视程度不够，没有对信息进行区分筛选，缺乏对应用载体和形式的分类，未能从矿山功能层面解决应用问题。因此，对矿山开发信息进行分类、分级，建立基于可视化技术的矿山信息可视化设计方法是提高矿山开发效率的重要内容。

1.2.3 矿山开发评价视角与方法研究

矿山的建设与开发是持续数十年的实践过程，具有周期长、成本高、影响大等特点。矿山设计方案的落实具有较大的延时性，无法准确反映设计方案的优势与漏洞。设计评价作为一种高效的设计工具与手段，能够对设计方案的实施成效进行快速评价。因此，对矿山开发过程进行及时的可持续性设计评价有利于矿山设计作用的最大化。

1.2.3.1 矿山开发评价视角研究现状

从可持续的角度来看，目前国内外学者对矿山开发过程已经进行了一系列的评价研究，特别是针对矿山开发评价视角和评价方法。现有的评价研究主要集中在生态环境、生产安全、修复情况、企业发展等领域（表 1.3）。

表 1.3 矿山开发可持续评价内容

类别	评价视角	代表学者	产出成果
生态环境评价	自然环境	罗娟	从自然环境、生态环境、社会经济等方面对生态环境进行评价
	环境信息	Wu Qiang	对 5 类矿山环境问题进行分类调查，构建环境信息系统
	地质环境	魏迎春	量化矿山地质环境的环境污染、资源损毁、地质灾害等指标
	微观环境	Sun Linhua	对矿山土地中留有的微量元素和重金属元素进行评估
		Inés Fuentes	
生产安全评价	安全分类	毛益平	对安全问题进行定性和定量分类，构建了煤矿安全评价的层次结构，并确定了安全指标的权值
		Li Chenglin	
		白文元	
	生产安全	阮琼平	从生产安全角度对矿山安全进行评估，分析矿山事故的诱发因素
	地质安全	邓红卫	建立矿山地质安全 3 级系统程序进行评价
综合评价	企业发展	李新春	对矿山企业的可持续发展进行研究，提出了企业经济发展状况、社会发展状况、环境维护状况以及资源开采状况一体的评价体系
	景观恢复	钟爽	把恢复景观生态特征、土壤资源适应性、恢复经济效益作为评价指标对废弃矿山生态恢复情况进行评估
	绿色矿山	张德明、闫志刚	引入绿色矿山概念，从较为综合的角度对矿山开发进行评价
	设计建设	Wang Yang	对矿山设计和建设方案进行综合评价
综合评价	生命周期	C. Reid	对地下矿山的尾矿现场管理方案和关闭方案进行评价
	可持续性	Guo Pingye	对煤矿地热资源的可持续性进行评价

矿山开发会对生态环境造成持续的影响，因此对于生态环境的评价是矿山评价中最重要、最广受关注的领域。多数学者对生态环境的影响的评价对象主要是矿山生态信息指标、环境信息指标等，同时也包含生态环境影响带来的衍生指标。例如罗娟[60]等人从自然环境指标、生态环境指标、社会经济指标等方面对矿山的生态环境进行评价；Wu[61]等人对5类矿山环境问题进行分类调查并构建信息系统；魏迎春[62]等人对评价指标进行量化分类，选择环境污染、资源损毁、地质灾害三个视角对矿山地质环境进行量化评价；Sun[63]和Fuentes[64]等人对矿山开发中的土地留有的微量元素和重金属元素进行评估。

矿山安全问题是矿山评价领域的重点，生产安全是重点对象，同时也对矿山生产中造成生产安全隐患的因素进行识别评价。毛益平[65]、Li[66]、白文元[67]等人则对安全问题进行定性和定量分类，构建了煤矿安全评价的层次结构；阮琼平[68]等人从生产安全角度对矿山安全进行评估，分析发生事故的原因及影响因素；邓红卫[69]等人统计了矿山地质安全常见问题，并对其建立了3级系统程序进行评价。

除了生态环境和生产安全，学界对于矿山评价的其他领域也开展了一系列研究，比如李新春[70]等人对矿山企业的可持续发展进行研究，提出了集企业经济发展状况、社会发展状况、环境维护状况以及资源开采状况于一体的评价体系；钟爽[71]等人引入恢复景观生态特征、土壤资源适应性、恢复经济效益作为评价指标对废弃矿山生态恢复情况进行评价；张德明[72]和闫志刚[73]等人引入绿色矿山概念，从较为综合的角度对矿山开发进行评价；Wang[74]对矿山设计和建设方案进行综合评价；Reid[75]等人通过生命周期评估对地下矿山的尾矿现场管理和关闭方案进行评价；Guo[76]等人对煤矿地热资源的可持续性进行评价。

综上所述，现有评价视角包含单领域评价和综合评价，重点聚焦于矿山环境和安全领域，衍生出了企业发展、绿色矿山、可持续性等较为综合的评价视角。但是覆盖整个矿山建设与设计、多利益相关者的综合评价依然不够全面，且矿山开发可持续化发展提出新的矿山开采模式、资源利用模式、矿山运营模式，现有矿山评价标准不能满足生态文明建设的新要求，存在较大局限性，无法较为准确地对矿山开发活动提供设计评价支撑[77-78]。

1.2.3.2 矿山开发评价方法发展现状

目前，学术界已经对矿山开发的评价方法进行了详细的研究和尝试。针对矿山开发评价广泛应用的定性方法主要有文献分析法、专家咨询法、解释结构模型和压力—状态—响应模型等[79-80]，这些方法主要应用于管理累积效应、构建评价指标体系、分析影响过程等环节[81]。定量方法主要包括模糊多层次综合评价、灰色关联分析法、综合指数法、层次分析法、价值当量因子法及多学科综合评价法等[82]。赵玉灵[83]和Han[84]等人采用层次分析法将矿山地质环境进行了等级划分，以实地调查验证了评价方法的权重分配合理性。王红梅[85]和Chen[86]等人通过层次分析法，确立了矿山生态环境评价因子权重，构建起生态环境评价等级划分体系。谢高地[87]等人基于单位面积价值当量因子法构建了中国陆地生态系统服务价值的动态评价方法。廖红军[88]等人在GIS空间处理及层次分析法的基础上，利用综合指数法对矿区地质环境指标进行了分级评价，为反映地质环境状况及问题分析提供了理论基础。罗德江[89]等人针对矿产资源开发利用评价信息不完全的特征，采用灰色关联度分析法对开发利用水平进行了评价。Zhang[90]和Wang[91]等人都利用AHP和模糊综合评价法分析和评估矿山安全管理能力。

综上所述，目前评价方法零散繁多，每种方法都有自身特性和适用范围。在这些方法中，应用较为广泛的是层次分析法和模糊综合评价法，层次分析法能用于因子的分层权重，模糊综合评价法用于评价体系构建，适用于综合性的矿山评估环节。针对较为广泛的评价因子分类，选择合适的评价方法对其进行评价是研究中的重点与难点[92-93]。

1.3 研究方法与内容

1.3.1 研究方法

1.3.1.1 文献研究法与案例分析法

本研究查阅了国内外图书、期刊、学位论文以及行业调研报告等文献资料，并采用历史研究法、对比研究法和分类研究法等文献研究方法。通过对文献资料进行结构化的收集、筛选、梳理和归纳，对已有研究结果进行提取和吸收，为本研究提供理论上的支撑和参考。同时，为强化本研究的实践性，收集了国内外的经典案例作为研究的重要部分。通过对经典案例的桌面调研，将案例特点、成分、优势劣势认真剖析，并将总结的发展经验用于本研究的后续工作。

1.3.1.2 统计及数据分析法

本研究通过实际调研、问卷收集以及用户访谈收集到矿山可持续开发过程中原始数据，通过统计学的方法对原始数据进行清洗、筛选、分析，得到矿山可持续开发的内在机理与关键问题。运用 *K*-means 聚类算法对矿山领域重构理念的关注点进行梳理，明确矿山开发重构理念的主要内容及组成元素。通过主成分分析法（PCA）确定矿山可持续评价关键领域，并结合层次分析法（AHP）对矿山可持续评价指标进行分层的权重确定。最终通过模糊综合评价法建立评价模型，对矿山可持续指标进行定性与定量的评价分析。

1.3.1.3 跨学科研究法

本研究涉及生态学、矿业工程、设计学、管理学、艺术学、经济学、人类学、社会学等多个学科的理论及方法。矿山可持续设计是复杂的系统工程，在可持续理念的基础上，通过设计学将环境治理、企业管理、工业生产、人文价值等领域的机理要素联结起来。本研究通过跨学科研究法，借鉴多个学科的研究方法与知识体系，在设计学的框架内，有针对性地、多维度地解决矿山可持续开发过程中的复杂性、系统性问题，并形成一套应用性较强的矿山可持续设计及评价方法。

1.3.1.4 实地考察法与社会调研法

针对矿山开发过程的研究是一个重视实践应用的研究领域。通过对已有的矿山可持续项目进行实地考察和社会调研，对矿山项目地理位置、环境因素、投资情况、人员结构、企业效益、环保治理、安全措施、生产现状、科技水平、可持续水平等一系列矿山关键数据进行整理，理清矿山可持续开发机理。通过人员访谈、现场测绘、数字化记录等方式，采集第一手资料，通过非结构化访谈、问卷调研等方法来收集企业管理人员、现场施工人员以及当地社区居民的评价看法、满意度和建议，不断验证和充实所提出的研究理论。深入理解矿山开发实践的本地化特征，对文献中出现的细节和偏差进行补充和校正，总结和提炼实际的调研数据和记录，明确研究课题的关键问题和事实依据。

1.3.1.5 理论与实践相结合的研究方法

本研究基于实际调研的结果和相关理论成果，结合矿山可持续问题的特点和类型，对矿山全生命周期的可持续问题进行了深入的分析，并提出了矿山可持续重构设计方法，构建了相应的评价指标体系以及可持续评价模型。为验证矿山可持续重构设计方法的有效性，本研究针对真实矿山进行了可持续重构设计方法与评价的实践，证明了矿山可持续设计方法的实用性与适用性。

1.3.2 研究内容

基于上述研究方法，本研究内容共分为 8 章，各章具体内容如下。

第 1 章：绪论。本章运用文献综述的方法梳理了研究背景、现有研究成果、研究方法和研究空白领域，确定了本书研究思路和技术路线。本章主要包括研究对象、研究综述及研究方法等内容，从景观规划创新、信息呈现创新等角度重点讨论了矿山可持续创新已有研究成果及方法，也从矿山开发评价视角和评价方法两个方面进行了深入的阐述，并对国内外研究进展作了梳理，分析了既有研究中存在的不足，厘清了研究思路与方法，构建了研究的组织框架。

第 2 章：矿山开发设计理论基础与发展。本章全面剖析了矿山开发设计的多维度基础，从设计理论基础和设计理念出发，构建了矿山设计的知识框架。发展历程部分回顾了矿山开发设计的历史脉络，从初期探索到技术成熟，再到当前的创新引领，展现了矿山设计领域的不断进步。最后，设计重点领域聚焦于当前技术前沿，为矿山开发指明了未来方向。

第 3 章：矿山开发现状与可持续形式研究。目前已有矿山以可持续发展的理念进行初步的创新，本章通过实地调研法、案例分析法对四个典型的矿山案例进行现状研究，记录了矿山开发过程中的可持续数据，梳理矿山开发特点、形式与问题，归纳了四类不同阶段的矿山进行可持续创新的升级方式。本章基于可持续的发展目标提出矿山开发过程中的三大可持续设计问题与挑战，点明了矿山可持续开发的重点需求。

第 4 章：矿山开发可持续重构设计理念研究。重构理念的主要特征是能够更好、更快速地对系统或者局部开展重新构造。本章介绍了重构理念的定义、设计动机和特点、应用领域和范围，并把重构理念运用到矿山开发可持续进程中。运用 *K*-means 聚类算法对矿山领域重构理念的关注点进行梳理，明确了矿山开发重构理念的主要内容及构成要素，从而形成了矿山领域解决复杂可持续问题的设计方法。

第 5 章：矿山开发可持续重构设计模式建设研究。本章利用矿山开发可持续重构设计的特征和优势，通过虚拟技术、可视化技术、设计评价与矿山设计场景的结合，形成矿山开发可持续重构设计的模型。本章从矿山开发可持续重构设计的思路出发，建立三层次矿山开发可持续设计框架，通过对矿山可持续开发全生命周期以及重构设计内容的研究，梳理重构设计的关键机理，构建矿山可持续重构设计新模式。

第 6 章：矿山开发可持续重构设计及评价方法构建。本章围绕空间演变功能化、信息协同可视化和资源开发参数化这三个方面，分别对矿山空间重构设计、矿山信息可视化重构设计和矿山可持续评价体系设计进行深入探讨，形成了矿山开发可持续重构设计的思路、框架、具体设计路径以及设计要素，并建立了基于主成分分析法（PCA）、层次分析法（AHP）、模糊综合评价法的评价模型，为矿山可持续设计实践提供方法。

第 7 章：矿山开发可持续重构设计及评价实践应用。本章为验证矿山开发可持续重构设计方法的适应性，对湖南资兴矿山进行实地考察，并结合该矿山的地形地貌、生产条件、经营状况等特点进行可持续重构设计实践。该矿山的可持续重构设计包括矿山未来空间设计、智能化架构、可视化界面的创新升级。对可持续重构设计与建设前、后的矿山进行评价，结果显示，经过可持续重构设计与建设的矿山在可持续领域取得了较大进步，验证了矿山开发可持续重构设计方法的可靠性与适用性。

第 8 章：总结与展望。

本书总体研究组织框架如图 1.6 所示。

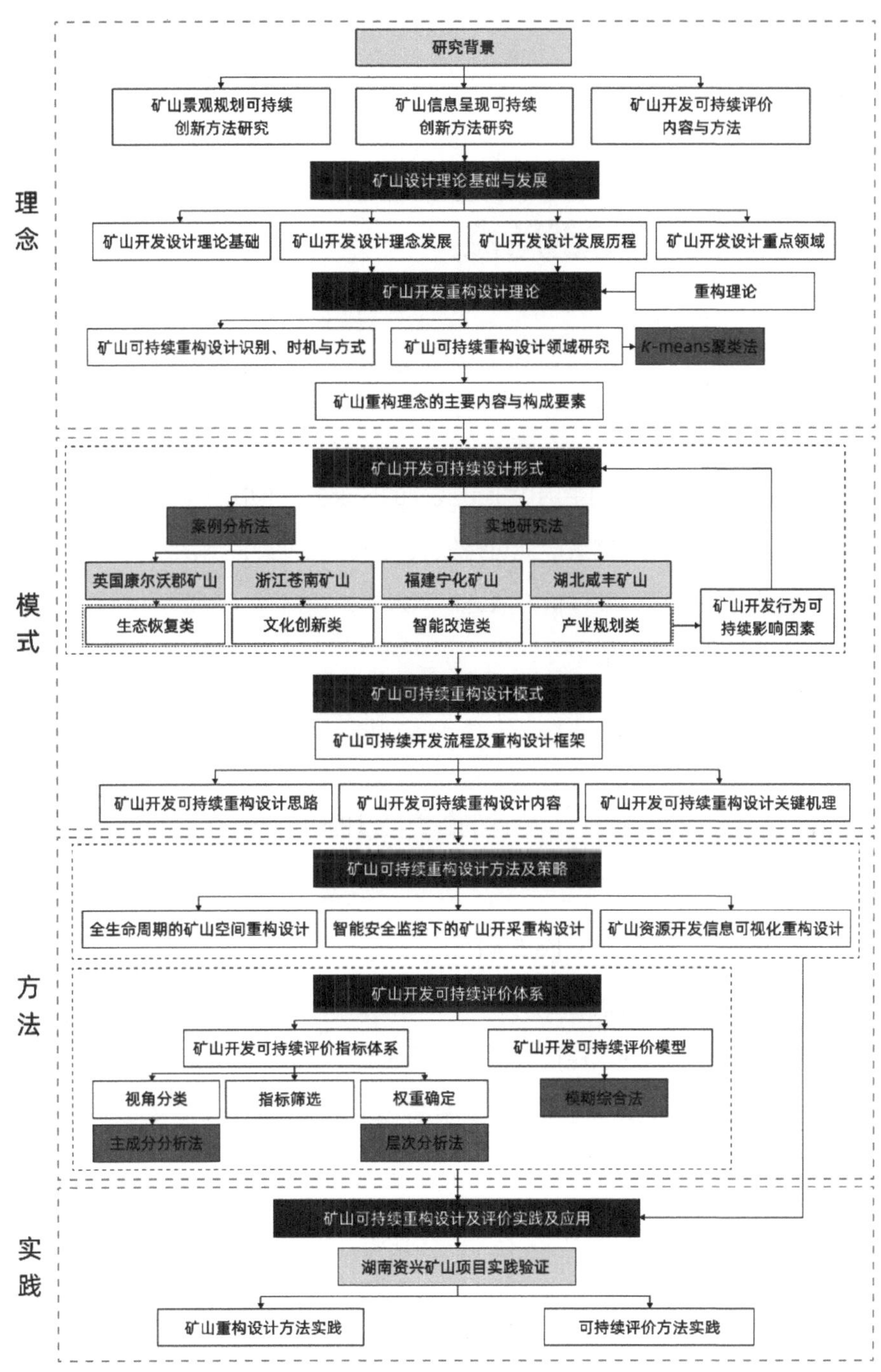

图 1.6　总体研究组织框架

1.4 研究价值与创新点

矿山开发是人类生产和生活中不可或缺的一部分，但由于其对环境和社会产生的影响日益严重，如何促进矿业可持续发展成为当前急需解决的问题。因此，对矿山开发的可持续设计及评价方法进行深入研究和探讨，在理论和实践层面上，都具有较高的价值和重要的意义。

1.4.1 理论价值

矿山开发可持续设计及评价方法的研究可以推动可持续发展的实践应用，提高矿山企业的可持续性和竞争力。

1.4.1.1 拓宽了可持续发展的研究视野

矿山开发是可持续发展领域的一个重要组成部分，通过研究矿山开发可持续设计及评价方法，可以深入探讨可持续发展理念在资源开发、环境保护、社会经济等多个方面的应用，从而为可持续发展理论的进一步完善和发展提供新的思路和路径。

1.4.1.2 提供了矿山开发可持续设计的理论依据

研究矿山开发可持续设计及评价方法，可以为矿山企业可持续发展战略的制定和实施提供科学的相关理论依据。这些方法可以帮助矿山企业更好地评估自身的环境、社会和经济影响，明确自身的发展路径和目标，更好地开展矿山开发可持续设计实践。

1.4.1.3　提供了政府制定相关政策的参考实例

研究矿山开发可持续设计及评价方法，也可以为政府部门制定相关政策提供参考。政府部门可以根据研究结果，制定更为科学、合理的环境保护和资源管理政策，推动矿山行业向更加可持续的方向发展。

1.4.2　实践价值

矿山开发可持续设计及评价方法的研究也具有重要的实践意义，它可以为矿山企业和监管部门的可持续发展提供切实有效的指导和协助。在实践层面上，该研究的意义主要体现在以下两个方面。

1.4.2.1　经济意义

研究矿山开发可持续设计及评价方法不仅有助于推动可持续发展，同时也具有重要的经济意义。采用可持续设计及评价方法从长久看可以降低矿山企业的生产成本，通过优化资源利用、节约能源、减少废物排放和环境污染等方式帮助企业提升经济效益和市场竞争力。此外，可持续设计对绿色经济的推动作用也不容忽视。研究矿山开发可持续设计及评价方法有助于探索一条新的绿色生态经济发展路径，打造矿山循环经济，通过降低环境成本、增加环保投入、促进资源循环再生利用等方式实现可持续发展和经济效益的双赢。

1.4.2.2　环境意义

研究矿山开发可持续设计及评价方法对环境也具有重要的意义。对矿山开发可持续设计及评价方法的研究能够减少对环境的负面影响。矿山开发对环境影响较大，采用可持续设计可以最大限度地减少环境影响，包括土地使用、水资源利用、空气质量、噪声污染等多个方面。同时，该研究可以促进生态保护，通过运用可持续评价方法，及时发现矿山开发中的不可持续问题，可以促进当地生态系统的保护，维护生态平衡。

1.4.3 创新点

① 提出了解决矿山复杂问题的可持续重构设计理念。针对矿山系统的成分复杂、结构烦琐的问题节点，引入了重构理念作为矿山设计的理论基础，发挥其对整体或局部系统快速构造的优势，将原有矿山系统转换为基于时间—空间—资源的矿山可持续重构维度，为矿山可持续设计提供系统性的新视角和思路。

② 构建了多技术应用的矿山开发可持续重构设计模式。从现有矿山开发设计存在的零散化、碎片化问题出发，梳理了国内外现有的四类矿山开发可持续创新形式。基于虚拟技术、可视化技术和设计评价，从环境重构、可视重构、评价重构三个视角进行设计内容的搭建，为矿山可持续设计提供应用性较强的模板。

③ 形成了“设计 + 评价”的矿山可持续设计方法和策略。针对智能技术与设计方法的融合应用问题，从空间景观、数据可视等领域进行重构设计，提出了基于人—资源—环境视角的评价指标体系，形成了 AHP—模糊综合评价法的矿山可持续评价模型，生成了矿山开发可持续重构设计的具体方法与策略，解决了现阶段多技术背景的矿山设计协同应用问题，提高了设计效率，提升了设计效果。

第2章 矿山开发设计理论基础与发展

本章系统剖析了矿山开发设计的理论基础和发展，构建了综合知识框架，并阐述了设计理念从资源导向到环境友好、经济高效的转型，体现了现代化与可持续性。同时本章回顾了矿山开发的历史脉络，展现了矿山设计在多领域的持续进步，为矿山开发指明了未来方向，为相关领域研究与实践提供了重要参考。

2.1 矿山开发设计理论基础

2.1.1 可持续发展理论

可持续发展理论（sustainable development theory）作为一种指导人类社会未来发展的核心理念，强调在满足当代人需求的同时，不损害后代人满足其需求的能力。该理论以公平性、持续性、共同性为基本原则，旨在实现共同、协调、公平、高效、多维的发展。本书将从理论提出、基本原则、基本特征、理论基础、基本内涵等多个方面，对可持续发展理论进行系统阐述与分析。

2.1.1.1 理论提出

可持续发展理念的形成与发展是一个历经漫长演变的系统过程。可持续发展理念的根源可追溯至 20 世纪 50 至 60 年代。这一时期，随着经济增长、城市化进程加速，人口膨胀及资源紧张等环境问题日益凸显，传统增长模式遭受质疑，全球范围内展开了关于发展观念的深入讨论。

十年之后，随着《只有一个地球》与《增长的极限》两部著作的出版，“持续增长”与“合理的持久均衡发展”理念被明确提出，环境问题从边缘议题跃升至全球政治与经济议程的核心。人们逐渐意识到，将经济、社会与环境分割开来追求发展，将给地球生态系统及人类社会带来灾难性后果。这种深刻的危机感促使可持续发展思想在 20 世纪 80 年代萌芽并逐渐形成。

1987 年，联合国世界环境与发展委员会发布的《我们共同的未来》报告，正式提出了可持续发展的概念。这一概念在 1992 年的联合国环境与发展大会上获得了广泛认同，标志着可持续发展理念在全球范围内的确立，具有里程碑意义。会上，来自 178 个国家和地区的领导人共同通过了《21 世纪议程》《联合国气候变化框架公约》等重要文件，明确将发展与环境保护紧密结合，推动可持续发展从理论探索走向全球实践，确立了可持续发展的战略地位。

可持续发展思想的形成，是人类社会对自身发展与自然环境关系深刻反思的结果。这一反思不仅体现了对过去发展路径的质疑与摒弃，也表达了对未来可持续发展道路和目标的憧憬与追求。人们逐渐认识到，过去的发展模式是不可持续的，必须转向可持续发展之路。这一深刻反思具有划时代的意义，也是可持续发展理念在全球范围内获得广泛认同和达成共识的根本原因。

无论是发展中国家还是发达国家，都将可持续发展视为追求的目标。美国、德国、英国等发达国家以及中国、巴西等发展中国家，都纷纷提出了各自的 21 世纪议程或行动纲领。尽管各国在具体实施上各有侧重，但都一致强调在经济和社会发展的同时，必须注重自然环境的保护。因此，众多人类学家指出，可持续发展思想的形成，是人类在 20 世纪对自身前途、未来命运与生存环境之间关系最深刻的一次觉醒。

自这一觉醒起，全球范围内开始了将可持续发展理念付诸实践的行动。在当代企业发展中，环境保护已成为重要口号。在能源领域，发达国家纷纷将技术重点转向水能、风能、太阳能和生物能等可再生能源；在交通运输领域则致力于研发燃料电池车或其他清洁能源车辆；在农业领域则推崇无化肥、无农药和无毒害的生态农产品；在城市规划和建筑业中，“生态设计”和“生态房屋”以减少能源和水资源消耗、降低废水废弃物排放为目标，成为发达国家建筑业的新风尚。

可持续发展理论的发展历程如图 2.1 所示。

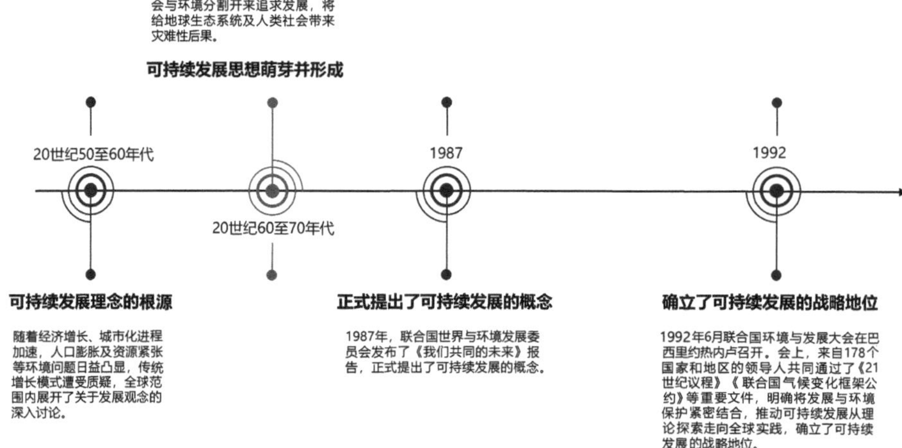

图 2.1 可持续发展理论的发展历程

2.1.1.2 基本原则

可持续发展的基本原则有公平性、持续性、共同性（表 2.1）。

表 2.1 可持续发展理论的基本原则

原则	内容	要求
公平性	同代人之间、代与代之间、人类与其他生物种群之间、不同国家与地区之间的公平	人类的发展不应危及其他物种的生存；各国有权根据需要开发本国资源，并确保不对其他国家的环境造成损害；人类需要和子孙后代共享资源和环境
持续性	地球的承载力是有限的，人类的经济活动和社会发展必须保持在资源和环境的承载力之内	人类应做到合理开发和利用自然资源，保持适度的人口规模，处理好经济发展与环境保护的关系
共同性	各国共同参与经济发展和环境保护，地区的决策和行动应该有助于实现全球整体的协调	解决全球性环境问题，必须进行国际合作；对于全球共有的资源，需要在尊重各国主权和利益的基础上，制定各国都可以接受的政策

（1）公平性

可持续发展秉持的公平性原则，是一个多维度、跨时态的概念体系，它涵盖了两个基本维度：一是代内公平，它强调在同一时代内，不同社会群体、地区及国家间应享有平等的资源分配权和发展机会，确保每个人都能满足基本生活需求并追求更高质量的生活；二是代际公平，它着眼于时间轴上的公平，认为当前世代在满足自身需求的同时，必须对未来世代负责，确保他们也能享有同等的资源与环境权益，因为自然资源的有限性要求我们在开发与利用上采取审慎态度。这一原则不仅体现了伦理上的平等观，也强调了当代人作为资源主宰者的历史责任，即确保各世代在资源利用上享有平等的选择机会，避免任何一代处于支配性地位。

（2）持续性

持续性原则关注的是生态系统在面临外部干扰时，维持其生产力和功能稳定的能力。作为人类生存与发展的基石，资源环境的可持续利用和生态系统的平衡是可持续发展的首要前提。这要求人类活动必须遵循生态系统的自然规律，调整生活方式，确保资源消耗在生态系统可承受范围内，同时，合理开发与利用自然资源，保障可再生资源的再生能力，节约使用非可再生资源并寻求替代方案，维护环境的自净能力。持续性原则不仅是对自然资源管理的指导，也间接体现了公平性原则，即通过保障生态系统的长期健康，为后代留下良好的生存环境。

（3）共同性

共同性原则强调可持续发展是全球性的共同事业，其实现依赖于全球范围内的合作与协调。地球的整体性和各国之间的相互依存性决定了，只有通过国际合作，才能有效应对全球性环境与发展挑战。因此，推动制定并遵守国际协定，在平衡各方利益的同时保护全球环境与发展体系，是实现可持续发展目标的关键。正如《我们共同的未来》所强调的，促进多边主义，加深共同认识和责任感，对于当前分裂的世界尤为重要。共同性原则呼吁全人类团结一致，共同促进人与人、人与自然之间的和谐共生，这是全人类共同的道义责任和历史使命。

2.1.1.3 基本特征

可持续发展理论的精髓可归纳为“三大支柱”：经济可持续发展作为坚实基础，生态（环境）可持续发展作为必要前提，社会可持续发展作为最终追求。

（1）经济可持续发展

可持续发展理论积极倡导经济增长，认为其是提升当代民众福祉、增强国家实力及累积社会财富的必由之路。在推动经济增长的过程中，该理论不仅关注经济规模的扩大，更重视经济增长的质量与效益。这意味着，经济发展应兼顾量的增长与质的提升。因此联合国提出了可持续发展目标（图 2.2）。鉴于数量增长存在物理界限，可持续发展理论强调依靠科技进步，优化经济活动，采用科学合理的增长模式，以确保经济的长期稳健发展。

Sustainable Development Goals

图 2.2 可持续发展目标

（2）生态（环境）可持续发展

可持续发展的核心标志在于确保自然资源的持续利用与生态环境的良好维护，这要求经济社会发展活动必须充分考虑资源和环境的承载能力。该理论以自然资源为基础，强调经济社会与生态环境的和谐共生，主张在保护生态环境及确保资源永续利用的前提下推进经济建设。为实现可持续发展，必须确保可再生资源的消耗速度不超过其再生速度。同时，对于不可再生资源的利用，应积极探寻并利用替代资源，以确保人类发展活动在地球生态系统的承载能力范围内进行。

（3）社会可持续发展

可持续发展理论超越了单纯经济增长的局限，强调发展是一个包含经济、社会、文化等多方面的综合进程。该理论认为，尽管世界各国处于不同的发展阶段，拥有不同的发展目标，但发展的本质应聚焦于提升人类生活质量、增强民众健康，并构建一个平等、自由、教育普及且免受暴力威胁的和谐社会环境。

在人类可持续发展系统中，经济发展是基石，生态保护是前提，而社会进步是终极目标。这三者相互关联，共同构成一个动态平衡的整体。只有当社会在任一时间节点上均能保持与经济、资源及环境的和谐协调，方能真正迈向可持续发展的道路。展望未来，人类社会共同追求的是构建一个以人为本，自然、经济、社会三者和谐共生，持续、稳定、健康发展的复合系统，这是新世纪里人类共同的愿景与奋斗方向。

2.1.1.4　理论基础

可持续发展的基础理论框架涵盖了一系列关键性理论，具体包括：经济学领域的增长极限理论与知识经济理论，生态学视角的可持续发展理论、人口承载力理论以及人地系统理论。人地系统理论是核心，它强调人类社会作为地球系统不可或缺的构成部分，是生物圈的重要组成元素，并扮演着地球系统主要子系统的角色。该理论指出，人类社会起源于地球系统，并与地球各子系统间存在着复杂而紧密的联系，表现为相互关联、相互制约及相互影响。人类社会的所有活动均受到地球系统多方面因素的影响，如气候（大气圈）、水文与海洋环境（水圈）、土地与矿产资源（岩石圈）以及生物资源（生物圈）。地球系统提供了人类生存与社会经济可持续发展的物质基础与必要条件；反之，人类的社会经济活动直接或间接地作用于大气圈（如大气污染、温室效应、臭氧层空洞）、岩石圈（如矿产资源枯竭、沙漠化、土壤退化）及生物圈（如森林面积减少、物种灭绝）。因此，人地系统理论不仅是地球系统科学理论的核心组成部分，也是陆地系统科学理论的重要支柱，更为可持续发展提供了坚实的理论基础。

可持续发展的核心理论体系主要由资源永续利用理论、外部性理论以及财富代际公平分配理论构成。其中，资源永续利用理论的认识论基石在于一个核心观点：人类社会能否实现可持续发展，根本上取决于支撑其生存与发展的自然资源能否得以持续、无限期地利用。这一理论流派深刻揭示了自然资源可持续利用对于人类社会长远发展的重要性。

2.1.1.5 基本内涵

从全球普遍认可的概念中，可以梳理出可持续发展的基本内涵。

①共同发展。地球被视为一个错综复杂的巨型系统，其中每个国家或地区均是该系统中不可或缺的子系统。系统的核心属性在于其整体性，意味着每个子系统均与其他子系统紧密相连，并相互作用。任何单一子系统的问题都可能直接或间接地引发其他系统的失衡，甚至导致整个系统的突变，这一现象在地球生态系统中尤为显著。因此，可持续发展的核心理念在于追求整体发展与协调共进，即共同发展。

②协调发展。协调发展不仅强调经济、社会、环境三大系统之间的整体和谐，还涵盖世界、国家和地区三个空间维度的协调一致。此外，它还涉及一个国家或地区内部经济与人口、资源、环境、社会以及各阶层之间的协调。持续发展的动力源自这些多维度的协调与平衡。

③公平发展。全球经济发展呈现出由发展水平差异导致的层次性特征，这是发展过程中持续存在的挑战。然而，当这种层次性因不公平、不平等而加剧时，其影响可能从局部扩展到整体，最终威胁到全球的可持续发展。可持续发展的公平原则包含两个维度：一是时间维度上的公平，即当代人的发展不应损害后代人的发展潜力；二是空间维度上的公平，意味着一个国家或地区的发展不应以牺牲

其他国家或地区的发展机会为代价。

④高效发展。公平与效率是推动可持续发展的两大核心要素。可持续发展的效率观超越了传统经济学的范畴，它不仅涵盖经济效率，还融入了自然资源和环境损益的考量。因此，可持续发展所倡导的高效发展，是指在经济、社会、资源、环境、人口等多方面协调基础上实现的高效率发展。

⑤多维发展。人类社会正展现出全球化的发展趋势，但不同国家和地区的发展水平各异，且各自拥有独特的文化、体制、地理环境及国际环境等发展背景。鉴于可持续发展是一个综合性、全球性的概念，需考虑不同地域实体的接受度，因此，可持续发展本身蕴含了多样性、多模式的选择空间。在此背景下，各国与各地区在实施可持续发展战略时，应基于自身国情或区情，探索符合实际、多样化、多模式的可持续发展路径。

2.1.2　生态文明建设理论

2.1.2.1　理论提出

进入 21 世纪以来，中国始终坚守节约资源与保护环境的基本国策，深入贯彻执行可持续发展战略，并进一步提出了构建生态文明的重大战略议题与任务。这一举措为中国实现人与自然、环境与经济以及人与社会的和谐共生奠定了坚实的理论基础，并指明了远大的目标方向。生态文明的建设，作为我们党对经济发展与资源环境关系问题的创新性回答，标志着我们党在理论层面的最新成果，为统筹人与自然和谐发展提供了明确的前进指引。

回溯历史，自二十世纪六七十年代人类生态环境意识初步觉醒以来，人类对生态环境问题的认知不断深化与拓展。其中，1972 年联合国首次人类环境会议、1992 年联合国环境与发展大会、2002 年可持续发展世界首脑会议以及后续的联合国可持续发展大会，均成为这一进程中的重要里程碑。在当今世界，可持续发展已成为不可逆转的时代潮流，绿色、循环、低碳的发展模式正逐渐成为新的发展趋势。

面对这一新的发展趋向，我们党保持了清醒的认识，深刻反思了传统工业文明发展模式的局限性，认真总结了落实科学发展观、转变经济发展方式的实践经验，并充分汲取了中华传统文化的智慧。在此基础上，我们提出并大力推进了生态文明建设，要求从文明进步的新高度来认识和解决资源环境问题，从经济、政治、文化、社会、科技等多维度全面审视和应对人类社会发展所面临的资源与环境挑战。我们的目标是，在更高层次上实现人与自然、环境与经济、人与社会的和谐共生，从而为中国增强可持续发展能力提供更加科学的理念与方法论指导。

随着社会主义现代化建设实践的不断深入和认识的提升，自党的十六大以来，以胡锦涛同志为总书记的党中央在科学发展观的指导下，逐渐形成了生态文明建设的战略思想。党的十七大更是将“建设生态文明”纳入了全面建成小康社会奋斗目标的新要求之中，并作出了相应的战略部署。党的十七大报告强调，要坚持走生产发展、生活富裕、生态良好的文明发展道路，建设资源节约型、环境友好型社会，实现速度与结构质量效益相统一、经济发展与人口资源环境相协调，使人民在良好的生态环境中生产生活，实现经济社会永续发展。

生态文明的建设，不仅为人民群众创造了良好的生产生活环境，满足了改善民生的需求，而且拓展了中国现代化建设的领域与范围。这是我们党深刻把握当今世界发展新趋向所作出的战略抉择，将为推动人类文明的进步作出重大贡献。自党的十七大以来，中国充分发挥了后发优势，在推进工业文明的同时，积极建设生态文明，坚持以信息化带动工业化，以工业化促进信息化，走新型工业化道路，形成了中国生态文明建设的特色，为人类社会推进文明进程提供了有益的尝试与探索。

2.1.2.2 基本内涵

生态文明建设的本质内涵在于构建一个以资源环境承载力为基石、以遵循自然规律为准则，并以可持续发展为终极目标的资源节约型、环境友好型社会。这一理念深刻剖析并揭示了生态文明建设的核心内涵与本质特征（图 2.3）。

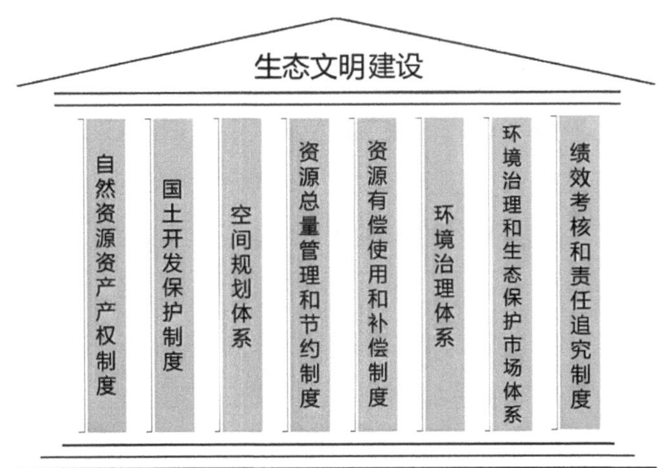

图 2.3　生态文明建设的内容

生态文明，作为人类为追求更美好的生态环境而不懈努力所取得的物质成就、精神财富与制度创新的综合体现，它并非意味着对物质生活的摒弃或向原生态生活方式的回归。相反，它是对传统粗放型发展模式与不合理消费模式的超越与革新，旨在提升全社会的文明理念与综合素质，确保人类活动在自然环境可承受的范围内有序进行，从而走出一条生产发展、生活富裕、生态良好的文明发展新路径。

在生态文明的建设过程中，我们应以深入把握自然规律、尊重自然为前提条件，将实现人与自然、环境与经济、人与社会的和谐共生作为根本宗旨。同时，我们必须以资源环境承载力为基础，着眼于建立可持续的产业结构、生产方式与消费模式，不断增强可持续发展能力。而这一切的最终归宿，则是要建设一个资源节约型、环境友好型的社会，这也是生态文明建设的本质要求与核心目标。

2.1.2.3　主要内容

生态文明建设的内涵极为丰富，涉及多个维度与层面。

①从价值取向的维度来看，树立先进的生态伦理观念是不可或缺的。人类作

为自然的重要组成部分，应当深刻认识到尊重自然规律的重要性，并积极推动生态文化、生态意识以及生态道德等生态文明理念深入人心，使其成为中国特色社会主义核心价值体系中的重要组成元素。

②在物质基础方面，发展发达的生态经济是生态文明建设的基石。这要求我们对传统产业进行生态化的改造与升级，同时大力发展节能环保等战略性新兴产业，确保绿色经济、循环经济和低碳技术在整个经济结构中占据显著地位，从而推动经济实现绿色转型。

③就激励与约束机制而言，建立完善的生态制度是生态文明建设的保障。我们需要将环境公平正义的原则融入经济社会的决策与管理过程中，不断加大制度创新的力度，建立健全相关的法律、政策和体制机制，以确保生态文明建设的顺利进行。

④从必保底线的角度来看，保障可靠的生态安全是生态文明建设的底线要求。我们必须有效防范环境风险，及时妥善地应对突发资源环境事件和自然灾害，维护生态环境的稳定状况，避免重大生态危机的发生。

⑤从根本目的来看，持续改善生态环境质量是生态文明建设的最终目标。我们要让人民群众喝上干净的水、呼吸到新鲜的空气、吃上放心的食物，这是生态文明建设的核心所在。

综上所述，生态文明建设的价值取向、长远目标、基本原则、主要途径和保障举措等方面，都凸显了人与自然和谐共生、经济社会与资源环境协调发展的核心理念。

2.1.2.4 重要特征与重点任务

生态文明理念及其建设实践展现出鲜明的特性：在价值观念层面，它着重强调以平等的视角和深切的人文关怀来关注并尊重生态环境，力求实现经济社会发展与资源环境保护之间的和谐共生；在实现路径方面，它开辟了一条以资源节约与生态环境保护为核心的新路径，积极倡导并推动自觉自律的生产与生活方式，逐步构建起节约能源资源、保护生态环境的产业结构、增长模式及消费形态，全方位推动经济社会的绿色发展与繁荣；在目标追求上，它尤为注重提升公众的经济福祉与环境权益，以促进社会的整体和谐；而在时间维度上，生态文明的建设是一个长期且艰巨的过程，既要弥补工业文明发展过程中的不足，又要稳步迈向生态文明的新征程。

生态文明建设的核心任务涵盖以下几个方面：第一，加速经济发展模式的转型，致力于发展绿色经济、循环经济，并推动低碳技术的创新与应用，同时积极培育并壮大节能环保产业，以形成资源高效利用、环境友好型的产业结构、生产模式及消费习惯。第二，需更加重视民生保障与改善，聚焦解决对民众健康构成威胁的突出环境问题。第三，深化节能减排工作，加大对水体、大气、土壤等环境污染的治理强度，并强化对核能与辐射安全的监管能力，以期显著提升环境质量。第四，还应切实加强农村地区环境的综合整治，推动城乡生态环境基本公共服务的均衡化。第五，加强生态保护和防灾减灾体系的建设，构建稳固的生态安全屏障。第六，完善激励与约束机制，制定并实施有利于生态文明建设的政策法规与体制机制。第七，加强生态文明宣传教育，旨在在全社会范围内树立并弘扬生态文明的价值观念。第八，积极应对气候变化、生物多样性保护等全球性生态挑战，展现负责任大国的担当。

中国与世界其他地区生态文明建设效率对比如图 2.4 所示。

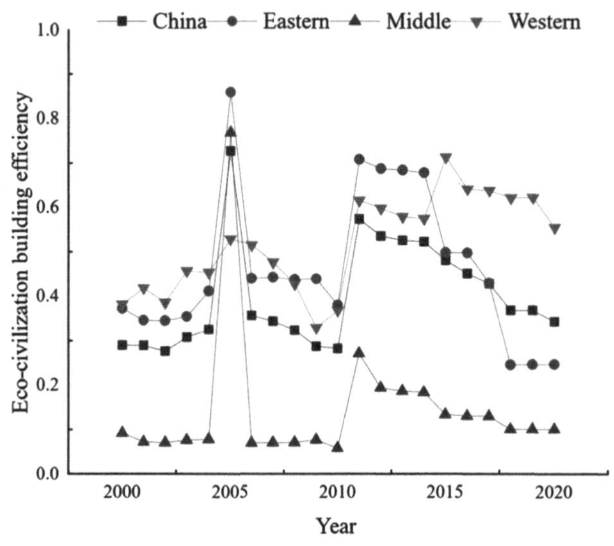

图 2.4　生态文明建设效率对比

2.1.2.5　重要原则

坚持在发展中强化保护、在保护中促进发展的原则，是深化经济社会发展与资源环境关系认知的必然体现。强化生态环境保护，不仅是经济转型升级的内在要求，也是推动经济持续健康增长的关键路径。这一理念深刻揭示了经济发展与环境保护相辅相成、互为支撑的辩证关系。因此，必须将节约资源与环境保护的理念深度融合于产业结构调整、污染防治与企业增效、节能环保产业发展与内需拓展，以及生态保育与生产力空间优化的全过程，加速推进经济体系的绿色化转型进程。

积极探索一条代价低、效益高、排放少、可持续的环境保护新路径，对于构建符合中国国情的环保宏观战略体系、高效污染防治体系、完善的环境质量评价体系、健全的环保法规政策与科技标准体系、严密的环境管理与执法监督体系以及全民参与的社会行动体系至关重要。此举不仅是提升生态文明水平的时代呼唤，更是破解资源环境约束瓶颈的根本出路。环保新道路的深入探索与实践，将直接促进生态文明建设的成效更加显著且持久。

为构建有利于资源节约与环境保护的国民经济体系，需在生产、流通、分配、消费的全链条中全面融入节约环保理念。鉴于资源利用与环境影响的广泛存在性，单一环节的节约措施难以从根本上解决问题，故需依据自然环境承载能力科学规划经济社会发展蓝图，确保节约环保原则贯穿于经济发展的所有领域和环节。推动绿色发展，大力发展绿色经济和低碳技术，加快循环经济发展步伐，广泛推广清洁生产方式，促进产业结构优化升级，对传统产业实施生态化改造，构建节约环保的技术与生产体系，旨在实现自然生态系统与经济社会系统的和谐共生。

同时，应着力解决制约科学发展及危害公众健康的突出环境问题。环境保护不仅是科学发展的基石，也是人民健康福祉的保障。在当前经济形势下，尤需严格监控“两高一资”项目、遏制低水平重复建设与产能过剩，确保生态环保标准不降低，努力避免新增环境债务，并积极偿还历史欠账。鉴于人民群众对良好生态环境的基本需求，政府应作为基本公共服务提供者，针对水、大气、重金属污染等严重影响健康的问题，采取集中力量优先解决的策略，加强环境执法，严惩环境违法行为，保障群众环境权益。

最后，不断完善生态文明建设的体制机制，是确保其长期有效推进的根本保障。需构建职能统一、协调高效的生态环保综合管理体系，完善法律法规体系，强化规划政策引导，运用经济手段如财税、价格杠杆，建立健全生态补偿机制，深化资源性产品价格改革，配套完善资源环境经济政策。制定并实施生态文明目标指标体系与考核办法，将其纳入地方政府绩效考核体系。加强生态文明理念的宣传教育，提升全民生态文明意识，共同推动生态文明建设迈向新高度。

2.1.3　协同发展理论

2.1.3.1　协同发展的含义

协同发展理论的核心概念“协同”最早由德国著名物理学家 Herman Haken 于 1969 年首次提出，其在 1971 年与格雷厄姆正式解释协同学。协同理论来源于希腊文 Synergetic，意为“合作的科学”，是 1977 年由德国理论物理学家哈肯提出的[94-95]。在协同学看来，稳定的体系是由许多子系统按某种方式协同活动而构成的整体协同效应或有序新结构。这一理论把一切研究对象都视为一个子系统组成的体系。这些子系统在物质、能量或信息交换过程中相互影响，产生系统整体协同效应或新的有序结构。协同学旨在建立以统一观点对待复杂系统的思想与方法[96]。协同学的研究重点是协同效应、伺服原理以及自组织原理。其中协同效应是指复杂开放系统内各子系统间相互作用所形成的整体或集体效应[97]。

2.1.3.2 基本内涵

协同发展理论的基本内涵可以概括为：两个或两个以上的不同资源或个体，通过相互协作实现某一目标，达到共同发展的双赢效果。这种协作不仅仅是简单相加，而是通过系统内部的相互作用、相互促进、相互协调，形成整体有序协调的结构状态，使得整体效果大于各部分之和。

协同发展理论强调在尊重自然规律、科学定理的前提下，系统内部的各组员之间为了实现某一总目标（如人的全面发展、经济增长、社会进步等），进行互相交流，促进要素在系统、子系统之间流通，从而推动系统实现总目标的过程。这一过程体现了综合性的发展，要求在尊重事实的基础上实现以人为本的理念，同时确保系统协同发展的结果大于各子系统单独发展的结果。

2.1.3.3 主要特征

协同发展理论具有以下几个主要特征：

①综合性发展。协同发展理论要求在尊重事实的基础上实现以人为本的理念，强调系统内部各部分之间的相互联系和相互作用，形成整体有序协调的结构状态。这种综合性的发展理念体现了对系统整体性和复杂性的深刻认识。

②超越性结果。在环境承载力范围内，系统协同发展的结果大于各子系统单独发展的结果。这一特征表明，协同发展通过整合各子系统的优势和资源，实现了整体效益的最大化。

③多层次动态协调。协同发展是一个多层次的动态协调过程，包括子系统之间、子系统与系统之间的协调。这一过程内部结构复杂，但有一定的规律性，通过物质交换、资源传递、能量协助、信息交流等途径相互协调，形成动态平衡的发展状态。

④和谐共生机制。协同发展理论强调不同资源或个体之间的和谐共生关系，认为某种物种的胜利是与另一些物种共同进化形成的，而不是通过优胜劣汰置对方于死地的方式实现的。这种和谐共生机制体现了协同发展过程中各方之间的相互尊重、相互支持和共同发展。

协同产品设计的主要内容如图 2.5 所示。

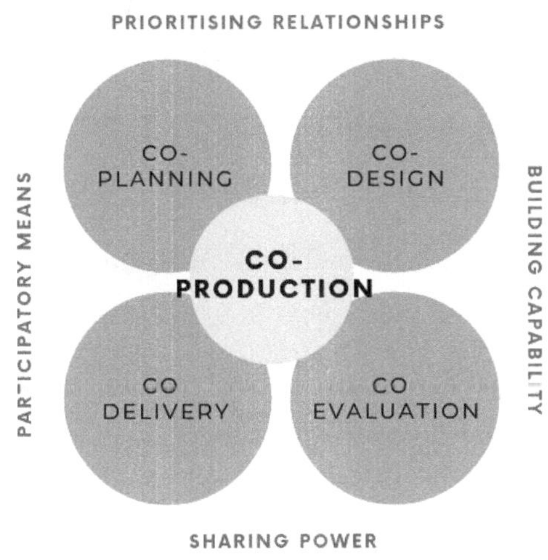

图 2.5　协同产品设计的主要内容

2.1.3.4　主要内容

协同发展理论的主要内容包括以下几个方面。

①协同效应。协同效应是协同学的核心内容之一，指的是开放系统在外部因子干扰时，子系统或各要素通过内部协作化解干扰，使系统结构功能逐渐向有序高效演化的能力。这一效应不仅存在于生态系统，也广泛应用于社会经济系统中，

体现了系统内部各部分通过协同作用实现整体优化的能力。

②自组织原理。复杂系统各因子和要素间的相互作用从无序不平衡的状态向有序稳定系统演进的运行机理，被称为自组织原理。它通常被视为系统在特定范围内的自我修复能力，是系统在没有外部指令的情况下，通过内部各部分的相互作用和协调，自发形成有序结构的过程。

③役使原理。役使原理指出，在复杂系统的演化过程中，慢变量（即变化速度较慢的变量）往往决定着系统演化的速度和方向，犹如“木桶效应”，推进系统向高级化演进须对慢变量进行研究和调控。这一原理揭示了系统内部不同变量在演化过程中的不同作用及其相互关系。

④多样性协同。协同发展理论认为，不同资源或主体之间的协作发展要求多样性，即通过制度、体制等多种内容的共同竞争、相互促进，达到社会多样性的协同。不同资源或主体应发挥各自特长或优势，形成共同发展的繁荣局面。

⑤多层次动态协调。协同发展是一个多层次的动态协调过程，包括子系统之间、子系统与系统之间的协调。这一过程内部结构复杂，但有一定的规律性，通过物质交换、资源传递、能量协助、信息交流等途径相互协调，形成整体有序协调的结构状态。

协同设计流程如图 2.6 所示。

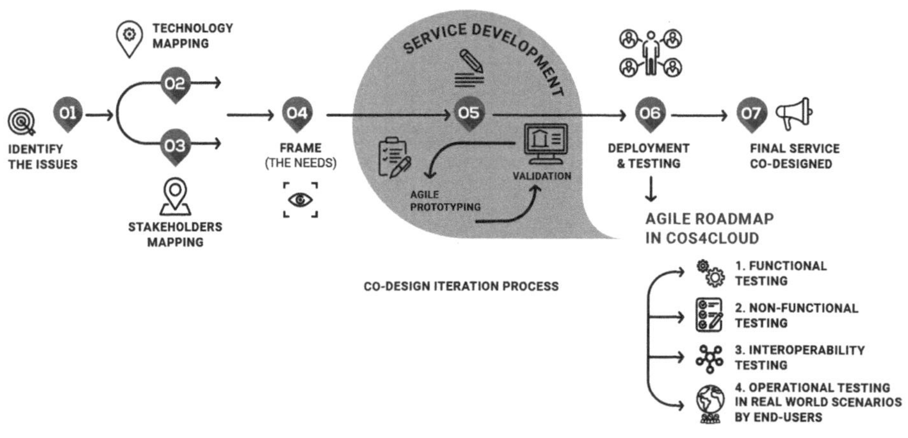

图 2.6　协同设计流程

2.1.3.5　主要原则

协同发展理论在实践中应遵循以下主要原则。

①共同利益原则。在协同发展过程中，各方应以整体利益为前提，注重共同利益，而不是片面追求个人或狭隘集团的利益。这一原则确保了协同发展的方向正确性和可持续性。

②互利共赢原则。协同发展双方应坚持互利共赢的原则，通过合作实现双方的利益最大化，而不是实行零和博弈的竞争战略。这一原则促进了各方之间的积极合作和长期共赢关系的建立。

③公平公正原则。协同发展应坚持公平公正的原则，尊重各方的权利和利益，建立公正的协作机制，避免利益失衡和资源悬殊。这一原则确保了协同发展过程中各方权益的平等保护和合理分配。

④和谐共生原则。协同发展应注重社会和谐、环境可持续、生态平衡等多方面因素的共同发展，实现多方面共生共荣。这一原则强调了协同发展与环境保护、社会进步之间的紧密联系和相互促进关系。

2.1.3.6　矿山可持续开发中的协同发展

矿山开发是一个复杂的系统工程，涉及环境、经济和社会多个方面。其中，矿山协同发展理念十分重要，主要包括以下两个方面。

①产业协同发展。矿山企业可以与周边产业实现协同发展，促进产业链的闭合和价值链的提升。例如，在矿山开发中，可以与周边建筑业、交通运输业等产业建立合作关系，共同开发相关产品和服务。这种协同发展方式可以实现资源的共享、信息的流通和技术的提升，从而促进各行业的互利共赢。

②区域协同发展。矿山企业需要与地方政府、居民和其他组织建立良好的合作关系，实现区域协同发展。在这个过程中，企业需要积极参与当地社会建设和公益事业，并尊重当地文化和传统习俗。同时，企业也需要与政府部门进行有效沟通和合作，共同推动当地社会、经济和环境的可持续发展。

2.1.4 全生命周期设计理论

2.1.4.1 理论提出

全生命周期设计理论根植于产品生命周期管理（product life-cycle management，PLM）和可持续发展理念。PLM 强调对产品从概念设计、制造、销售、使用到废弃的全过程进行集成化、信息化的管理，而全生命周期设计理论则进一步将这一理念扩展到设计阶段，要求在产品设计之初就全面考虑产品生命周期的各个环节，以实现全过程的优化。同时，随着全球环境问题的日益严峻和可持续发展战略的提出，全生命周期设计理论逐渐受到重视，成为实现绿色制造、循环经济的重要手段。

全生命周期设计理论最早可以追溯到美国经济学家雷蒙德·弗农提出的产品生命周期理论，该理论主要用于解释国际贸易中的产品生命周期现象。随着理论的发展和应用的拓展，全生命周期设计理论逐渐形成了自己独特的理论体系和实践框架。现代全生命周期设计理论不仅关注产品的物质形态变化，还强调产品在整个生命周期内对环境、社会、经济等多方面的影响，旨在通过设计手段实现产品的全面优化。

2.1.4.2 基本内涵

全生命周期设计理论是指在产品设计阶段就全面考虑产品从孕育、生产、使用、维护到回收的全过程，通过综合规划和优化，实现产品在全生命周期内的最优性能、最低成本、最小环境影响和最大社会经济效益。这一理论不仅关注产品的功能和结构，还将产品的社会需求、环境影响、资源消耗、经济成本等因素纳入设计考量范围，形成了一种全新的、综合性的设计方法论。

全生命周期设计是以系统观、并行观、集成观和可持续发展理念为基础进行的设计，综合考虑了产品生命周期各个阶段的质量和环境问题，包括需求识别、设计、生产、运输、销售、使用、维护和回收处理等[98]。该理论从环境保护的角度出发，考虑到了产品开发全生命周期的污染预防要求和资源能源的重复利用，从而降低了生产和消费过程对环境造成的不良影响[99-100]。这一概念被扩展至建筑、管理等行业。全生命周期设计必须从市场需求识别开始，充分考虑产品生命周期的各个环节，以确保产品质量和社会效益，增强环境保护意识，促进社会可持续化发展。

全生命周期设计理论的核心要素包括产品功能性能、生产效率、品质质量、经济性、环保性和能源 / 资源利用率等。这些要素相互关联、相互影响，共同构成了全生命周期设计理论的基本框架。

2.1.4.3　主要内容

全生命周期设计理论将产品生命周期划分为多个阶段，包括孕育期（需求分析、概念设计）、生产期（原材料采购、加工制造、装配调试）、使用期（运行维护、性能监测）、废弃期（回收处理、资源再利用）等。每个阶段都有其特定的目标和任务，需要在全生命周期设计理论指导下进行统筹规划和优化（图 2.7）。

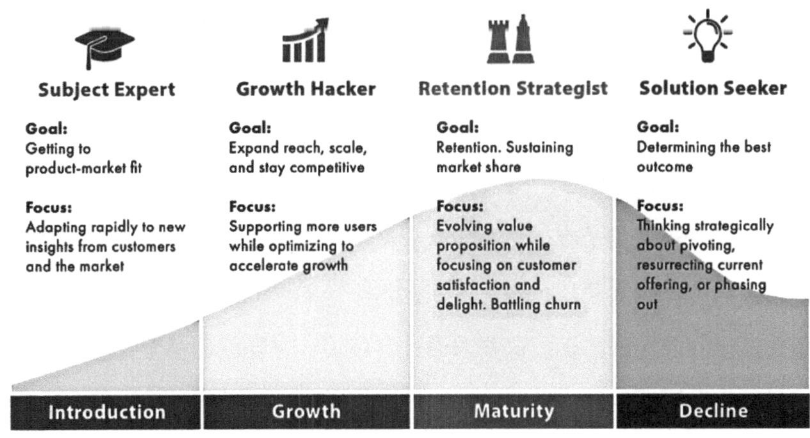

图 2.7　产品全生命周期

①孕育期。通过市场调研和用户需求分析，明确产品定位和功能需求；采用创新设计理念和方法，形成初步设计方案；同时考虑产品的环保性和资源利用效率，选择环保材料和节能技术。

②生产期。优化原材料采购策略，确保材料来源的可靠性和环保性；采用先进制造技术，提高生产效率和产品质量；加强生产过程中的环境管理和资源节约，减少废弃物排放和能源消耗。

③使用期。建立完善的维护保养体系，确保产品性能稳定可靠；通过远程监测和数据分析技术，及时发现并解决问题；提供用户培训和售后服务支持，提升用户体验和满意度。

④废弃期。制定产品回收处理计划，确保废弃物得到合理处置和资源再利用；开展环境影响评估和改进措施研究，为未来的产品设计提供经验和借鉴。

全生命周期设计理论涉及多学科知识的融合与应用，包括机械工程、材料科学、环境科学、管理学、经济学等。在设计过程中需要综合运用这些知识领域的研究成果和方法论进行综合分析和优化决策。例如，机械工程知识用于产品结构和功能的设计，材料科学知识用于材料的选择和优化，环境科学知识用于评估产品生命周期内的环境影响，管理学和经济学知识用于优化生产流程、降低成本和提高效益。

2.1.4.4 主要原则

（1）整体性原则

全生命周期设计理论强调将产品生命周期视为一个整体系统进行综合考虑和管理。在设计过程中需要从全局出发把握各个环节之间的内在联系和相互影响，实现整体最优而非局部最优。这要求设计者在设计之初就具备全局视野和系统思维，将产品生命周期的各个环节纳入设计考量范围，确保设计方案的全面性和协调性。产品全生命周期体系如图 2.8 所示。

图 2.8　产品全生命周期体系

（2）关联性原则

产品生命周期各阶段之间存在密切的关联性和相互影响性。在设计过程中需要充分考虑各阶段之间的相互作用关系，确保各阶段之间的顺畅衔接和协同优化。例如，孕育期的设计决策会影响生产期的制造成本和难度，生产期的工艺选择会影响使用期的维护成本和使用寿命，废弃期的回收处理方案则需要考虑孕育期和生产期的设计决策。因此，在设计过程中需要建立跨阶段的协同机制和信息共享平台，确保各阶段之间的紧密配合和有效沟通。

（3）结构性原则

不同产品在全生命周期内的结构和特征存在差异。在设计过程中需要根据具体产品的特点和需求制定相应的优化策略和管理措施，以实现针对性的改进和提升。这要求设计者在设计之初就深入了解产品的特性和市场需求，结合全生命周期设计理论的基本原理和方法论，制定符合产品特点的设计方案和管理策略。

（4）动态性原则

全生命周期设计理论是一个动态的过程管理理论。随着技术进步、市场环境和消费者需求的变化，全生命周期设计理论也需要不断调整和完善以适应新的形势和挑战。这要求设计者在设计过程中保持敏锐的洞察力和灵活的应变能力，及时调整设计方案和管理措施以应对外部环境的变化。同时，还需要建立持续改进和反馈机制，不断总结经验教训并优化设计方案和管理流程。

（5）可持续性原则

全生命周期设计理论强调在产品设计阶段就充分考虑环境保护和可持续发展要求。通过采用环保材料、节能减排技术等手段降低产品生命周期内的环境影响和资源消耗，同时加强废弃物的回收处理和资源再利用工作以实现绿色生产和可持续发展目标。这要求设计者在设计过程中树立可持续发展理念，并将其贯穿于整个设计过程之中，以确保产品的环境友好性和可持续性。

2.1.4.5 重要特征

（1）前瞻性

全生命周期设计理论具有前瞻性的特点。在设计阶段就充分考虑未来市场需求和技术发展趋势等因素，确保产品在未来一段时间内仍能保持竞争力和适用性。这要求设计者在设计之初就具备前瞻性的眼光和敏锐的洞察力，能够准确预测未来市场需求和技术发展趋势，并将其纳入设计考量范围，以确保产品的长远竞争力和市场适应性。

（2）系统性

全生命周期设计理论将产品生命周期视为一个复杂系统，进行综合规划和优化。在设计过程中，需要从系统论角度出发，把握各个环节之间的内在联系和相互影响关系，确保整体系统的稳定性和优化性。这要求设计者在设计之初就具备系统思维的能力，能够全面考虑产品生命周期的各个环节，并将其纳入设计考量范围，以确保设计方案的全面性和协调性。

（3）环保性

全生命周期设计理论强调环保性要求。在设计过程中通过采用环保材料和节能减排技术等手段降低产品生命周期内的环境影响和资源消耗；同时加强废弃物的回收处理和资源再利用工作以减少对环境的负面影响。这要求设计者在设计之初就树立环保意识，并将其贯穿于整个设计过程之中，以确保产品的环境友好性和可持续性。

（4）经济性

全生命周期设计理论注重经济性要求。在设计过程中，综合考虑产品生命周期内的成本因素，包括原材料成本、制造成本、使用成本以及回收处理成本等；通过优化设计方案和制造工艺等手段，降低产品生命周期内的总成本，提高经济效益和社会效益水平。这要求设计者在设计之初就具备经济意识，并将其贯穿于整个设计过程之中，以确保产品的成本效益和市场竞争力。

（5）灵活性

全生命周期设计理论具有灵活性的特点。在设计过程中可以根据实际情况灵活调整设计方案和管理措施，以适应不同的市场需求和技术条件；同时也可以通过持续改进和创新不断提升产品性能和市场竞争力水平。这要求设计者在设计之初就具备灵活应变的能力，能够根据外部环境的变化及时调整设计方案和管理措施，以确保产品的市场竞争力和适应性。

2.1.4.6　全生命周期设计理论在矿山开发中的应用

在矿山开发领域，全生命周期设计理论的应用主要体现在以下几个方面。

①规划与设计阶段。在矿山规划与设计阶段引入全生命周期设计理论，可以综合考虑矿山资源的分布特点、开采条件以及环境保护要求等因素，制定科学合理的开采方案；同时注重选择环保型开采技术和设备以减少对环境的破坏和污染；此外还需要加强安全生产管理和社区关系协调，以确保矿山开发活动的顺利进行和社会稳定。

②开采与加工阶段。在矿山开采与加工阶段应用全生命周期设计理论可以优化开采工艺和加工流程，提高资源回收率和利用效率；同时加强废弃物的分类收集和资源化利用工作以减少对环境的负面影响；此外还需要加强环境监测和治理工作，以确保开采活动符合环保法规和标准要求。

③运营与维护阶段。在矿山运营与维护阶段，应用全生命周期设计理论可以建立完善的运营管理体系和维护保养机制，确保矿山设备的稳定运行和性能优化；同时加强安全生产管理和员工培训工作，提升员工的安全意识和技能水平；此外还需要加强社区关系协调和社会责任履行工作，提升矿山企业的社会形象和品牌价值。

④闭坑与复垦阶段。在矿山闭坑与复垦阶段，应用全生命周期设计理论，可以制定科学合理的闭坑计划和复垦方案，确保土地资源的合理利用和生态环境的恢复；同时加强废弃物的无害化处理和资源再利用工作，减少对环境的长期影响；此外还需要加强闭坑后的环境监测和评估工作，确保闭坑活动的合规性和可持续性。

2.1.4.7　矿山开发中全生命周期设计理论的具体实践方式

①资源高效利用。在矿山设计阶段，应用全生命周期设计理论，可以精确评估矿山的资源储量和开采潜力，制定合理的开采计划和资源回收方案。这包括采用先进的采矿技术和设备，提高矿石的回收率和品位，减少资源的浪费和损失。同时，还可以考虑矿石的综合利用和深加工，将低品位矿石或废弃物转化为有价值的产品，实现资源的最大化利用[101-102]。

②环境保护与治理。全生命周期设计理论在矿山开发中的另一重要应用是环境保护与治理。在矿山规划和设计阶段，需要充分考虑矿山开采对周边环境的影响，制定科学的环境保护方案和治理措施。这包括采用环保型开采技术和设备，减少开采过程中的粉尘、噪音和废水等污染物的排放；加强废弃物的分类收集和处理，实现废弃物的资源化利用；同时，还需要建立环境监测和评估机制，定期对矿山周边环境进行监测和评估，确保矿山开发活动符合环保法规和标准要求。

③安全生产管理。矿山开发是一项高风险的活动，安全生产是矿山企业的重要任务。全生命周期设计理论在矿山开发中的应用也包括安全生产管理。在矿山设计和运营阶段，需要建立完善的安全生产管理体系和应急救援机制，确保矿山设备的安全运行和员工的生命安全。这包括加强设备维护和保养，定期进行安全检查和评估；加强员工的安全培训和应急演练，增强员工的安全意识和应急处理能力；同时，还需要建立与周边社区的沟通机制，及时回应社区关切，确保矿山开发活动的可持续发展和社会稳定。

④社区关系协调与社会责任履行。矿山开发不仅关乎企业的经济利益，还涉及周边社区的利益和关切。全生命周期设计理论在矿山开发中的应用也包括社区关系协调和社会责任履行。在矿山规划和设计阶段，需要充分考虑周边社区的利益和需求，制定合理的社区关系和社会责任履行方案。这包括加强与社区的沟通和交流，及时了解社区的关切和诉求；为社区提供必要的支持和帮助，促进社区的经济发展和社会进步；同时，还需要积极参与社会公益事业，履行企业的社会责任，提升企业的社会形象和品牌价值[103-104]。

2.1.5 生态系统服务理论

生态系统服务就是人类为了满足自身的生产与生活的需要而直接或者间接地获得生态系统所提供的各类产品与效益[105]，生态系统服务理论的主要内容如图 2.9 所示。早期人类福祉多表现为生活条件与经济水平的提高，如今更加关注社会民生以及环境状况与心理认知的变化[106-107]。生态系统服务作为自然生态系统和人类福祉之间的联系纽带[108]，支撑着生态文明建设，成为人类社会可持续发展最主要的资源环境基础[109-110]。在全球社会经济不断发展的背景下，人类活动严重破坏自然环境，致使生态系统服务和人类福祉间的冲突日益尖锐，不利于促进人类福祉[111]。联合国 2005 年发布了《千年生态系统评估报告》，其中创新性地介绍了生态系统服务和人类福祉的相互关系框架[112]。此后，对二者耦合关系进行研究一直是生态学领域的一个热点与前沿问题[113]。

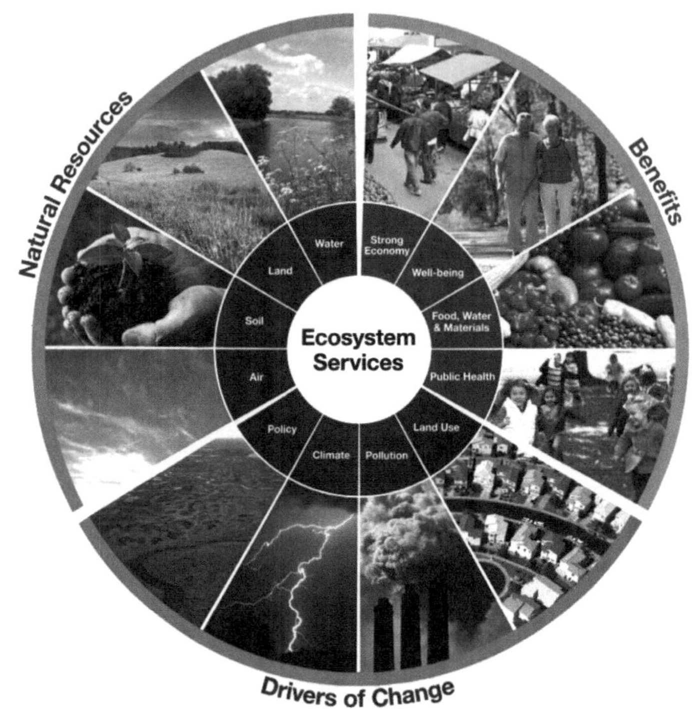

图 2.9　生态系统服务理论的主要内容

2.1.5.1　理论提出与发展

生态系统这一概念最早由 Tansley（1935）提出，指的是生物群落与非生物环境通过能量流动和物质循环而形成的统一整体。随着研究的深入，生态系统的研究逐渐从宏观粗放研究转向精确定量研究，数学、系统科学等学科理论被广泛应用于生态系统的研究。

“生态系统服务”作为一个科学术语，自20世纪70年代开始受到关注。然而，早期对生态系统服务的定义并不明确。直到 1997 年，Gretchen Daily 在著作 *Nature's Services*: *Societal Dependence on Natural Ecosystems* 中首次明确提出了生态系统服务的概念，即生态系统与生态过程所形成与维持的人类赖以生存的自然环境条件与效用。随后，Robert Costanza 等学者也给出了类似的定义，进一步推动了生态系统服务研究的深入。

生态系统服务理论的发展经历了几个重要阶段。20 世纪 60 年代，King 和 Helliwell 等人开始探讨生态系统的服务功能。20 世纪 70 至 80 年代，Holdren 和 Ehrlich 等人拓展了这一概念，将其从环境服务功能扩展到全球生态系统公共服务功能。进入 20 世纪 90 年代，随着 Daily 和 Costanza 等人的研究的开展，生态系统服务理论进入了一个快速发展阶段。特别是 Costanza 等人在 *Nature* 杂志上发表的关于全球生态系统服务价值评估的文章，极大地推动了生态系统服务研究的国际化和标准化。进入 21 世纪，生态系统服务研究进入蓬勃发展阶段，各种评估方法和案例研究层出不穷。

2.1.5.2　基本内涵和主要内容

生态系统服务是指人类从生态系统获得的所有惠益，这些惠益包括供给服务、调节服务、文化服务以及支持服务。

①供给服务。如提供食物、淡水、木材、燃料等直接满足人类生产生活需要的产品。

②调节服务。如气候调节、洪水控制、疾病控制等，通过生态系统过程调节人类生存环境。

③文化服务。如提供精神、娱乐、文化收益等非物质利益，满足人类精神层面的需求。

④支持服务。如维持地球生命生存环境的养分循环、初级生产等，是其他生态系统服务的基础。

生态系统服务可以根据其功能进行分类，目前被广泛接受的是 Daily 和 Costanza 等人的分类方法。Daily（1997）将生态系统服务分为调节、承载、栖息、生产和信息服务等几大类。Costanza 等人（1997）则将生态系统服务分为 17 个类型，包括气体调节、气候调节、水调节和水供应、侵蚀控制和沉积保存、土壤形成、营养循环、废物处理、授粉、生物控制、庇护、食物生产、原料、遗传资源、娱乐、文化等。

生态系统服务是生态系统服务及其生态过程所形成的，其形成和维持依赖于生态系统的结构和功能（图 2.10）。生物多样性在生态系统服务形成过程中起着关键作用，它决定了生态系统属性和过程的稳定性和复杂性。同时，生态系统服务还受到外来因素（如气候和地理）和内在因素（如物种丰富度、分布、动态和物种间功能变异）的共同影响。

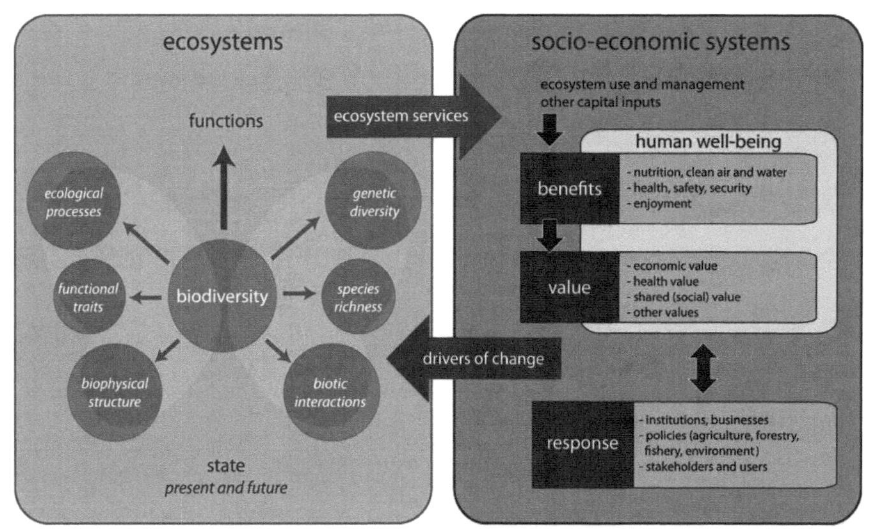

图 2.10　生态系统服务理论框架

2.1.5.3　生态系统服务在矿山开发中的应用

生态系统服务在矿山可持续开发中的应用非常广泛[114]。生态系统服务在矿山中是指矿山系统向人类提供的各种矿产资源以及其衍生的可持续产品和服务。在矿山可持续开发中，生态系统服务的应用主要表现在以下几个方面。

首先，通过保护和恢复矿山周边的自然生态系统，提高生态系统的稳定性和健康状态，从而保障矿区持续地输出生态系统服务[115]。例如，在中国，部分矿山已采取植树造林、生态修复等生态保护措施，以减轻矿山对周边环境的影响。其次，通过生态系统服务评估和监测，为矿山规划和管理提供科学依据。例如，在澳大利亚，一些矿山公司采用生态系统服务评估方法，对矿区生态系统服务进行定量分析并制定相应管理方案，从而实现经济效益和环境保护的协调发展。矿山开发活动对生态系统服务具有重要影响。一方面，矿山开发活动会破坏自然生态系统，导致生态系统服务功能的丧失或降低；另一方面，通过科学规划和合理管理，矿山开发活动也可以促进生态系统服务功能的恢复和提升。因此，在矿山开发过程中必须充分考虑生态系统服务的重要性，确保开发活动的可持续性和生态安全。

2.1.6　循环经济理论

2.1.6.1　理论提出与发展

循环经济理论的起源可以追溯到 20 世纪 60 年代，当时美国经济学家波尔丁首次提出了“宇宙飞船经济理论”[116]。他受宇宙飞船的启发，将地球经济系统比作一艘孤立无援、资源有限的宇宙飞船。飞船必须依靠内部资源的循环利用才能延长寿命，否则将因资源耗尽而毁灭。波尔丁认为，地球经济系统也面临着类似的挑战，只有通过循环利用资源，才能实现可持续发展。这一思想为循环经济理论的形成奠定了基础。

自波尔丁提出循环经济理论以来，该理论逐渐得到国际社会的广泛关注和研究。特别是 20 世纪 90 年代以来，随着全球资源短缺和环境污染问题的日益严峻，发展循环经济和知识经济成为经济全球化的两大趋势。循环经济理论在实践中不断丰富和完善，形成了较为完整的理论体系和实践模式。各国政府、企业和学术界纷纷开展循环经济的研究和实践，推动循环经济在全球范围内的推广和应用。

循环绿色经济的概念最早由英国环境学者 Pearce 等提出[117]。20 世纪后期，褚大建[118]等人结合循环经济基本理念和当前阶段国内发展实际，认为重视可持续性的生态经济学理论才是循环经济发展的首要基础。随着研究的不断深入，循环经济的传统理论被进一步拓展到废物循环、产品循环以及服务循环这 3 种可持续发展的循环经济中。

当前，国家发改委提出了循环经济的基本内涵，循环经济作为可持续发展经济的升级模式，其核心是自然资源的有效利用。循环经济是传统经济在工业生产升级、生活消费、垃圾处理方式大范围内的根本变革[119]。循环经济模式以可持续发展为前提，紧紧抓住我国自然资源利用较为粗放、环境形势严峻这一现状，对我国自然资源利用与环境问题的解决有着至关重要的作用[120]。

2.1.6.2　基本内涵和主要内容

循环经济理论是指在人、自然资源和科学技术的大系统内，在资源投入、企业生产、产品消费及其废弃的全过程中，把传统的依赖资源消耗的线性增长经济转变为依靠生态型资源循环来发展的经济。其核心思想是通过资源的高效利用和循环利用，减少资源消耗和环境污染，实现经济的可持续发展。循环经济强调人与自然的和谐共生，注重生态系统的保护和恢复，推动经济、社会和环境的协调发展。循环经济系统主要关系如图 2.11 所示。

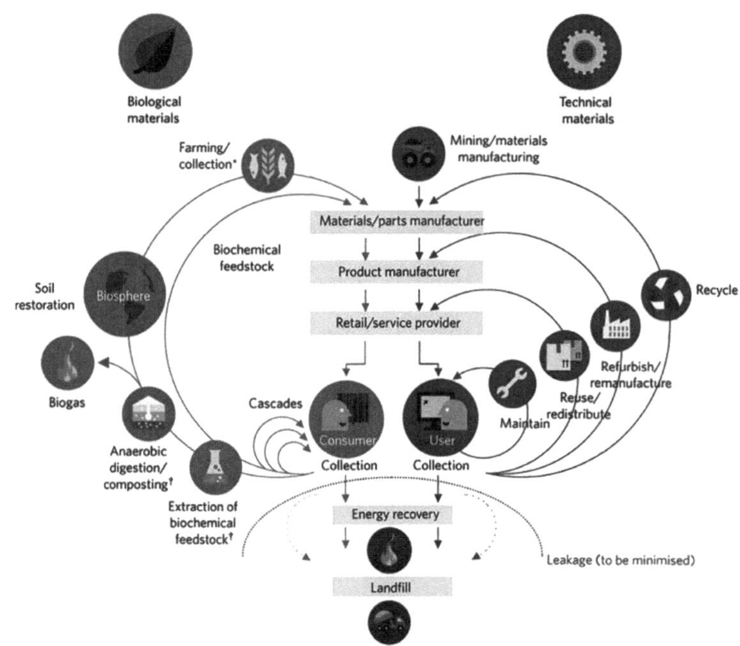

图 2.11　循环经济系统主要关系

（1）资源的高效利用

循环经济要求在生产源头就注重资源的高效利用。通过采用先进的生产技术和工艺，提高资源的利用效率，减少资源的浪费和消耗。例如，在工业生产中，推广节能降耗的技术和设备，减少原材料的浪费；在农业生产中，推广节水灌溉、测土配方施肥等技术，提高土地和水资源的利用效率。同时，循环经济还强调在产品的设计和制造过程中要考虑其可回收性和再利用性，以便在产品废弃后能够进行有效的回收和处理。

（2）资源的循环利用

循环经济要求在生产和消费过程中产生的废弃物尽可能地进行循环利用。通过回收、再生利用等手段，将废弃物转化为新的资源，减少对新资源的需求。这不仅可以减少资源的浪费和消耗，还可以降低环境污染和生态破坏的风险。例如，城市生活垃圾可以通过分类回收、焚烧发电或填埋产气等方式进行资源化利用；工业废渣可以通过加工处理，制成建筑材料或用于道路铺设等；废旧金属、塑料、纸张等可以通过回收处理，再次用于工业生产或消费领域。

（3）生态系统的维护

循环经济不仅关注资源的利用和循环利用，还强调生态系统的维护。在经济发展过程中，要注重保护生态环境，避免对生态系统造成破坏。通过植树造林、湿地恢复、水土保持等措施，增强生态系统的服务功能，提高生态系统的稳定性。同时，循环经济还强调要减少对生态系统的干扰和破坏，保持生态系统的平衡和稳定。例如，在矿产资源开发中，要注重生态环境的保护和恢复，避免对生态系统造成不可逆的损害。

2.1.6.3　主要原则

（1）减量化（reduce）

减量化原则是指在生产源头减少资源的消耗和废弃物的产生。通过优化产品设计、改进生产工艺、提高资源利用效率等手段，减少资源的投入和废弃物的排放。这不仅可以降低生产成本，还可以减少环境污染和生态破坏的风险。例如，在产品设计阶段就注重材料的节约和可回收性；在生产过程中采用清洁生产技术，减少污染物的产生；在消费领域推广节约用水、用电等节能降耗的生活方式。

（2）再使用（reuse）

再使用原则是指通过延长产品的使用寿命、提高产品的可维修性和可升级性等方式，减少产品的废弃和更换频率。鼓励消费者对产品进行多次使用和修复，而不是轻易丢弃。这不仅可以减少资源的浪费和消耗，还可以降低环境污染和生态破坏的风险。例如，电子产品、家具等耐用消费品可以通过升级换代而不是直接报废的方式实现再利用；在建筑行业推广可拆卸、可重组的建筑设计和施工技术，提高建筑材料的再利用率。

（3）再循环（recycle）

再循环原则是指将废弃物转化为新的资源，实现资源的循环利用。通过回收、再生利用等手段，将废弃物转化为可再次利用的原材料或产品。这不仅可以减少资源的浪费和消耗，还可以降低环境污染和生态破坏的风险。例如，废旧金属、塑料、纸张等可以通过回收处理，再次用于工业生产或消费领域；在城市垃圾处理中，推广垃圾分类回收和焚烧发电等技术，实现垃圾的资源化利用。

循环经济的运行方式如图 2.12 所示。

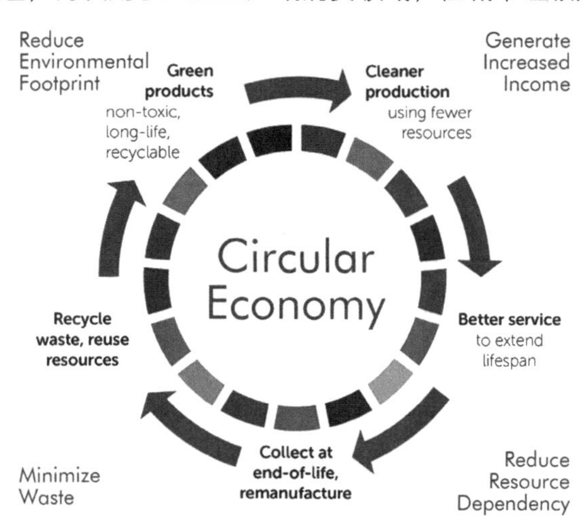

图 2.12　循环经济的运行方式

2.1.6.4　重要特征

（1）低消耗、低排放、高效率

循环经济以低消耗、低排放、高效率为基本特征。通过资源的循环利用和废弃物的减量化处理，减少资源消耗和环境污染，提高经济运行的质量和效益。这种经济模式有助于实现经济发展与环境保护的双赢，促进经济社会的可持续发展。

（2）强调生态经济协调

循环经济强调经济与生态的协调发展。在经济发展过程中，要注重保护生态环境，避免对生态系统造成破坏。通过优化产业结构、转变经济发展方式等手段，实现经济与生态的和谐共生。这有助于保持生态系统的平衡和稳定，提高生态系统的服务功能，为经济社会的可持续发展提供有力保障。

（3）推动技术创新和产业升级

循环经济的发展离不开技术创新和产业升级。通过采用新技术、新工艺、新材料等手段，提高资源利用效率和废弃物处理能力；通过推动产业升级和转型，发展新兴产业和绿色产业，促进经济结构的优化和升级。这有助于提升经济社会的整体竞争力和可持续发展能力。

（4）强调政府、企业和公众的参与

循环经济的发展需要政府、企业和公众的广泛参与和合作。政府需要制定相关政策和法规，推动循环经济的发展；企业需要加强技术创新和产业升级，提高资源利用效率和废弃物处理能力；公众需要增强环保意识和节约意识，积极参与循环经济的实践和推广。只有各方共同努力，才能推动循环经济的深入发展和广泛应用。

2.1.6.5 循环经济理论在矿山开发中的应用

矿产资源开发与循环经济模式有着密切的关系。循环经济模式可以为矿产资源开发提供新的发展思路和技术手段，帮助矿产资源开发企业实现绿色发展。同时，矿产资源开发也可以为循环经济模式提供必要的原材料和废弃物处理来源，促进资源的循环利用和废弃物的减量化处理。因此，将矿产资源开发与循环经济模式相结合，有助于实现矿产资源的可持续开发和利用。

循环经济理念有助于推动矿产资源的可持续开发。在矿产资源开发过程中，注重资源的节约和循环利用，减少资源浪费和环境污染[121]；通过采用先进的采矿技术和工艺，提高矿产资源的开采效率和利用价值；加强矿产资源的回收利用和再生利用，延长矿产资源的使用寿命。这些措施有助于实现矿产资源的可持续开发和利用，促进经济社会的可持续发展。同时，循环经济还可以为矿产资源开发企业提供新的经济增长点和竞争优势，推动企业的转型升级和绿色发展。

尽管循环经济在矿山开发中具有广泛的应用前景和巨大的潜力，但仍面临一些挑战和问题。例如，矿产资源开发过程中的环境污染和生态破坏问题仍然突出；矿产资源的回收利用和再生利用技术尚不完善；循环经济模式的推广和应用受到政策、资金、技术等方面的限制。针对这些问题，需要采取一系列对策和措施加以解决。例如，加强矿产资源开发过程中的环境保护和生态恢复工作；加大矿产资源回收利用和再生利用技术的研发力度；制定相关政策和法规，推动循环经济模式的推广和应用；加强政府、企业和公众的合作与交流，共同推动循环经济的发展。

2.2 矿山开发设计理念发展

矿产资源作为现代工业的基础，其开发与利用对全球经济发展具有不可估量的重要性。然而，随着工业化进程的加速和全球资源需求的不断增长，传统的矿山开发模式已难以满足可持续发展的要求。本书通过分析“资源开发主导—资源开发与市场开拓—效率优先与可持续发展萌芽—国际化与高质量发展—可持续发展与生态文明”五个阶段，深入探讨矿山开发与设计理念的历史演变与未来趋势，旨在为矿山行业的可持续发展提供理论支持和实践指导。

2.2.1 资源开发主导阶段

2.2.1.1 背景概述

在资源开发主导阶段，矿山开发主要围绕资源的发现和开采进行。这一时期，受工业革命推动和全球经济初步发展的影响，对矿产资源的需求急剧增加。矿山开发的主要目标在于快速获取资源，以支撑工业生产和基础设施建设。

2.2.1.2 开发与设计理念

此阶段，矿山开发与设计理念相对单一，主要以资源储量和开采难度为核心考量因素。设计过程中往往忽视环境保护和社会影响，追求开采效率和成本效益的最大化。开采技术相对原始，主要依赖于手工开采。

2.2.1.3 问题与挑战

资源开发主导阶段虽然满足了当时经济发展的迫切需求，但也带来了严重的环境破坏和社会问题。矿山开采过程中产生的废水、废气和固体废弃物对环境造成了巨大压力。同时，矿山的无序开采也加剧了资源枯竭和生态失衡的风险。典型案例如美国田纳西州的铜矿污染事件和日本富山县的骨痛病事件，均凸显了此阶段矿山开发的环境代价。

2.2.2 资源开发与市场开拓阶段

2.2.2.1 背景概述

随着全球市场的逐渐形成和国际贸易的不断发展，矿山开发不再局限于资源获取，而是开始关注市场开拓。矿山企业开始关注矿产品的市场需求、价格波动以及国际贸易政策等因素，以优化开采策略和销售策略。

2.2.2.2 开发与设计理念

在这一阶段，矿山开发与设计理念开始多元化。除了考虑资源储量和开采难度外，还注重市场需求、经济效益以及国际竞争力。矿山企业采用先进的开采技术和设备，提高开采效率和质量，以满足市场需求。同时，一些企业开始关注环境保护和社会责任，采取一定的环保措施和参加社会公益活动。

2.2.2.3 成效与不足

资源开发与市场开拓阶段推动了矿山行业的快速发展，提高了矿山企业的市场竞争力和经济效益。然而，环境保护和社会责任仍然不是企业的主要关注点，矿山开发对环境的负面影响依然存在。此外，市场波动和政策变化也给矿山企业的经营带来了不确定性。

2.2.3 效率优先与可持续发展萌芽阶段

2.2.3.1 背景概述

进入 21 世纪后，全球资源短缺和环境问题日益严峻，人们开始意识到传统矿山开发模式的不可持续性。矿山企业开始寻求在保证开采效率的同时，实现资源的可持续利用和环境的保护。

2.2.3.2 开发与设计理念

在这一阶段，矿山开发与设计理念发生了重大转变。企业开始将可持续发展纳入矿山开发的全过程，注重资源的节约和循环利用，采用先进的环保技术和设备，减少开采过程中的环境污染和生态破坏。同时，企业开始关注社会责任和员工福利，推动矿山与社区的和谐共生。

2.2.3.3 实践与探索

一些领先的矿山企业开始实践绿色矿山理念，通过科技创新和管理创新，实现资源的高效利用和环境的保护。例如，采用先进的采矿技术和设备，提高开采效率和质量；建立废弃物处理和回收体系，实现资源的循环利用；实施生态恢复工程，修复因开采受损的生态环境。此外，企业还积极与当地政府和社会各界沟通合作，争取政策支持和社会认可。

2.2.4 国际化与高质量发展阶段

2.2.4.1 背景概述

在全球经济一体化背景下，矿山开发理念开始与国际接轨，注重国际标准和质量要求。高质量发展成为主导思想，强调矿山开发的品质、安全和环保标准。

2.2.4.2 开发与设计理念

此阶段，矿山开发与设计更加注重国际化标准和高质量发展。企业积极参与国际合作与交流，引进先进技术和管理经验，提升矿山开发的整体水平。同时，企业也更加注重资源的高效利用、环境保护和社会责任的履行，以实现经济、社会和环境的协调发展。

2.2.4.3 成效与影响

国际化与高质量发展阶段推动了矿山行业的转型升级和提质增效。通过引进国际先进技术和标准，矿山企业提高了开采效率和质量，降低了生产成本和环境污染。同时，企业也更加注重社会责任和员工福利，提升了社会形象和品牌价值。

2.2.5 可持续发展与生态文明阶段

2.2.5.1 背景概述

进入 21 世纪后，可持续发展的理念逐渐成为全球共识。在矿山开发领域，这一理念体现为对资源的合理利用、对环境的保护和对社区的贡献。随着全球气候变化和环境问题的加剧，绿色矿山成为矿山开发的新方向。绿色矿山强调在矿产资源开发过程中，要最大限度地减少对环境的破坏，实现资源的高效利用和废弃物的无害化处理。

2.2.5.2 开发与设计理念

在这一阶段，绿色矿山和生态文明建设成为矿山开发与设计的核心理念。企业注重资源的节约和循环利用，采用先进的环保技术和设备，减少开采过程中的环境污染和生态破坏。同时，企业还积极推动矿山的生态恢复和景观建设，将矿山打造成绿色生态园区和旅游景点。此外，企业还注重社会责任和员工福利，推动矿山与社区的和谐共生。

2.2.5.3 实践与案例

许多矿山企业已经开始实践绿色矿山理念并取得显著成效。例如，金徽矿业郭家沟铅锌矿项目自筹备阶段开始，就自觉践行绿色发展理念，按照国家级绿色矿山建设标准进行高标准建设。通过采用先进的采矿技术和环保措施，该矿山不仅实现了资源的高效利用和环境的保护，还带动了当地经济的发展和居民生活条件的改善。此外，金川公司、窑煤集团等企业也在绿色矿山建设方面取得了显著成果。

2.2.5.4　未来展望

展望未来，绿色矿山和生态文明建设将成为矿山开发与设计的主流趋势。随着科技的不断发展和社会对可持续发展要求的不断提高，矿山企业将继续探索和实践绿色矿山理念，推动矿山行业的转型升级和可持续发展。同时，政府和社会各界也将加强对绿色矿山建设的监督和支持，共同推动全球矿山行业的绿色转型和生态文明建设。

2.3 矿山开发设计发展历程

2.3.1 矿山开发发展历程

2.3.1.1 原始阶段

在原始阶段，矿产采掘活动主要通过手工和简单挖掘工具进行。这一时期的采矿活动无规划、低效率、资源浪费极大。人们依赖自然露头的矿石，使用简单的工具和手工方法开采矿石。随着城市和国家的兴起，采矿活动逐渐发展，但整体技术水平较低，开采规模有限。

2.3.1.2 机械化阶段

随着工业革命的到来，人们大量采用机械设备进行矿产生产活动，标志着矿山开发进入了机械化阶段。这一时期的采矿活动机械化程度较高，生产效率显著提高，但仍存在无规划、生产较粗放、资源浪费比较严重等问题。电力、柴油机械、炸药等现代工业技术的应用，极大地提高了开采效率，推动了矿业的大规模工业化进程。

2.3.1.3 数字化阶段

随着信息技术的飞速发展，矿山开发设计进入数字化阶段。在这一阶段，自动化生产设备被广泛采用，信息化系统作为经营管理工具，实现了数字化整合、数据共享。尽管数字化矿山在一定程度上提高了生产效率和管理水平，但仍面临系统集成、信息融合等诸多问题，对可持续发展等仍不够重视。

2.3.1.4　智慧矿山阶段

当前，矿山开发设计正逐步向智慧矿山阶段迈进。智慧矿山通过智能信息技术的应用，使矿山具有人类般的思考、反应和行动能力，实现物物、物人、人人的全面信息集成和响应能力。主动感知、分析、并快速做出正确处理的矿山系统，将极大提升矿山的生产效率、安全性和可持续性。在这一阶段，自动化技术、互联网技术、人工智能技术、物联网技术、无人驾驶技术等将得到广泛应用，推动矿山的全面智能化升级。

2.3.2　中国矿山开发设计发展历程

目前，国内外学者对矿业发展阶段的划分主要集中于两方面。部分学者基于矿业整体发展的考量，从矿业增速与规模的视角出发，聚焦于矿业发展的规模与经济效益，对矿业的发展阶段进行了划分；还有部分学者根据绿色矿业的概念对绿色矿业的发展进行了划分，但未涉及结构转型升级、区域发展等方面的内容。整体来看，已有的关于矿业经济绿色发展阶段的研究已取得了一定的成果，为中国矿业经济绿色发展历程的梳理提供了一定的理论基础和参考价值，但是由于矿业经济绿色发展内涵不断丰富，涉及内容也逐渐全面，因此，基于本书对矿业经济绿色发展内涵的界定以及已有的相关矿业发展的阶段性划分，下面从时间维度梳理中国矿业经济绿色发展的历程。

由上述矿业发展代表性划分方法可知，矿业发展阶段划分方法是基于矿业整体进行了划分，考虑的不仅仅是矿业经济的绿色发展；而绿色矿业发展阶段划分方法又存在时间段缺失、划分过于粗略的问题。因此，基于本研究的矿业经济绿色发展内涵，本书将在已有研究的基础上对划分时间进行综合考虑，并重点关注矿业经济发展中的“绿色发展”方面，将我国矿业经济绿色发展划分为以下五个阶段（表 2.2）：调整准备阶段（1949—1981 年）、合理开发与节约利用阶段（1982—1991 年）、环境治理与保护阶段（1992—2001 年）、绿色开采及绿色矿山阶段（2002—2006 年）以及绿色矿业阶段（2007 年至今）。

表 2.2　中国矿山开发设计发展历程

阶段	调整准备阶段	合理开发与节约利用阶段	环境治理与保护阶段	绿色开采及绿色矿山阶段	绿色矿业阶段
年份	1949—1981 年	1982—1991 年	1992—2001 年	2002—2006 年	2007 年至今

2.3.2.1　调整准备阶段（1949—1981 年）

调整准备阶段是指 1982 年之前中国矿山开发的时期。矿业的绿色发展，不是只存在于矿业发展的某个时期，而是伴随着矿业从萌芽到发展的整个过程，与矿业整体发展息息相关。中国矿业自新中国成立起就开始发展，矿业经济的绿色发展也随着新中国成立起步，并逐渐理论化和实践化。1949 年后，中国就开始积极恢复矿业，并于 1950 年 12 月通过了《中华人民共和国矿业暂行条例》，使矿业发展有法可依。因此，将 1949—1981 年划分为调整准备阶段。

调整准备阶段是中国矿业起步阶段，也是矿业经济绿色发展的酝酿和准备时期。受长期战争的影响，新中国成立初期，矿山均受到不同程度的破坏，矿业生产基本属于停滞状态。之后，政务院设立了重工业部与燃料工业部，并在 1950 年 12 月通过了《中华人民共和国矿业暂行条例》，积极恢复矿业生产。该阶段我国矿业刚刚起步，发展缓慢，规模较小。但计划经济的“重效率”使矿业从无到有，矿业体系逐步完善，矿业机制逐渐健全，是之后绿色矿业能够良好发展的基础。在该阶段，从中央到省市自治区建立了矿产勘查开发管理机构，但机构管理职能较分散，缺乏统一规划与组织管理。在人才培养方面，地质矿业教育获得大发展，建成了一大批地质院校和矿业院校，为矿业发展培养了一批人才。同时，矿产勘查工作取得较大进展，为矿业发展提供了资源保障。矿业规模扩大，大批矿山企业成立，矿业生产取得突破性进展。

调整准备阶段的特征为：矿业生产逐步展开，矿业体系初步建立，矿业机制逐步健全，矿业发展有法可依；在矿产资源勘查开发方面，矿产勘查开发机构成立，勘查工作取得进展；在人才培养方面，地质矿业教育逐步跟进，培养出大批矿业人才；在组织管理方面，矿业规模扩大，大批矿山企业建立，但缺乏统一的组织管理。

2.3.2.2　合理开发与节约利用阶段（1982—1991 年）

在合理开发与节约利用阶段，中国矿业经济的开发、节约与保护提升到了制度层面。在该阶段，鉴于矿产资源浪费以及开采混乱等现象的影响，政府相应部门（地质部）增加了矿产资源开发的监督与管理职能，由此矿产资源开采与浪费受到重视，对矿产资源开发中的资源节约和环境保护工作开始进行统筹规划。因此，该时期为合理开发与节约利用阶段。

在合理开发与节约利用阶段，中国由计划经济逐步向市场经济过渡，矿业产值迅速增长，矿业进入较快的发展阶段。该阶段注重矿产资源的合理开发与节约利用。1982 年，地质部被赋予监督管理矿产资源开发的职能，矿产资源的无序开发和损失浪费等问题得到重视；1983 年，地质部变更为地质矿产部，设立矿产开发管理局作为监管机构，对矿产资源开发中的资源节约和环境保护工作进行统筹规划；1986 年，《中华人民共和国矿产资源法》对于矿产资源的勘查、利用等提出明确要求，并明确提出要提高资源综合利用效率。这一阶段开源与节流并重，国家认为寻找新矿资源是开源，加强管理监督是对矿产资源的节流，开源和节流都十分重要，都是增加社会财富的重要手段，并且因为矿产资源开发的不可逆性，节流比开源甚至更加重要。在该阶段，矿业经济所有制逐渐多元化，矿业企业进行了公司化改造，矿业管理体制进行了重大改革；矿产勘查开发技术有了很大进步，采矿设备大型化、现代化程度有所加大；地质勘查费用逐年增长，同时矿产资源勘查开发开始引进外资进行合作，使勘探取得重大进展。管理体制的改革提高了矿山企业发展的积极性，加上勘查力度加大，开采技术进步，煤炭、石油、天然气、铁矿石、矿山铜、铝土矿、矿山铅、矿山锌等产量增长迅速。但该阶段资源破坏与浪费现象较严重，资源勘查工作跟不上开发需要，一些矿山面临资源枯竭的威胁。

合理开发与节约利用阶段的发展特征为：随着计划经济向市场经济转变，矿业经济所有制实现多元化，矿业企业进行了公司化改造，矿业对外开放取得进展，勘查开发技术有所进步，但矿产资源勘查难以满足开发需要，资源浪费现象较严重；此外，矿产资源开发的监督管理上升到国家层面，对于矿产资源开发中的资源节约和环境保护工作开始统筹规划，注重矿产资源的节流与开源。

2.3.2.3 环境治理与保护阶段（1992—2001 年）

环境治理与保护阶段始于“可持续发展”的提出。一方面，该阶段处于西方完成工业化时期，中国经济增速开始放缓，矿业产值增速也较前期有所放缓，其间年均增长率为 9%。另一方面，该阶段矿业发展更加注重环境保护与治理。针对“绿色发展”方面，1992 年，联合国环境与发展大会通过了《气候变化框架公约》，希望通过全球各方共同努力来维护全球环境；同年，中国在以可持续发展为核心的《里约环境与发展宣言》上签字，可持续发展作为国家发展的战略逐渐提上日程，在矿业经济的绿色发展方面也得到一定的应用和实践。该阶段要求矿业在发展过程中协调好对生态环境的影响，在积极开发利用矿产资源，满足当代人对矿产资源需求的同时，保护好生态环境，不过度浪费资源，不过度破坏环境。因此，该阶段被划分为环境治理与保护阶段。

在环境治理与保护阶段，全球经济放缓，矿业经济转为平稳发展。矿业发展在节约资源的同时，把矿山地质环境治理与环境保护提到了新的高度，认为环境保护与可持续发展在经济发展中非常重要。1992 年，中国政府在以可持续发展为核心的《里约环境与发展宣言》上签字，可持续发展正式作为国家发展的战略提上日程，矿业行业也把可持续发展作为重大发展战略并积极贯彻实施；2001 年，面对矿业发展过程中所伴随的生态环境破坏问题，提出“绿色矿城”的建设，并将其作为依靠矿产资源为主的资源型城市转型升级的重要内容。该阶段侧重矿业环境治理和环境保护，强调矿业的可持续发展，以及矿业城市建设绿色矿城的发展理念。在该阶段，针对可采资源处于枯竭状态的危机矿山，国家开始加强找矿工作的战略部署。重要矿产品产量大幅增长，至 2000 年，累计发现矿产地 25 000 多处，建成各类矿山 153 063 座。但矿产品深加工程度低，产品价格低，矿山企业长期处于后续加工业的地位。

环境治理与保护阶段的特征为：矿业可持续发展作为重大战略实施，且矿业发展对城市环境造成的问题得到重视，侧重矿业环境治理和环境保护；找矿战略部署进一步加强，重要矿产品产量大幅增长，但矿山企业深加工程度低，矿产品价格低，矿业规模化有待提高。

2.3.2.4　绿色开采及绿色矿山阶段（2002—2006 年）

绿色开采与绿色矿山阶段的到来，标志着矿业经济绿色发展迈入了一个崭新的时期。大约在 2003 年，中国矿业迎来了一个快速发展的黄金时期。与此同时，浙江、河北、湖南、山西等省份率先开启了绿色矿山建设的探索之旅。在 2005 年第七届矿业城市发展论坛上，绿色矿山及绿色园林式城市的建设理念被着重强调，论坛倡导积极应对矿业开采所引发的地质灾害，致力于恢复与重建受损的生态环境，以期实现人与自然的和谐共生。

在此阶段，循环经济、绿色开采及绿色矿山等先进理念应运而生。矿业的绿色发展不再仅仅局限于开采技术的创新，而是逐步转向绿色矿山的全面建设，特别注重在矿产资源开采的全过程中，即从环境因素测评、地质勘查、中期建设规划，到采选冶、后期治理恢复，实现生态效益与经济效益的均衡。

在这一背景下，随着中国工业化和城市化进程的加速推进，对矿产资源的需求急剧增长，进一步推动了矿业的快速发展。在此阶段，矿业经济的绿色发展更加侧重于科学高效的资源开采方式，遵循科学发展观的指导原则，绿色矿山的探索与实践得以深入展开。自 2003 年起，多地积极尝试绿色矿山建设；2005 年的论坛更是明确提出了将矿山打造为绿色矿山、将矿业城市构建为绿色园林式城市的愿景，并强调了地质灾害治理与生态环境恢复的重要性。

在此阶段，矿产资源勘查的集约化发展为国民经济的平稳较快增长提供了坚实的资源支撑，绿色矿山建设取得了初步成效。同时，通过实施一系列矿产资源开发举措，矿产资源的开发利用秩序呈现出明显改善的趋势。然而，在经济与社会快速发展的过程中，对矿产资源的需求持续增长，重要矿产资源的储量增长却相对缓慢，消费量的增长速度快于产量的增长速度，长期的粗放型经济增长模式尚未实现根本性转变。

综上所述，绿色开采与绿色矿山阶段的特征可以概括为：经济高速增长带动了矿产资源需求的激增，矿业迅速发展；全面、协调、可持续的科学发展观得到强调，绿色矿山的探索与实践逐步铺开；矿产资源勘查力度显著增强，但重要矿产资源的消耗量大，储量增长相对滞后，传统的粗放型增长模式与结构性矛盾仍需进一步改变。

2.3.2.5 绿色矿业阶段（2007 年至今）

绿色矿业阶段的序幕，伴随着绿色矿业倡议的首次提出而拉开。在 2007 年中国国际矿业大会上，徐绍史深入分析了矿业领域面临的挑战，指出传统的资源开发利用模式已无法满足社会发展的新兴需求，据此，他明确提出了“发展绿色矿业”的战略构想。同年，党的十七大报告中亦强调了生态文明建设的重要性，旨在促进人与自然、人与人、人与社会之间的和谐共生，遵循良性循环、全面发展、持续繁荣的基本原则，并特别注重培养人的自觉性与自律精神。

自 2007 年以来，绿色矿业的发展路径逐步融合了经济、环境与社会三大效应，推动了矿业领域向创新、协调、绿色、开放、共享的方向发展，标志着绿色矿业阶段正式开启。

在此阶段，受全球经济不景气、需求疲软及能源结构转型等多重因素影响，煤炭、钢铁、水泥等矿产品市场出现了过剩现象，矿业增长速度相较于前期有所放缓。但随着“绿色矿业”倡议的深入实施，矿业经济的绿色发展不再局限于绿色矿山的建设，而是逐步向整个绿色矿业体系过渡。绿色矿山的试点范围不断扩大，针对不同领域和地域的绿色矿山标准体系日益完善，为转变矿业发展方式、提升矿业公众形象、改善民生、加强生态环境保护以及促进社会和谐提供了重要平台。同时，这也成了矿山企业实现规范化运营、转型升级、融资上市及海外拓展的绿色矿业目标的关键驱动力。

在此阶段，地质勘探工作取得了显著成就。截至 2015 年，地质勘查经费投入累计超过 8 000 亿元人民币，新发现大中型矿产地达 1 708 处，标志着找矿战略行动取得了重大突破。矿业经济规模持续扩大，大中型矿山比例上升，基本构建了规模开发、集约利用、安全生产、秩序井然的资源开发格局。此外，新能源、新材料等战略性新兴矿产的需求日益凸显。在国际合作方面，矿业贸易也取得了新进展，2014 年矿业贸易总额达到 1.1 万亿美元，连续多年占全国商品进出口总额的四分之一。

综上所述，绿色矿业阶段的发展特征主要体现为：矿业增速虽有放缓，部分矿产品面临产能过剩问题；但“绿色矿业”理念得到大力倡导，矿业的绿色发展正从绿色矿山向更广泛的绿色矿业体系逐步过渡。

2.4 矿山开发设计重点领域

2.4.1 矿山开发规划与布局设计

矿山开发作为资源获取与利用的重要领域，对于国家经济发展、能源安全保障及工业原料供应具有不可替代的作用。矿山开发规划与布局设计作为矿山开发的前置环节，其科学性与合理性直接关系到矿产资源的有效开发、环境保护及经济效益的实现。随着科技的进步、环保意识的提升以及全球资源竞争的加剧，矿山开发规划与布局设计领域正经历着深刻的变革与发展。本书将全面剖析矿山开发规划与布局设计的发展现状，探讨其技术进步、面临的挑战及未来发展趋势。

2.4.1.1 矿山开发规划与布局设计的重要性

矿山开发规划与布局设计是矿山建设的基础性工作，它涉及矿区的选址、开采顺序、生产规模、设备配置、交通运输、环境保护等多个方面。科学合理的规划与布局设计能够优化资源配置、提高开采效率、降低生产成本、减少环境破坏，实现经济效益、社会效益与环境效益的协调统一。因此，矿山开发规划与布局设计对于矿山的可持续发展具有至关重要的意义。

2.4.1.2　矿山开发规划与布局设计的现状

（1）规划与布局设计的理念与方法

当前，矿山开发规划与布局设计的理念与方法正逐渐由经验型向科学型转变。传统矿山开发规划与布局设计往往依赖于工程师的经验判断，缺乏系统的科学分析和评估。现代矿山开发规划与布局设计则更加注重运用先进的科学技术手段，如地质勘探（图 2.13）、遥感技术、数值模拟、经济评价等，对矿区地质条件、资源储量、开采技术条件、市场需求及环境影响因素等进行全面深入的调查和分析，为规划与布局设计提供科学依据。

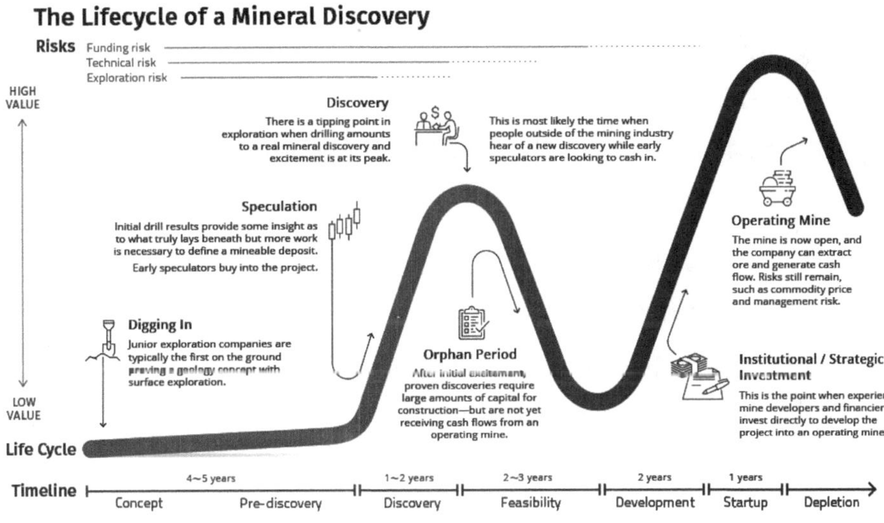

图 2.13　矿山发掘生命周期

同时，随着环保意识的提升和可持续发展理念的深入人心，矿山开发规划与布局设计也越来越注重环境保护和生态修复。在规划与布局设计中，不仅要考虑矿产资源的有效开发，还要兼顾生态环境的保护和恢复，实现矿山开发与生态环境保护的和谐统一。

（2）规划与布局设计的技术进步

随着科技的进步和信息技术的发展，矿山开发规划与布局设计的技术手段也在不断更新和完善。以下是一些主要的技术进步。

① 地质勘探技术的提升。

地质勘探技术是矿山开发规划与布局设计的基础。近年来，随着遥感技术、地球物理勘探、地球化学勘探等技术的不断发展和应用，地质勘探的精度和效率显著提高。这些技术为矿区地质条件的准确查明和资源储量的科学评估提供了有力支持，为规划与布局设计提供了可靠的地质依据。

② 数值模拟技术的应用。

数值模拟技术是现代矿山开发规划与布局设计的重要工具。通过构建矿山开采过程的数值模型，可以对矿山的开采顺序、生产规模、设备配置等进行模拟和优化，预测矿山开采过程中的各种现象和问题，为规划与布局设计提供科学依据。数值模拟技术的应用不仅提高了规划与布局设计的科学性和准确性，还降低了实际开采过程中的风险和成本。

③ 信息化与智能化的发展。

信息化与智能化是矿山开发规划与布局设计的重要发展趋势。通过构建矿山信息化平台，实现矿山数据的集中管理和共享，提高矿山管理的效率和透明度。同时，智能化技术的应用也为矿山开发规划与布局设计带来了新的可能性。例如，通过人工智能技术对大量矿山数据进行深度挖掘和分析，可以发现潜在的开采价值和优化方案；通过物联网技术实现矿山设备的远程监控和智能调度，提高矿山生产的自动化水平和安全性。

2.4.1.3 矿山开发规划与布局设计面临的挑战

尽管矿山开发规划与布局设计领域取得了显著进步，但仍面临着诸多挑战。

（1）复杂地质条件的挑战

矿山地质条件的复杂性是矿山开发规划与布局设计面临的主要挑战之一。不同地区、不同类型的矿山地质条件千差万别，给规划与布局设计带来了巨大难度。复杂地质条件不仅增加了地质勘探的难度和成本，还可能影响矿山的开采顺序、生产规模和设备配置等方面，对规划与布局设计的科学性和合理性提出更高要求。

（2）环境保护与生态修复的压力

随着环保意识的提升和可持续发展理念的深入人心，矿山开发规划与布局设计面临着越来越大的环境保护与生态修复压力。在规划与布局设计中，不仅要考虑矿产资源的有效开发，还要兼顾生态环境的保护和恢复。如何在保证矿山开发经济效益的同时实现环境保护和生态修复的目标是当前亟待解决的问题之一。

（3）资金投入不足与人才短缺的困境

矿山开发规划与布局设计需要大量的资金投入和专业技术人才的支持。然而在实际操作中往往存在资金投入不足和人才短缺的问题。资金投入不足限制了先进技术和设备的应用推广，人才短缺则导致规划与布局设计水平不高、创新能力不足等问题。这些困境制约了矿山开发规划与布局设计的发展水平和质量提升。

（4）政策法规与市场需求的变动

政策法规和市场需求的变动也是矿山开发规划与布局设计面临的挑战之一。政策法规的变动可能影响矿山的开发权限、开采规模、环保要求等方面，市场需求的变动则可能影响矿产品的销售价格、市场需求量等方面。这些因素都可能对矿山开发规划与布局设计产生重大影响甚至导致原有规划失效。因此，在规划与布局设计中需要充分考虑政策法规和市场需求的变动因素并制定相应的应对措施。

2.4.1.4　矿山开发规划与布局设计的未来发展趋势

（1）智能化与信息化深度融合

未来随着人工智能、大数据、云计算等技术的不断发展和应用推广，智能化与信息化将在矿山开发规划与布局设计中发挥更加重要的作用。通过构建智能化矿山信息系统，实现矿山数据的实时采集、处理和分析，为规划与布局设计提供科学依据；通过人工智能技术实现对矿山开采过程的智能调度和优化，降低生产成本，提高开采效率；通过物联网技术实现矿山设备的远程监控和智能维护，提高矿山生产的安全性和可靠性。智能化与信息化的深度融合将成为未来矿山开发规划与布局设计的重要发展趋势。

（2）绿色环保与可持续发展理念深入实践

随着环保意识的提升和可持续发展理念的深入人心，绿色环保与可持续发展将成为未来矿山开发规划与布局设计的重要方向。在规划与布局设计中，将更加注重生态环境的保护和恢复，采取科学合理的开采方式和环保措施，减少对环境的破坏（图 2.14）；同时加强废弃物的综合利用和生态修复，实现资源的循环利用和可持续发展。绿色环保与可持续发展理念的深入实践，将为矿山开发规划与布局设计带来新的发展机遇和挑战。

（3）国际化合作与交流不断加强

随着全球化的加速推进和国际合作的不断深化，未来矿山开发规划与布局设计的国际化合作与交流将不断加强。通过与国际先进矿山企业的合作与交流，引进先进技术和管理经验，提升我国矿山开发规划与布局设计的水平和竞争力；同时加强与国际组织的合作，推动全球矿产资源的合理开发和利用，促进世界经济的可持续发展。国际化合作与交流将为我国矿山开发规划与布局设计带来更多的机遇和挑战。

（4）标准化与规范化建设持续推进

标准化与规范化建设是保障矿山开发规划与布局设计质量和水平的重要手段。未来，随着行业标准的不断完善和推广，矿山开发规划与布局设计的标准化与规范化建设将持续推进。通过制定科学合理的行业标准和规范，明确规划与布局设计的各项要求和指标，提高规划与布局设计的科学性和合理性；同时加强标准化与规范化建设的监督检查，确保各项标准和规范得到有效执行。标准化与规范化建设的持续推进将为矿山开发规划与布局设计提供有力的制度保障和技术支持。

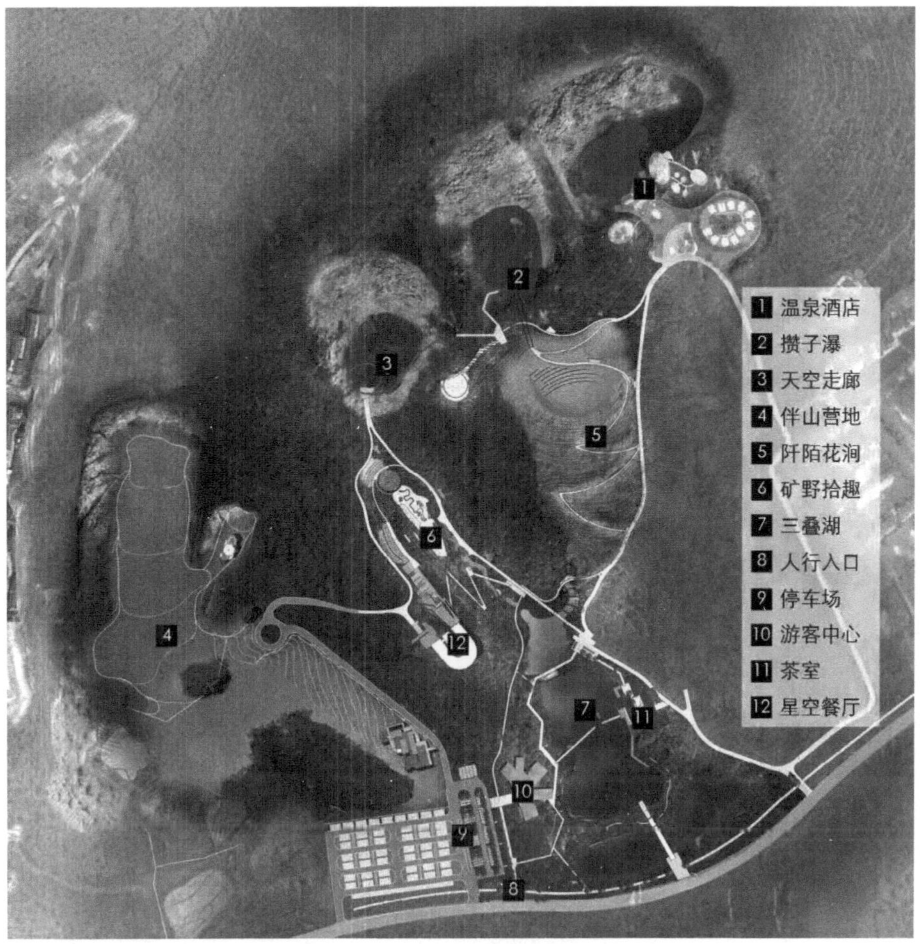

图 2.14　矿山远期规划设计

2.4.2　矿山开发机械装备设计

矿山开发机械装备设计作为矿产资源开发与利用的重要支撑，其发展水平直接影响着矿产资源的开采效率、安全性和环保性。随着全球经济的持续增长和新兴技术的不断涌现，矿山开发机械装备设计领域正经历着前所未有的变革与发展。本书将从发展现状、技术发展、关键问题、未来趋势四个方面，对矿山开发机械装备设计进行深入探讨，以期为相关研究提供参考和借鉴。

2.4.2.1 矿山开发机械装备设计的现状

（1）行业概况

近年来，随着全球对自然资源需求的增长以及技术的持续进步，矿山开发机械装备设计行业展现出强劲的发展动力和广阔的市场前景。中国作为全球最大的矿业装备制造国之一，拥有完整的矿山机械产业链和较高的制造水平。在国家政策支持和市场需求驱动下，矿山开发机械装备设计行业不断壮大，技术水平显著提升，产品种类日益丰富，市场竞争力显著增强。

（2）市场需求

随着全球经济的复苏和新兴市场国家工业化进程的加速，对矿产资源的需求持续增长，从而带动了对矿山开发机械的需求。特别是在新能源、新材料等产业的快速发展下，对稀有金属、有色金属等矿产资源的需求进一步增长，为矿山开发机械行业提供了广阔的市场空间。此外，全球基础设施建设的持续推进，如建筑、交通、水利等领域的快速发展，也带动了对砂石骨料等建材的需求增加，进而促进了矿山开发机械行业的发展。

（3）企业格局

目前，矿山开发机械装备设计行业呈现出国有企业与民营企业并存、国内外企业竞争激烈的市场格局。国有企业如中信重工、中国一重、国机重装等凭借其在技术、资金、品牌等方面的优势，在市场中占据主导地位。民营企业则通过灵活的经营机制、敏锐的市场洞察力，在细分领域和新兴市场中寻求突破。同时，国际知名企业如卡特彼勒、小松等也积极进入中国市场，加剧了市场竞争。

2.4.2.2 矿山开发机械装备设计的技术发展

（1）智能化与自动化

智能化与自动化是当前矿山开发机械装备设计领域的重要发展趋势。随着人工智能、大数据、物联网等技术的不断应用，矿山开发机械设备正逐步向智能化、自动化方向转型。智能控制系统、人工智能技术的应用不仅提高了设备的效率、安全性和可靠性，还降低了人力成本和安全风险。例如，通过传感器和数据分析技术，矿山设备可以实现更加精准的自动控制；远程操控机器人（图 2.15）、无人驾驶矿车（图 2.16）等技术的应用进一步提升了矿山的生产效率和安全性。

图 2.15　远程操控机器人

图 2.16　无人驾驶矿车

（2）大型化与高效化

为了提高生产效率和降低单位成本，矿山开发机械设备的规模越来越大，处理能力也日益增强。大型矿用卡车的载重能力不断提升，大型破碎机、筛分机的处理能力也日益增强。这些大型设备的应用不仅提高了生产效率，还降低了运输成本和维护难度。同时，高效化设计也是当前矿山开发机械装备设计的重要方向之一。通过优化设备结构、提高能源利用效率等方式，实现设备的高效运行，降低能耗和排放。

（3）绿色环保技术

面对日益严格的环保要求，绿色环保技术成为矿山开发机械装备设计的重要发展方向。企业需加大环保投入，采用先进的环保技术和设备，实现绿色生产。例如，采用电动化的矿山设备减少燃油消耗和尾气排放；优化设备结构，提高能源利用效率；采用清洁燃料减少污染物排放等。同时，企业还需注重废弃物的处理和循环利用，推动矿山的可持续发展。

（4）新材料与制造工艺

新材料与制造工艺的创新为矿山开发机械装备设计提供了新的思路和方法。新材料如钛合金、高强度钢、特种合金等在矿山开发机械领域的应用，提升了设备的性能和使用寿命；新工艺如精密加工、热处理、表面处理等技术的应用提高了设备的制造精度和质量。同时，数字化制造、3D 打印等先进制造技术的应用也推动了矿山开发机械行业的产业升级和技术进步。

2.4.2.3 矿山开发机械装备设计的关键问题

（1）技术创新难度大

矿山开发机械装备设计中的技术创新难度较大，主要体现在以下几个方面：一是研发周期长、投入大；二是技术门槛高，需要多学科交叉融合；三是市场需求变化快，需要不断迭代更新产品。因此，企业在技术创新方面面临着较大的挑战和风险。

（2）安全生产问题突出

矿山开发机械在使用过程中存在较高的安全风险，如设备故障、操作不当等都可能引发安全事故。因此，安全生产问题一直是矿山开发机械装备设计领域关注的焦点。企业需要加强安全生产管理，提高设备的安全性能和使用可靠性，降低事故发生的可能性。

（3）环保要求日益严格

随着全球对环境保护的重视程度不断提高，矿山开发机械行业面临的环保压力也越来越大。企业需要加大环保投入，采用先进的环保技术和设备，实现绿色生产。然而，环保技术的研发和应用需要投入大量资金和时间，且环保政策的不确定性也给企业带来了一定的经营风险。

2.4.2.4 矿山开发机械装备设计的未来趋势

（1）智能化与数字化转型

未来，矿山开发机械装备设计行业将继续向智能化、数字化转型。随着 5G

网络、人工智能、云计算等新一代信息技术的迅速发展，传统矿业也将迎来数字化、智能化转型的浪潮。无人驾驶矿车、远程操控等智能化技术将进一步普及和应用，数字化制造、智能制造等先进制造模式将推动矿山开发机械行业的产业升级和技术进步。

（2）节能环保与绿色制造

面对日益严格的环保要求和可持续发展的需求，矿山开发机械装备设计行业将更加注重节能环保与绿色制造。企业需加大环保投入，采用先进的环保技术和设备，实现绿色生产。同时，推动绿色矿山建设、治理尾矿库和废水处理等方面的技术创新也是行业实现可持续发展的重要方向。环保认证和绿色产品标识将成为企业产品进入市场的重要门槛和标准。

（3）定制化与模块化设计

随着市场需求的多样化和个性化发展趋势日益明显，定制化与模块化设计将成为矿山开发机械装备设计的重要方向。企业需要根据客户需求提供定制化产品和服务方案，满足客户的个性化需求；同时，模块化设计可以提高设备的灵活性和可维护性，降低生产成本和维修难度。因此，未来矿山开发机械产品将更加趋向于定制化与模块化设计，以满足不同客户群体的需求。

（4）新材料与制造工艺创新

新材料与制造工艺的创新将继续推动矿山开发机械装备设计行业的发展与进步。随着新材料技术的不断进步和制造工艺的不断创新，矿山开发机械产品将更加高效、节能、环保和智能化。同时，新材料和制造工艺的创新也将为企业带来新的市场机遇和竞争优势，促进整个行业的持续健康发展。

2.4.3　矿山开发安全与环保设计

随着全球经济的持续发展和工业化进程的加速，矿产资源作为国家经济社会发展的重要物质基础，其开发与利用日益受到关注。然而，矿山开发在为国家经济作出巨大贡献的同时，也带来了不容忽视的安全与环保问题。本书旨在全面梳理我国矿山开发安全与环保设计的发展现状，探讨存在的问题与挑战。

2.4.3.1 矿山开发安全设计的发展现状

（1）安全生产管理体系的完善

近年来，我国矿山安全生产管理体系逐步建立健全，相关法律法规不断完善。国家出台了一系列关于矿山安全生产的法律法规，如《中华人民共和国安全生产法》《中华人民共和国矿山安全法》等，为矿山安全生产提供了法律保障。同时，各级政府和矿山企业也加强了安全生产管理制度的建设，建立了安全生产责任制、安全隐患排查治理机制等，提高了矿山安全生产管理水平。

（2）安全生产技术的进步

随着科技的进步，安全生产技术在矿山开发中得到了广泛应用。例如，智能化监控系统可以实时监测矿山生产过程中的各项参数，及时发现并预警潜在的安全隐患；自动化开采技术减少了人工操作，降低了安全事故的风险；虚拟现实（VR）和增强现实（AR）技术则用于安全培训，增强了矿山工人的安全意识和应急处理能力。

（3）存在的问题与挑战

尽管我国矿山安全生产管理体系和技术水平取得了显著进步，但仍存在一些问题与挑战。一是部分中小型矿山由于资金、技术等方面的限制，安全生产投入不足，安全生产条件较差；二是矿山地质条件复杂多变，增加了安全生产难度；三是矿山职工素质参差不齐，安全意识不强，违规操作现象时有发生。

2.4.3.2 矿山开发环保设计的发展现状

（1）环保政策法规的推进

随着环保意识的提高，我国政府高度重视矿山开发过程中的环境保护问题，出台了一系列相关政策法规。例如，《全国矿产资源规划（2008—2015 年）》明确提出发展绿色矿业的整体要求，确定了“到 2020 年绿色矿山格局基本建立”

的发展目标；《关于加快建设绿色矿山的实施意见》则进一步明确了绿色矿山建设的总体思路、主要目标、重点任务及政策措施。这些政策法规的出台，为矿山开发环保设计提供了有力支持。

（2）环保技术的应用与创新

在环保技术的应用与创新方面，我国矿山企业积极探索实践。一是绿色开采技术，如充填采矿法、低品位矿石综合利用技术等，旨在减少开采过程中对环境的破坏；二是生态修复技术，如植被恢复、土壤改良、水体治理等，用于恢复受损的矿山生态系统；三是废弃物处理技术，如生物修复技术、化学稳定化技术、固化技术等，用于安全处置和资源化利用矿山废弃物。此外，智能化管理技术也在矿山环保领域得到了广泛应用，通过物联网、大数据、人工智能等技术手段实现矿山的智能监测、预警和管理（图 2.17）。

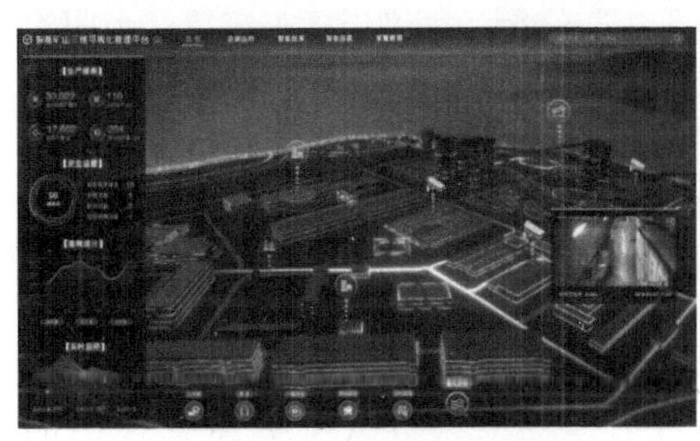

（a）矿山无人值守平台设计

（b）矿山环保监控平台设计

图 2.17　智能化矿山管理技术应用

（3）存在的问题与挑战

尽管我国矿山开发环保设计取得了一定成效，但仍存在诸多问题与挑战。一是环保技术水平参差不齐，部分矿山企业环保投入不足，环保设施落后；二是矿山废弃物处理难度大，尤其是尾矿和废石的处理问题尤为突出；三是矿山生态修复任务艰巨，历史遗留废弃矿山数量众多且治理成本高。此外，随着工业化进程的加速和矿产资源需求的增加，矿山开发对环境的压力也在不断加大。

2.4.4 矿山空间与景观设计

随着全球经济的快速发展，矿产资源作为支撑工业化和现代化的重要物质基础，其开采与利用活动对自然环境产生了深远的影响。矿山开采不仅改变了原有地貌，还可能导致土壤侵蚀、水源污染、生态系统退化等一系列生态环境问题。因此，如何在矿山开采后进行有效的空间与景观设计，恢复生态环境，提升矿区景观价值，成为当前矿业领域和景观设计领域共同关注的重要课题。本书将从理念演变、技术手段、实践案例、存在问题及未来发展趋势等方面，全面阐述矿山空间与景观设计。

2.4.4.1 矿山空间与景观设计的理念演变

（1）从生态修复到景观营造

早期的矿山空间与景观设计主要侧重于生态修复，即通过植被恢复、土壤改良、水体净化等措施，减轻矿山开采对生态环境造成的破坏，实现生态系统的初步恢复。然而，随着人们对环境质量要求的不断提高，单一的生态修复已难以满足矿区可持续发展的需求。因此，现代矿山空间与景观设计开始向景观营造转变，即在恢复生态的基础上，通过艺术手段对矿区环境进行美化，提升矿区的整体形象和景观价值（图 2.18）。

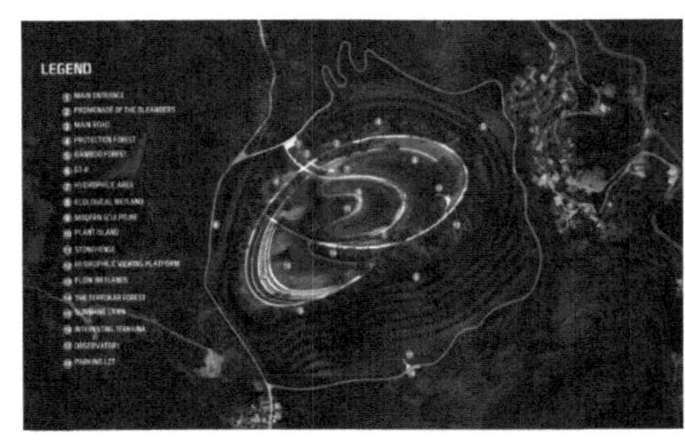

（a）岩公公矿山生态景观修复　（b）小孤山矿山遗址景观更新设计

图 2.18　矿山生态景观设计应用

（2）绿色矿山与生态矿业

绿色矿山与生态矿业的概念逐渐深入人心，成为指导矿山空间与景观设计的重要理念。绿色矿山强调在矿山开采全过程中贯彻环保理念，采用先进技术和管理手段，实现资源的高效利用和环境的最低限度破坏。生态矿业则更进一步，要求在矿山开采后通过科学规划和设计，使矿区成为具有生态功能和景观价值的绿色空间。这些理念为矿山空间与景观设计提供了明确的方向和目标。

2.4.4.2　矿山空间与景观设计的技术手段

（1）数字化与智能化技术

随着数字化和智能化技术的飞速发展，其在矿山空间与景观设计中的应用日益广泛。三维地质建模、虚拟现实（VR）、增强现实（AR）等技术手段为矿山地质信息的精确获取和可视化表达提供了有力支持，使得设计方案更加科学、合理。同时，智能化开采和远程操控技术的应用减少了人力投入，降低了开采过程中的环境风险，为矿山空间与景观设计提供了更加安全、高效的实施条件。

（2）生态修复技术

生态修复技术是矿山空间与景观设计的核心。根据矿区的具体情况，可以采用物理修复、化学修复、生物修复及综合修复等多种技术手段。物理修复主要包括地形重塑、土壤改良等措施；化学修复则通过添加化学改良剂等方式，改善土壤理化性质；生物修复则利用植物、微生物等生物体的生命活动，达到净化环境、恢复生态的目的。综合修复则是将多种技术手段有机结合，实现矿区生态系统的全面恢复。

（3）景观设计与工程技术相结合

在矿山空间与景观设计中，景观设计与工程技术的结合至关重要。景观设计需要充分考虑矿区的地形地貌、气候条件、植被分布等因素，通过艺术手段对矿区环境进行美化。工程技术则负责将设计方案转化为现实，包括道路建设、水体治理、绿化种植等各个环节。两者之间的紧密配合，是实现矿山空间与景观设计目标的关键。

2.4.4.3 矿山空间与景观设计的实践方式

（1）国家矿山公园建设

国家矿山公园是矿山空间与景观设计的重要实践案例。自 2021 年国土资源部启动国家矿山公园申报建设以来，已有多处废弃或闭坑的矿山被成功改造为矿山公园。这些公园不仅恢复了矿区的生态环境，还通过景观设计和文化挖掘，展现了矿山的独特魅力和历史文化价值。例如，一些矿山公园通过保留和利用矿坑、尾矿库等工业遗迹，打造具有特色的景观节点；同时，通过建设博物馆、展览馆等设施，展示矿山的开采历史、生产工艺和矿工生活，增强了公众对矿山的认知和了解。

（2）绿色矿山示范项目

近年来，我国涌现出一批绿色矿山示范项目，这些项目在矿山空间与景观设计中取得了显著成效。这些示范项目通过采用先进的开采技术和环保措施，实现了资源的高效利用和环境的最低限度破坏。同时，在项目后期，通过实施生态修复和景观设计工程，使矿区成为具有生态功能和景观价值的绿色空间。这些项目的成功实施，为矿山空间与景观设计提供了宝贵的经验和借鉴。

2.4.4.4 矿山空间与景观设计存在的问题

（1）资金与技术投入不足

矿山空间与景观设计需要大量的资金投入和技术支持。然而，在实际操作中，由于资金和技术投入不足，往往导致设计方案难以落地实施或实施效果不佳。一些矿山企业缺乏长远眼光和环保意识，对生态修复和景观设计重视不够，导致矿区生态环境持续恶化。

（2）政策与法规体系不完善

目前，我国在矿山空间与景观设计方面的政策与法规体系尚不完善。虽然国家出台了一系列相关政策和法规，但在实际操作中仍存在执行不力、监管不严等问题。此外，一些政策和法规的制定缺乏科学性和前瞻性，难以适应矿山空间与景观设计的发展需求。

（3）参与度不高

矿山空间与景观设计涉及多方利益主体，包括矿山企业、政府部门、当地居民等。然而，在实际操作中，公众参与度往往不高，导致设计方案难以充分反映各方利益诉求和实际需求。这不仅影响了设计方案的合理性和可操作性，还可能引发社会矛盾和冲突。

2.4.4.5　矿山空间与景观设计的未来趋势

（1）技术创新与融合

未来，矿山空间与景观设计将更加注重技术创新与融合。随着数字化、智能化技术的不断发展，其在矿山空间与景观设计中的应用将更加广泛和深入。同时，生态修复技术也将不断创新和完善，为矿山生态环境的恢复和景观营造提供更多可能性。

（2）绿色低碳发展

绿色低碳发展将成为矿山空间与景观设计的重要方向。随着全球气候变化的加剧和环保意识的提高，矿山企业将面临更加严格的环保要求。因此，在矿山空间与景观设计中，应更加注重资源的节约利用和环境的保护，推动矿山向绿色低碳方向发展。

（3）多元化景观营造

多元化景观营造将成为矿山空间与景观设计的趋势之一。随着人们生活水平的提高和审美需求的多样化，矿山空间与景观设计将更加注重景观的多样性和特色性。通过引入不同的景观元素和设计风格，打造具有独特魅力和历史文化价值的矿区景观空间。

第3章 矿山开发现状与可持续形式研究

本章采用案例分析和实地调研法对四个典型矿山案例进行现状研究。通过记录矿山开发过程中的可持续数据，梳理了矿山开发的特点、模式和问题，并归纳了四种不同阶段进行可持续升级的形式。基于可持续发展目标，本章提出了矿山开发过程中的三大可持续设计问题与挑战。本章的研究为后续矿山开发的可持续设计体系的提出提供了宝贵的经验和指导。

矿山开发经过较长时间的历史发展沉淀，经历了从粗放无序开采到注重环保安全的过程。通过新技术与新理念的加持，越来越多矿山将绿色可持续作为开发的首要目标。但是如何将新技术、新理念的无序介入状态转变为有组织、有规划的矿山设计是关键问题。本章基于现有矿山可持续开发的理论和实践研究，根据矿山发展阶段的不同类型，针对生态恢复类（英国康沃尔郡）、文化创新类（浙江苍南）、智能改造类（福建宁化）、产业规划类（湖北咸丰）四种类型的矿山进行案例分析和实地考察，结合文献研究，归纳总结现阶段矿山开发可持续形式以及矿山开发可持续设计的关键问题。

3.1　生态恢复：矿山空间的环境优化

3.1.1　英国康沃尔郡矿山概况

伊甸园是由当地人采集陶土留下的巨坑改造而来的，位于英国康沃尔郡的一个半岛尖角上，占地 0.15 km^2。历时两年建设后在 2001 年 3 月正式营业。伊甸园对外营业的第一年接待了超过 200 万游客，随后每年都会吸引大约 120 万参观者，成为全英十大著名休闲景点之一。截至目前，伊甸园已经接待游客 900 多万人，消费额超过 16 亿英镑，有效带动了当地经济的快速发展。从伦敦市中心出发，需要约 5 小时车程才能到达伊甸园。伊甸园对于废弃矿山的设计创新与改造建设已经成为矿山可持续设计领域最知名的实践案例。

3.1.2　可持续方案与建设方式

伊甸园作为世界最大单体温室，收集了 4500 多种、13.4 万棵植物。伊甸园项目由多个热塑性圆屋顶建筑组成。其中最大的展馆大约高 55 m，宽 100 m，长 200 m。计划扩建的部分名为“边缘”，将展示温室效应下地球的破坏情况。

伊甸园由八个巨大的蜂巢式半透明穹顶建筑组成，每四个穹顶状建筑连成一组。每个穹顶由高分子材料覆盖，穹顶架由钢管搭建而成，形成约 9 m^2 的六角形天窗，天窗中间铺设四氟乙烯薄膜材料（图 3.1）。通过对穹顶内的光线、温湿度进行调节，模拟出不同生态系统的环境状态，适应世界各地的植物种植。

图 3.1　伊甸园蜂巢式建筑

伊甸园的功能包含了科普教育和娱乐，参观伊甸园有助于人们在娱乐中学习生物等知识。伊甸园本身作为后工业时代环境恢复的典范，能够加强人类对于环境和生物之间关系的认知，有助于推进社会的可持续发展。

①潮湿热带馆。潮湿热带馆有四个，占了所有建筑面积的一半，占地近

16 000 m^2。这些区域内共生长着 1.2 万种植物，包括来自亚马孙河流域、澳大利亚、马来西亚和西非等地的棕榈树、橡胶树、红树等植物。

②温暖气候馆。项目其他建筑被称为“温暖气候馆”，从地中海地区、加利福尼亚地区和南非地区引进的各种植物被栽种其中，包括橄榄树、兰花、柑橘等植物。

③凉爽气候馆。伊甸园还有一个处于热带“生物群落区”和温带“生物群落区”的露天花园，被称为“凉爽气候馆”。这里种植养护的是来自日本、英国、智利等地的植物，园区内的工作人员计划在这个区域内种植茶树并销售茶叶。

④大温室。伊甸园还有一个模拟热带雨林气候的大温室。由于温室中的植物大多数是从其他地方移植过来的，因此其能为人们提供一个了解不同地区生态系统的机会。

⑤小温室。伊甸园还有一个名为“小温室”的区域，主要模拟地中海气候。这里种植了来自地中海地区的柑橘、橄榄、甘草、葡萄，来自南非地区的山龙眼、芦荟，来自加州地区的色彩艳丽的花卉和羽扇豆。除了各种水果外，这里还种植了蔬菜等其他农作物。

3.1.3 以生态复绿为核心的可持续开发特点

伊甸园项目以“人与植物共生共融”为理念，通过运用生态学的技术手段，形成了一个集科研、产业和旅游于一体的人造主题公园。其中融合了植物园文化，旨在促进人们对植物的认识和重视，同时也提供了一个展示人与自然和谐相处的案例。伊甸园项目的核心部分是三个生物群落区，每个区域都模拟了特殊的气候条件下生长的不同植物（图 3.2）。此外，公园内还饲养了部分鸟类、爬行动物等有益于生态平衡的动物。

图 3.2　伊甸园内的植物

①用创意景观来提升关注度。项目通过构造极具代表性的双层穹顶式温室，使其家喻户晓。建筑采用双层圆球网壳，表面覆盖四氟乙烯透明合成膜，整体建筑宏大且体现出科幻感。它独特的建筑也使康沃尔郡成为英国第二旅游目的地，也是英国最受游客欢迎的建筑物之一。

②使多种功能相互融合。除了植物景观观赏，该景区还结合游客人群特点设置了多种体验活动，包括娱乐、游戏、自然教育等。这一举措将园区的功能从单一的观赏功能拓宽到体验性的活动，迎合了不同的市场群体（图 3.3）。

图 3.3　伊甸园内的体验性活动

③注重艺术表现形式和内涵。园区内分布着创意雕塑，雕塑的主题大多是诠释人与自然之间的关系，使游客在参观的同时能感受到艺术的气息和氛围，提高

园区的内涵和核心价值（图 3.4）。

图 3.4　伊甸园内的艺术雕塑

3.1.4　生态恢复类矿山可持续形式及问题

生态恢复是一种最常见的矿山可持续方式，通过恢复矿山原有土地性质、矿山复绿、创意景观再造、生态公园打造促进矿山生命周期的延续。目前国外的类似项目有加拿大布查德花园、法国代斯内娱乐基地等，国内的类似项目有黄石国家矿山公园、上海辰山植物园矿坑花园、南京汤山矿坑公园等，都取得了不错的社会反响（图 3.5）。

（a）加拿大布查德花园

（b）黄石国家矿山公园

图 3.5　生态恢复类矿山案例

目前，矿山的生态修复工程主要是基于场地现状进行修复，通过废弃矿场治理，对矿山周边环境进行空间改造，逐渐形成矿山公园修复体系。从各类设计研究来看，矿山生态修复及景观营造给城市空间和矿区周边环境都带来了积极影响。但是这种开发形式也存在不少问题。首先，这类矿山往往属于露天开采，因为开采造成了大面积的地质面貌的改变，所以需要花费大量的成本进行地质改造、土地复绿。其次，这类矿山往往地理位置偏远，周边基础设施较差，如何通过创意设计吸引游客到来也是一个重要问题。生态恢复类矿山的开发形式如图 3.6 所示。

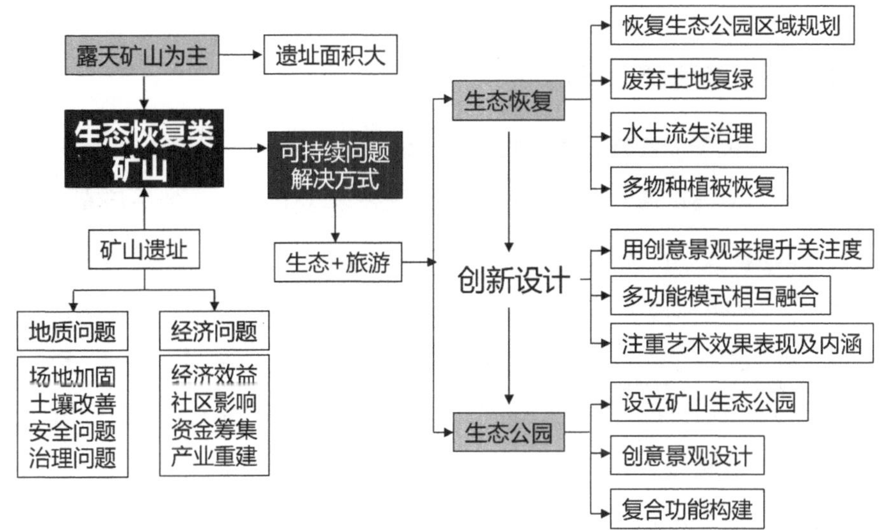

图 3.6　生态恢复类矿山的开发形式

3.2 文化创新：工业文化的深度挖掘

3.2.1 浙江苍南矿山概况

苍南矿山位于浙江省苍南县西南部的矾山镇中部，面积约为 38.5 km^2。矾山镇因明矾矿石储量占全球的 60% 而闻名，以炼矾业为主要经济支柱，曾让当地居民摆脱贫困，是温州市的“工业心脏”。然而，多年采矿和炼矾已经严重破坏了当地的生态环境，引起了人们的重视。为了恢复生态，矾山镇开启了一场“补山工程”。自 2017 年以来，矾山镇采取了集中整治行动，对当地的小矾厂和炼矾点进行了拆除和填埋工作，拆除小矾窑、熔化炉以及厂房 100 余座。同时，该镇投入大量资金建设环保设施和场所，包括环保车间、矾烟管道和矾渣堆放场，并全面整治了“三废”。

3.2.2 文化建设及开发现状

苍南矿山是一座地下矿山，是在已停止生产的矿山上进行可持续改造的项目。该项目的问题主要集中在生态环境和工业遗址保护上。位于苍南县的矾山镇范围从福德湾入口延伸到煅烧炉广场，从朱良越民俗馆南至矿石奇石馆北，面积约为 2 km^2。苍南矿山最初于宋末元初开始采炼，历经千年，共留下 100 多处矿业遗址，包括矿石奇石馆、矿硐体验区、矾客工厂、福德湾古村等特色旅游项目。目前，该矿仍保留着明矾始祖宫、登山石步道、古矾窑、矿工石头屋、矿主老宅院、工人大礼堂、苏式办公楼等一大批人文历史景观，共有五大类、100 多处矿业遗址（图 3.7）。

近年来，苍南矿山工业旅游区不断改善文旅接待条件，通过在“食住行游购娱”六个方面做足功课来吸引游客。现在，旅游区内提供观光游览车、景区公交和小火车等交通工具，便于游客在旅游区内自由穿梭。通过合理优化游览线路，区内共建成 3 个游客服务中心、7 个 A 级旅游厕所、7 个停车场。另外，苍南矿山工业旅游区还将闲置工厂改造为工业主题酒店，并引进了开元美途、梵山里设计师酒店等品牌，认定了 16 家基地品牌餐饮场所，发展了矾珠、矾塑等本地特色文创产品，并利用矾矿标志性建筑举办小型户外音乐会、展示灯光秀等活动，为游客提供县域正规优质商品服务。通过加强对文化遗产的保护和再利用，矾山镇矿区实现了经济文化的再复兴，推出了“文化 + 实践 + 健身 + 旅游”文旅融合发展的新路子。文旅产业的发展带动了当地经济增长，2022 年，矾山镇全镇旅游人数超 80 万人次，旅游经济总量达 1 200 万元。矿山变绿山，绿山变“金山”，矾山镇在转型之路上续写着“世界矾都”的故事。

图 3.7　苍南矿山工业建筑改造情况

3.2.3 以工业文化为重点的可持续开发特点

苍南矿山的生态环境现状不容乐观，主要由过去工业开发技术落后、开采中环保意识不强、片面追求经济效益等原因导致。同时，由于大面积开采，矿山内部矿硐安全系数不高，部分矿硐存在坍塌的潜在危险。在矿山公园的开发建设过程中，需加大环境治理和生态恢复的投资力度，以营造一个良好的生态环境。

3.2.3.1 生态恢复规划措施

① 制定矾山矿山修复统一标准，编制矾山矿山生态环境治理与恢复规划，并实施矾山矿山生态环境统一调查和研究，以确认各矿区的生态环境现状为基础，设计矾山矿山生态环境修复方案，有计划、分阶段实施各区域的生态修复。

② 建立矾山矿山环境修复的管理机制。对矿山老区采用规划调整和旧区改造的方案，将有污染的工业企业迁出，改善矿区环境。

③ 根据矿山地形地势、气候水文等条件，将矿区划分为不同区域，种植适宜的经济作物和景观植物，以恢复当地绿色山林，提高其观赏性。

④ 加固和修复矿硐，提高其安全性。对矿硐内部进行小规模绿化，特别注重对旅游服务设施的绿化，并营造硐内生态景观。

⑤ 强化矾山镇溪流域沿岸的综合治理，开展水环境治理项目，以恢复矾山镇溪河道的自然生态功能。

⑥ 设立不对游人开放的鹤顶山森林保育区，根据植被抚育和绿化规划开展封山育林，并禁止采矿和伐木等破坏性活动。除考察站和保护设施外，一般不建造永久性建筑。

3.2.3.2 矿业遗迹保护规划

2004 年，苍南县政府、矾山镇政府和温州矾矿开始就在矾矿建立矿山公园相关事宜进行讨论，并将其列入议事日程。相应地，一系列措施被落实以保护以往的矿业遗迹点，其中包括关闭部分矿硐。通过对矿区内各类矿业遗迹的现场调查，以下遗迹点已得到保护。

① 对鸡笼山矿区西侧悬崖下部“烧火龙”开采区遗址进行保护，具体措施是对部分矿硐口进行封闭，禁止在一定范围内采集。下诏碑文现存于“窑主爷宫”内，福德湾当地居民已进行了良好的保存。对于当地较古老的建筑物“石宫”，当地政府也将其作为一处重点保护古迹进行了修缮。

② 2004 年，苍南县人民政府批准将福德湾老街西侧矾矿炼矾旧址列入县级文物保护单位，并镌刻了保护碑文（图 3.8）。

图 3.8　矾山矾矿遗址保护情况

③ 为了保证福德湾滑坡治理工程的永久性和良好效果，当地对治理工程进行了长期的监测，并进行了相应的建筑物管理工作。

④ 当地相关部门按照国家相关规定对区内古树进行分类登记、挂牌，并设立了保护级别和保护区。

⑤ 对于矾矿矿区内特别典型的采矿硐群，当地也从多方面进行了保护。已将水尾山矿段和大岗山矿段设为禁采区，在部分硐口设置了铁门并加锁保护。在鸡笼山矿段的大部分老矿硐也被设为禁采区，除部分进行了矾砂充填外，南部地区的矿硐也做了相应的封闭措施。

⑥ 目前在朱程烈士的家乡建有烈士纪念馆。当地人民在生活条件得到良好改善的同时，也不忘缅怀革命先烈。

同时，苍南矿山的矿业遗迹在保护和开发中存在以下几个方面的问题。

① 重要遗迹点的保存不完整、不系统。从现场调查情况分析，重要遗迹点中的炼矾旧址现保存有 5 座炼矾煅烧炉、1 座烧水高炉，目前较完整的仅有 2 座炼矾煅烧炉；生产作坊、溶解池、结晶池等相关遗址更显残缺不全，不能很好地反映出原有占地总面积约 5 000 m^2、当地人俗称“第一车间”的旧貌。

② 矿业遗迹中凸显科普内容的物品不直观。一方面，矿区内能体现矿山演变过程的实物、遗迹点、具象材料等缺乏，容易让游客形成一种抽象的概念，科普性不强。另一方面，作为重要组成部分的炼矾技术同样存在着类似问题，矿区不能很好地体现出炼矾技术经历数百年的发展历史特征，从而降低了遗迹的科学内涵及稀有价值。

③ 矿业遗迹中能体现出美学价值的内容不多。从调查的情况及总体矾矿的特色看，遗迹自身的美学特色不鲜明，区内也缺乏具有较高观赏价值的矿业遗迹点、旅游风景点，激发游客的观赏兴趣及增加其在拟建的矿山公园内逗留时间仍存在较大的困难。

④ 矿业遗迹与现代生活的有机联系不强。随着人们生活方式和水平的改变，矾矿生产的明矾制品早已由单纯的净化水作用转变为其他多样化的功能；矾塑也因其局限性、特殊性，导致外界根本不了解。增加明矾产品与人们生活的有机联系、增强直观性将是遗迹开发的重点（图 3.9）。

图 3.9　苍南矿山工业遗址与周边社区的融合

3.2.4　文化创新类矿山可持续形式及问题

文化创新类矿山的可持续形式和手段是弃矿进行升级改造的常见方式，其中最为著名的是罗马尼亚盐矿主题公园以及上海天马山世茂深坑酒店（图 3.10）。

（a）罗马尼亚盐矿主题公园

（b）上海天马山世茂深坑酒店

图 3.10　文化创新类矿山案例

文化创新类矿山是指在废弃矿山的基础上进行环境修复以及景观再造，主要从三个角度对矿山进行改造（图 3.11）。

① 生态恢复。对矿山废弃地进行治理，重建植被和修复生态，使其恢复成和周边生物多样性及植被景观最接近的状态，即复垦复绿。

② 景观再造。对于矿区内有明显特征的地形地貌、岩石，进行艺术化的处理。通过景观再造、氛围重塑和环境修饰等手法，对保留景观进行改造。规划区主要采用这种方法，土地复垦的利用方向是建设矿山公园。

③ 工业文化。利用矿区的工业遗址、采矿遗迹、开采地貌，使其成为具有当地文化特色的工业文化遗址公园。利用文化旅游形式，进行产业再生。

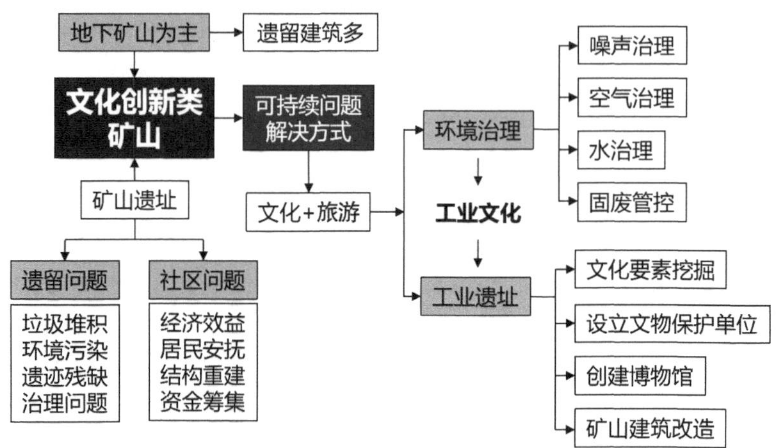

图 3.11　文化创新类矿山的开发形式

在当前环境保护和可持续发展的大背景下，这类矿山的环境修复和景观规划面临着许多挑战。其一是成本问题。废弃的矿山需要进行大规模的土地改造和生态修复，以及全方位的环境治理，这是一项需要投入巨额资金的任务。对于一些资金有限的企业来说，这可能会成为一个不小的负担，需要以政府为项目主导。其二是后期规划受限。由于修复和规划工作的复杂性和长期性，往往需要长时间的规划和研究。然而，在实际操作中，一些机构往往只是为了达到简单的修复目标而快速采取了一些短期行动，这种行动可能会限制后期更深入的规划。其三是治理时间长。矿山废弃后需要进行环境治理，这需要一个较长的过程。一座矿山的修复通常需要数十年，还需要投入大量人力、物力和财力，这对于政府和企业来说都是一个巨大的负担。

3.3 智能改造：生产系统的智能升级

3.3.1 福建宁化矿山概况

宁化矿山坐落于福建省三明市宁化县，毗邻纵八线，物流交通运输方便。宁化矿山机制砂项目是福建省的重点建设项目之一，其开采周期为 20 年，预计年产机制砂总量为 300 万吨，年产值则达到 2 亿元，可为当地提供超过 200 个就业岗位。该项目机制砂的主要用途为在宁化及周边区域的基建工程中使用。该项目的建成有效解决了宁化及周边区域建筑材料供应紧张的问题，同时也促进了宁化县的产业结构优化及产业升级、县域经济发展。

3.3.2 矿山可持续措施与现状

宁化矿山通过环保技术应用以及生产线设计达到可持续发展的目的。生产线采用了机制砂生产技术，使用花岗岩作为原料。该生产线配置主要设备为 C160 颚式破碎机、HG400B 和 HG450D 多缸液压圆锥破碎机，每小时产量达 1 000 t。生产线同时设计了矿山开拓运输系统、矿石破碎系统、精品骨料生产线、除尘和废水处理系统等，其中包括潜孔钻、挖掘机、自卸矿车、旋回破碎机、圆锥破碎机、立轴冲击破碎机、高压水泵、圆振筛、高频脱水筛、旋流器、深锥高效浓缩机、浓浆砂泵、压滤机和袋式除尘器等。

3.3.2.1 工艺特点

① 质量优先破碎工艺。采用“质量优先”的骨料生产工艺系统，包括旋回式破碎设备、两段圆锥破碎设备以及立轴式冲击破碎设备和相应的筛分设备、输送设备等。破碎工艺共分为四段，进一步增强了设备的整形性能，从而使得生产出来的骨料产品具有更好的粒度特征，提高了混凝土的工作性能和耐久性，确保了工程质量，如图 3.12 所示。

图 3.12　四段破碎设备

② 废气处理工艺。在骨料整体生产过程中，采用废气处理设施以避免含尘废气直接排放。在矿山钻孔方面，采用干式除尘技术；而在爆破、装岩及矿石、产品运输过程中，则采用高效湿式防尘技术。原矿粗碎和皮带通廊等干式生产工序则采用干式高效、全方位除尘技术，将收集的矿尘进行售卖，为附近水泥厂提供生产原料。

③ 废水处理工艺。在废水处理方面，骨料生产及采矿过程中所需的雨水和清洗用水全过程循环利用，不设置外排接口。此外，矿山污水和雨水被汇流至矿山运输两侧沉淀池，经多级沉淀后，全部进行循环利用。骨料生产加工采用多段筛分以及高压喷淋湿式工艺，以强化洗砂效果；经筛分富集的泥沙则被进行集中处理，采用了三段泥沙分离的方法，包括轮式洗砂机、高效脱泥旋流器以及高频脱泥筛。

④ 废渣处理工艺。在废渣处理方面，骨料生产过程中的废渣全程回收，用于其他产业原材料生产以及采矿回填，解决环境污染问题，实现绿色矿山开采。废水经过絮凝处理后，排入深锥高效浓缩机，浓缩污泥采用压滤机压滤，滤渣部

分出售给附近水泥厂、陶瓷厂和制砖厂作为生产原料。剩余废渣用于露天矿山开采区回填造地，充填采用剥离物和废渣混合排放的形式，既减少了排土占地和安全隐患，又解决了废渣堆放带来的水土流失和环保问题。

3.3.2.2　关键技术与设备

① 环境质量实时监测系统的研发，实现了全过程数字化控制。在矿山开采、矿石运输、骨料生产加工以及产品出厂等环节，采用了先进技术和高效设备，对废气、废水和废渣进行全天候、全方位和全流程的监测和处理，真正实现了矿山开采和加工的零排放。

② 开发了行业先进的骨料加工技术，以降低骨料生产过程中的三废产出。该技术采用湿式生产工艺，在多段筛分、高压喷淋洗砂以及三段高效、连续泥沙分离工艺中，提高了泥沙分离效率。该技术同时也提高了骨料和机制砂的质量。

③ 开发了高效率浓缩技术以及废料水处理技术，实现了生产全过程的水循环利用。针对含废料废水的问题，该技术采用了新型、高效的絮凝剂进行絮凝，并采用了深锥高效浓缩机浓缩和板框式压滤机压滤，回水利用率达到 100%，无污水外排。

④ 废渣通过处理及综合利用技术，广泛应用于其他行业原材料的生产以及开采回填。废渣可以作为水泥厂、制砖厂和陶瓷厂的原料，也可以采用充填露天采空区的方式进行排放并复垦造地，既减少了排土占地和安全隐患，又解决了废渣堆放带来的水土流失和环保问题。废渣采用了自主网格状排土核心技术回填，并与矿山剥离岩土混合排放。这种技术提高了排土稳定性和安全性，同时也提高了土地复垦效果。矿山规划—建设—采后过程如图 3.13 所示。

图 3.13　矿山规划—建设—采后过程

3.3.2.3　工艺流程

① 粉尘净化流程。宁化矿山粉尘净化主要通过高效袋收尘器进行处理，如图 3.14 所示。

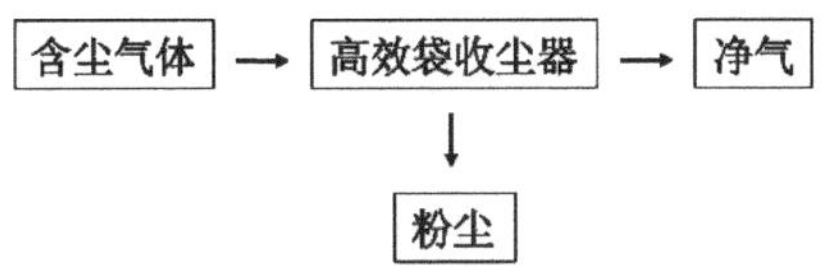

图 3.14　宁化矿山粉尘净化流程

② 泥沙分离流程。宁化矿山泥沙分离主要靠两道轮洗，并通过脱水筛进行处理，如图 3.15 所示。

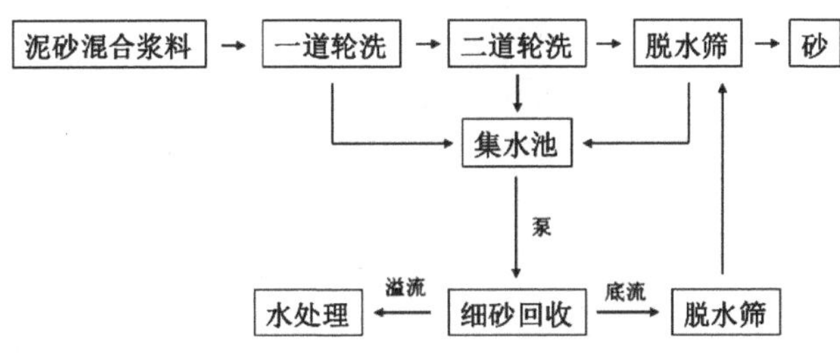

图 3.15　宁化矿山泥沙分离流程

③ 生产废水处理流程。宁化矿山生产废水处理流程如图 3.16 所示。

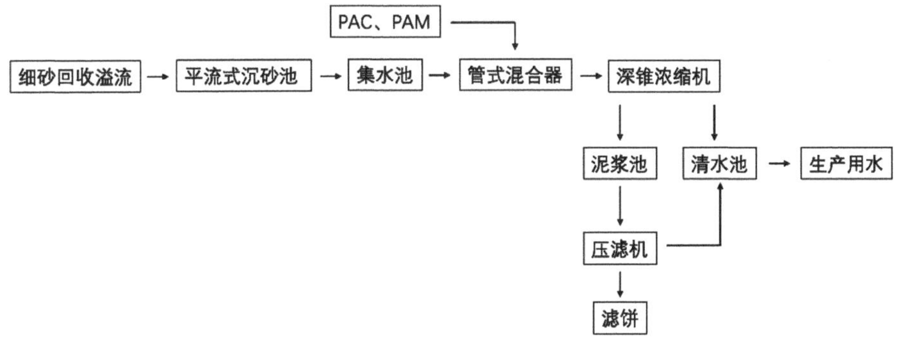

图 3.16　宁化矿山生产废水处理流程

④ 总体生产流程。宁化矿山的总体生产流程如图 3.17 所示。

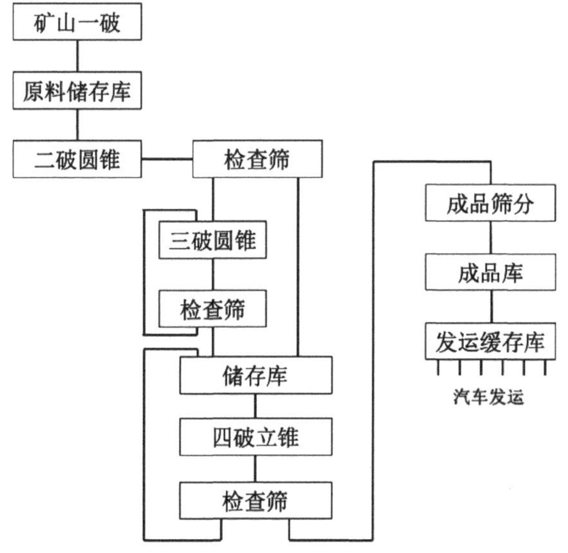

图 3.17　宁化矿山总体生产流程

3.3.2.4　设计措施的效果评价

① 矿区环境质量指标。宁化矿山的矿区环境质量指标如表 3.1 所示。

表 3.1　宁化矿山矿区环境质量指标

指标名称	国家标准	现场监测
环境 PM2.5（μg/m^3）	≤ 35.0	21.8
环境 PM10（μg/m^3）	≤ 70.0	30.0
环境噪声（dB）	≤ 65.0 dB	43.5

注：采用环境空气质量标准 GB 3095—2012，声环境质量标准 GB 3096—2008；现场监测数据为 2018 年全年监测数据最大值

② 产品含泥量。宁化矿山的产品含泥量如表 3.2 所示。

表 3.2　宁化矿山产品含泥量

项目名称	国家标准	现场检测
精品骨料	≤ 0.5%	0.2%
普通骨料	≤ 1.0%	0.3%
机制砂	≤ 10%	1.3%

注：采用建设用卵石、碎石 GB/T 14685—2011，建设用砂 GB/T 14684—2011；现场检测数据为 2018 年全年检测数据最大值

③ 生产回水指标。宁化矿山的生产回水指标如表 3.3 所示。

表 3.3　宁化矿山的生产回水指标

指标名称	国家标准	现场检测
PH	6.5~8.5	7.0~7.5
SS（mg/L）	—	≤ 100.0
浊度（NTU）	≤ 5.0	≤ 2.6
BOD5（mg/L）	≤ 10.0	≤ 8.2
COD（mg/L）	≤ 60.0	≤ 35.1
总硬度（mg/L）	≤ 450.0	≤ 368.0
石油类（mg/L）	≤ 1.0	≤ 0.5

注：采用城市污水再生利用　工业用水水质 GB/T 19923—2005；现场检测数据为 2018 年全年检测数据最大值

综上所述，宁化矿山的技术升级对环保排放方面起到了不错的作用。

④ 骨料生产回水利用率 100%，脱泥率 97%，达到国内领先水平。矿山开采和骨料生产加工的综合利用，已经实现了废气、废水和废渣零排放的目标，从而达成了高效和有机的生态效益、资源效益、环境效益、经济效益和社会效益的统一。其中，资源效益表现为矿山回采率高达 96% 以上，破碎加工（选矿）产品回收率高达 97% 以上。经济效益方面，在项目实施后，由于产品品质提高、

环境污染减少以及废气、废水和废渣的综合利用，企业每年可以增加经济效益 3 000 万元；环境和生态效益则表现为实施边开采边复垦复绿，减缓了水土流失，同时实现了“三废”零排放，减少了环境污染，改善了生态环境。社会效益方面，由于提高了精品骨料品质，销售价格逐步提高，产品税收也相应增加；废渣采空区的充填造地不仅减少了外排占用土地，还为当地农村增加了 30 个就业岗位，同时增加了造地面积超过 0.2 km^2。宁化矿山生产厂房、廊道如图 3.18 所示。

图 3.18　宁化矿山生产厂房、廊道

3.3.3　以高效环保为主导的可持续开发特点

该项目引入了环境质量实时监测系统，全面监控了生产过程中的数字化指标，解决了生产过程中难以实时监测采矿区污染的突出问题。从矿山开采、矿石运输、骨料生产加工到产品出厂，采用了先进技术和高效设备，对废气、废水和废渣进行全天候、全方位和全流程的监测和处理，实现了矿山开采和加工零排放。此外，该项目还开发了行业先进的骨料加工技术，降低骨料生产过程中的三废产出，有效解决了粉尘废气污染排放、矿区周边绿色植被破坏严重的突出问题。该项目通过采用湿式生产工艺、多段筛分、高压喷淋洗砂、三段高效、连续泥沙分离等，使泥沙分离率达 96% 以上，提高了质量和效率。此外，该项目还开发了高效率废渣浓缩技术以及废料水处理技术，实现生产全过程水循环利用，解决了传统产业废水直排带来的环境污染问题。含废料废水通过采用新型高效絮凝剂絮凝、深锥高效浓缩机浓缩和板框式压滤机压滤，回收率达 100%，无污水外排。废渣可用于其他行业原材料生产以及开采回填，彻底解决了采矿过程中的废渣污染、堆放溃坝等导致的环保难题。应用矿山综合治理技术，在全程高效开采的基础上，解决了骨料行业普遍存在的无序开采、水土流失、自然环境破坏等突出问题，实现了矿产边开采边复绿。

3.3.4　智能改造类矿山可持续形式及问题

智能改造类矿山的可持续模式主要是采用全新的生产工艺及技术，以实现同等的产量水平，同时降低对环境的影响。国外采用相同开发形式的矿山有英国的 Glensanda 矿山、瑞典的基律纳铁矿、澳大利亚的日出坝金矿等，国内的同类矿山有河北马城铁矿、中煤集团的王家岭矿山、华为技术升级的淮南矿业等。这类矿山在翻新旧有的生产技术方面，使用了封闭廊道运输的方式，与此同时运用先进的生产技术，以提高矿石的品质。在生产的过程中，这类矿山也进行了智能化升级，例如在挖掘机操作过程中，使用机械化系统代替人工操作，自动化程度提高，并且在维护管理方面使用了远程监控技术，以实现对设备运行状态实时、高效的监控和管理。

然而，智能改造类矿山的生产技术升级还面临许多挑战和问题。其一，智能改造类矿山主要对生产过程进行了设备升级和技术更新，以提高设备的生产效率、品质稳定性和工艺的环保性。其二，整体的智能化改造升级将关注重点放在了生产与安全上，在减小矿山开采的环境影响方面相对薄弱。其三，矿山在智能化升级后未进行可视化的数据呈现处理，且对工作人员的技术要求大幅度提高，原有技术员工不能较好适应。智能改造类矿山的开发形式如图 3.19 所示。

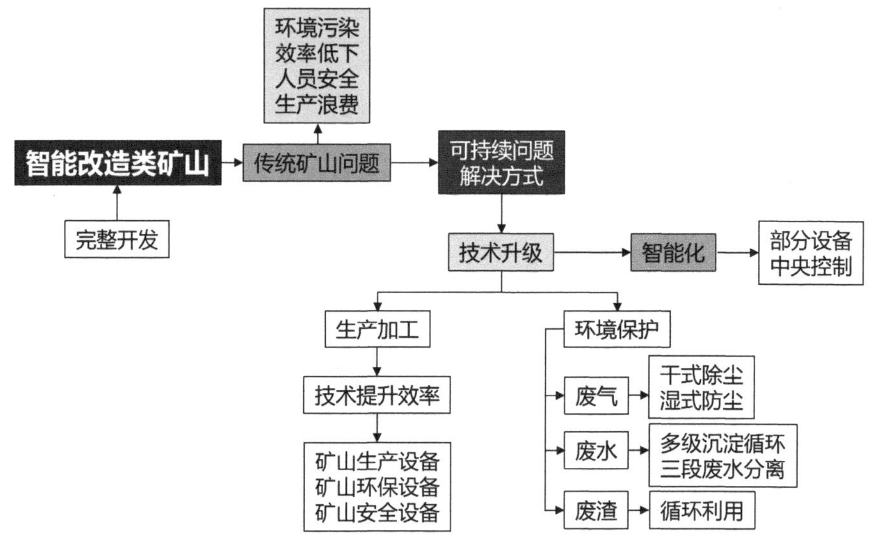

图 3.19　智能改造类矿山的开发形式

3.4 产业规划：矿山规划的三产联动

3.4.1 湖北咸丰矿山概况

咸丰矿山位于湖北省咸丰县忠堡镇，属于建筑石料用云质灰岩矿。该矿区已经探明的砂石储量超过 8 423 万吨，地质构造简单，岩石组合为深灰色中厚层状灰岩以及云质灰岩。矿石具有致密性、硬度强以及抗风化的特点。物理力学试验显示，矿石的单轴饱和抗压强度为 80.2 MPa，压碎指标值为 9.1，坚固性（按照质量损失计算）为 1%。这些品质均已达到 I 类石料质量抗压强度的要求。咸丰矿山绿色建材产业园总投资近 6 亿元，并采用行业先进的工艺和节能环保生产设备。该项目建成后，将成为恩施地区最大的高端建材生产基地，为咸丰县实现“两山”理念，推动恩施建材行业向规模化、绿色化、低碳化以及智能化方向发展提供有力支持。

3.4.2 改造理念与规划布局

咸丰矿山项目在原有废弃矿山上进行改造，是废弃矿山经过规划和建设的二次利用项目，旨在优化产业结构，实现绿色矿山的建设。原有生产方式为露天爆破采集，生产环节简陋，缺乏除尘、降尘装置设备，其生产地点位于大山中，平整地面较少，无法布局大型生产设备（图 3.20）。此外，交通阻塞，道路崎岖，路基较差，造成大型矿山车无法进入。此项目周边存在大量原住居民，且缺乏道路拓宽条件。项目计划在原有废弃矿山的基础上，规划建设配套加工产业园，推进绿色矿山建设，以优化产业结构，实现资源的再利用。

图 3.20　咸丰矿山原有开采环境

该矿山项目的主要产出为砂石骨料，用于满足咸丰县及周边县市建筑市场的需求，其流通需要通过陆路运输完成。然而，由于矿区设施位于深山之中，唯一与 242 国道相连的道路为乡间土路，其宽度难以满足大型运输车辆的双向行驶需求。另外，沿线原有大量的原住民房屋，矿区的开采活动与运输过程可能对房屋安全造成影响，对原住民的生命和财产安全构成潜在风险。除此之外，咸丰矿山还面临政策调整、老矿灭失、矿权出让准备、生产建设土地、建设配套和廊道涉及的林地、农田及征迁工作等问题。为解决这些问题，项目加强政府协调，在工业园区内提供不少于 0.08 km^2 的建设用地，为生产加工提供支持。此外，还落实了配套供水、供电等“三通一平”事宜，并妥善处理了廊道所涉及的林地、农田及征迁工作，以保证项目的可持续发展和周边环境的稳定。

根据当地地形条件，咸丰矿山进行了生产场地的重新设计（图 3.21）。新的生产场地被划分为开采区、封闭式输送廊道和加工区三个主要区域。开采区位于废弃矿山原址，包括一破车间和二破车间。根据工艺流程和自然地形，生产车间从高到低呈台阶式布置。生产物料主要通过皮带输送，并设置了皮带罩，通过

图 3.21　咸丰矿山的局部规划、景点分布、园区效果图

收尘节点进行粉尘控制。封闭式输送廊道取代了原有的车辆运输方式，将二破后的砂石运至加工区进行进一步加工。加工区包括水处理区域及压滤车间、中控室（含中心配电所、办公室）、检修车间及备品备件库、围墙及大门。加工车间主要包括三破及筛分车间、四破制砂车间、筛分车间、成品分级及洗砂车间。其中，开采区和加工区的公用辅助区域按照上述划分进行布置。

咸丰矿山采用区域式开采方式，按照规划设计，并深入贯彻“边开采边复绿”的思路（图 3.22）。根据区域规划应用了挂网加固和喷播绿植等复绿技术，以促进植物的生长发育，从而实现建植层固、液、气三相物质的平衡。这些技术的推广不仅有效地减少了开采过程对环境的影响，还加速了整个矿山的复绿进程。值得一提的是，在复绿过程中，咸丰矿山结合当地“忠堡大捷”战役的历史文化特点，开发了红军指挥部、红军水井等景点，为地方旅游业的发展作出了积极贡献。

图 3.22　咸丰矿山山体复绿实景

3.4.3　以产业共建为导向的可持续开发特点

咸丰矿山最显著的特点在于其在原有废弃矿山上进行开采并对周边环境进行改造，采用因地制宜的方法针对当前空间进行区域规划。通过可持续设计和改造，新的矿山弥补了原有矿山的缺陷，主要包括以下几个方面。

① 三产联动。通过矿山生产带动生态农业和生态文旅的可持续发展，是推进矿山可持续开发的整体实践方法，也是使文化创意和工业生产相融合的具体方式。通过二产带动一产和三产，它转变了过去掠夺式的开发方式，创建了产业联动和融合的示范基地。根据矿山开采地的实际情况，通过环境改造、文化营造的设计手段将矿山开采治理区域转变为工业文化参观区、现代农业体验区、复绿绿植区以及酒店休闲区等，促进矿山产业与社区之间的融合与协同发展。

② 采前完成采后重塑设计。针对矿山全生命周期的可持续规划设计，在矿山设计规划之初，就完成矿山全阶段的区域分布规划、景观营造设计、采后重塑方案，可以提前对有利于后续开发的景观元素进行保留，减少重复开发所消耗的时间、人力以及物力成本。将全周期的矿山开采与生产加工、采后重塑结合，使矿山开发过程与设计形成一个有机的整体。

③ 绿色花园工厂。厂区采用生态式设计理念，通过简洁明亮的厂房设计、多层次的绿色景观设计，打造出“天蓝、地净、水清、草绿、物洁”的工作环境，实现了人一厂一自然和谐共生（图 3.23）。绿色花园工厂的建设树立了骨料生产行业新的标杆，让员工在工作中享受绿色自然，在绿色自然中完成工作，使工作过程变得轻松而愉悦。

④ 以人为本的设计。工厂设计突出了“以人为本、分流设计”理念，景观设计与人文环境完美融合，各功能区实现了分流设计，体现了公司对员工的人文关怀。物流区与加工区分开，保证了厂区内员工的安全。办公区与加工区分开，使办公人员免受加工噪音困扰，享受安静舒适的办公环境。加工区采用降噪静音厂房设计，设备进行降噪优化设计，最大程度地改良现场人员的工作环境。

图 3.23　咸丰矿山园区规划设计图

3.4.4　产业规划类矿山可持续形式及问题

产业规划类矿山的开发形式是一种对矿山开采原布局进行重新设计的方式，通常这类矿山会影响到当地周边较多的社区。因此，在规划时要将开采区域与生产加工区域分离，合理利用区域位置，并利用交通便利性将生产加工区域布置于交通要道旁边，同时通过规划设计创造更好的矿区条件和环境，将一、二、三产结合起来。国内冀中能源集团的东庞矿、鄂尔多斯的查干沟村（图 3.24）都进行了矿山的生态产业规划。

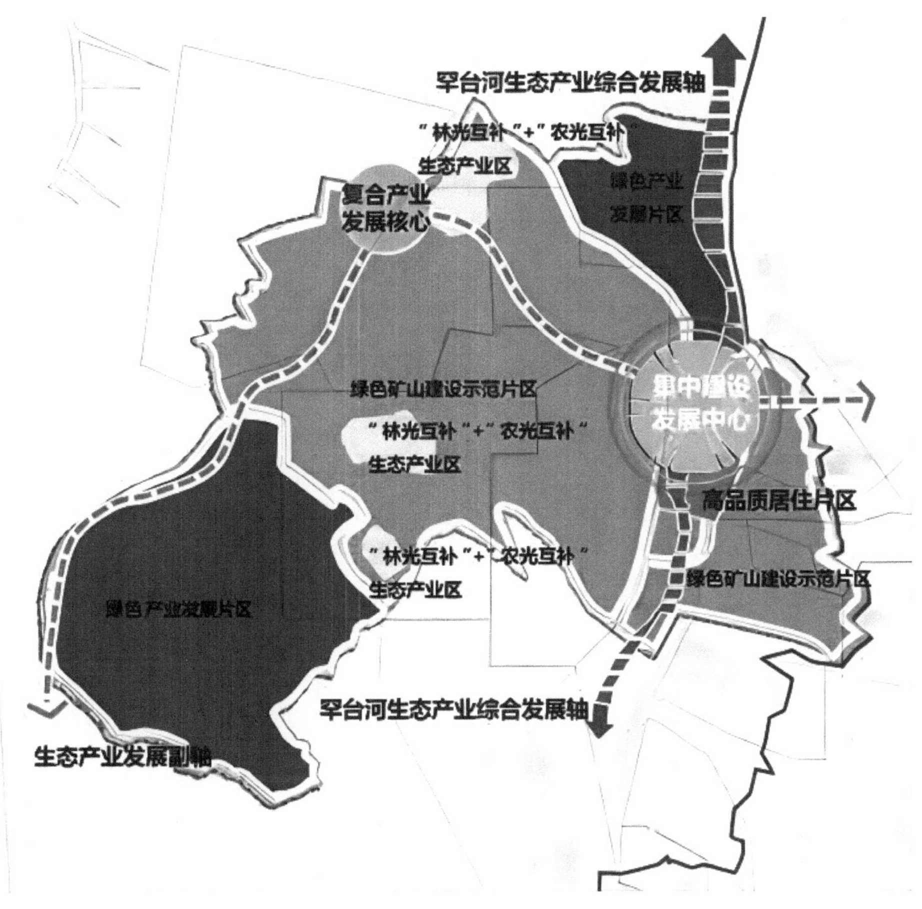

图 3.24　鄂尔多斯查干沟村矿山产业规划

然而，该模式存在一些问题，如规划停留在使用总体功能层面，未能在智能化、自动化等技术支撑领域更进一步，设计参与并未涉及矿山的核心问题等。产业规划类矿山的规划过于注重使用功能的分区设计，而未能考虑到各个功能区与企业和当地社区的协调与衔接。同时，产业规划的时间、资金成本较高，其受政策影响较大。产业规划类矿山的开发形式如图 3.25 所示。

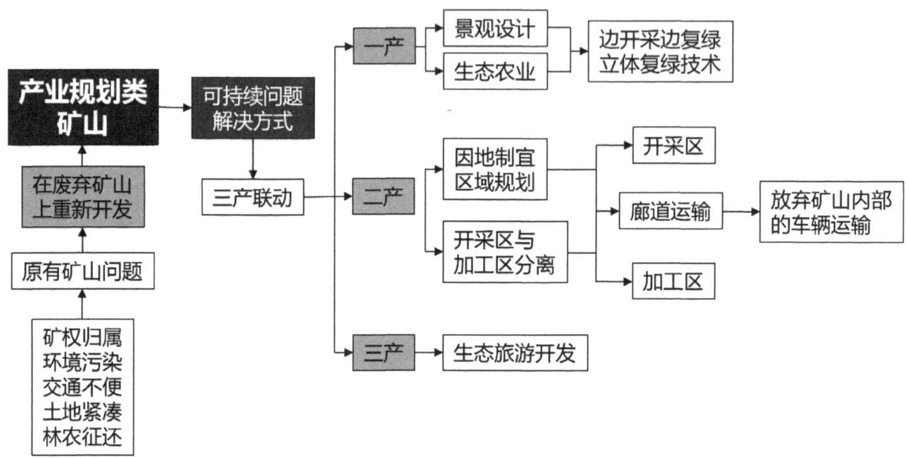

图 3.25 产业规划类矿山的开发形式

3.5 矿山开发行为的影响研究

3.5.1 环境影响：造成生态污染

在矿山采冶中，产生了许多废气、废水、废料，简称“三废”。研究发现，“三废”含大量有毒有害的重金属元素及化学物质，给环境中的大气、水体、生物及土地带来了严重的污染与冲击[122-123]。矿山开发对环境产生的污染和破坏已经成为全球公认的环境问题，其对大气、土壤、水等自然资源和生态环境的影响非常显著。矿山开发过程中排放的颗粒物、氧化物、二氧化硫、氮氧化物等有害物质，会对大气环境造成严重污染。这些有害物质对空气质量产生直接影响，导致大气污染严重。这些物质在大气中的传输也会导致酸雨的生成，对植被和水环境造成危害[124]。矿山开发对土壤的影响主要表现为土地破坏和污染。矿山开发过程中需要从地表上开采矿石和土壤，直接破坏了大片的土地。矿山开发还需要使用大量的化学药品和矿物质，这些物质会渗入土壤中，造成土壤污染。土壤污染不仅会对植被造成危害，还会通过食物链传递到人类身上，对人体健康造成威胁[125]。矿山开发对水资源的影响主要表现为水污染和水资源破坏。矿山开发会产生大量的废水和污水，其中含有大量的重金属离子和化学药品，这些物质会对水环境造成污染。此外，矿山开发还会破坏地下水和地表水资源，直接导致水资源的流失，给生态环境和人民生产生活带来巨大的损失[126]。

3.5.2 地质影响：引起灾害风险

地质灾害是由地质作用（包括自然、人为或合成）引起的一种现象或事件，其特征在于对地质环境的突然或累积性破坏，给人类的生命和财产带来损失。随着我国经济建设的迅猛发展，对矿产资源的需求不断增加，因而矿业开采规模不断扩大，然而矿山地质环境的异常复杂性却对此构成了挑战。矿山开发活动强烈地改变了矿区地貌、地下环境条件及应力状态，诱发了多种地质灾害，其中包括但不限于地面塌陷、地裂缝、崩塌、滑坡以及泥石流等，同时矿井涌水等问题也屡见不鲜。这些地质灾害不仅给矿山工程活动带来威胁，而且限制了矿山的可持续发展。此外，这些灾害也具有共生性，并且地质灾害的发生也与矿产的属性有关（例如煤矿区的瓦斯爆炸、地面塌陷和地裂缝等问题）[127]。

矿山开发过程对地质环境的影响主要包括以下几点。

其一，矿山开发加重了水土流失的问题。在矿山开发之前，大多数场地都处于轻度侵蚀状态。但是一旦开始采矿，地表和植被就会被破坏，形成中等或较强程度的侵蚀现象。铁矿和石料开采是引起侵蚀最严重的矿山类型。这两种矿山直接剥离原有地表，将山体裸露，形成的废土弃渣不仅占据土地，而且往往直接倾倒在沟谷和河道中。这种行为不仅会引起新一轮水土流失，而且在暴雨天气时还会形成汇流淤积，导致下游河道和水库很容易遭受山洪灾害，进而危及人民群众生命和财产安全[128]。

其二，矿山开发还容易导致地面塌陷和开裂的问题。矿山开发会破坏地表下几百米的地层和地质结构，如果遇到含水层，为了确保井下的安全，需要用大量的工作力量抽排地下水。这种做法会导致部分采空区地面塌陷和裂缝，原有建筑物也可能受到波及。有些开采区域的生态环境长期无法恢复，给当地人民的生产和生活带来了严重的影响。

其三，矿山开发也会诱发崩塌、滑坡以及泥石流等自然灾害。矿区弃渣堆积如山，坡度在 40° 到 60° 之间，高度可达几十米。在大雨天气下，这种堆积的弃渣很容易发生滑坡。矿山开挖、爆破、剥离和运输等行为也会引起原有地形地貌的显著改变，导致内在土石结构遭到破坏，经常会诱发雨季崩塌、滑坡和泥石流等灾害，甚至封堵河道，提高水位，造成灾害。

其四，很多矿山企业的生产都存在着大量疏干排水、排放污水的问题，直接造成地下水位降低、水污染等问题。由于矿山长期处于露天状态，其周边有大面积裸露地面，形成了较差的生态环境。而且采出矿山缺乏植被覆盖，地表水入渗较少，使地下水位降低，小环境温度上升，地表蒸发量较大，引起地表水、地下水与大气水之间的“三水”流通不平衡，随着时间的推移，将加剧水土流失对区域水循环系统的损害，水资源供需矛盾愈加尖锐。

其五，矿山开发还会导致土壤酸化等问题。其中，铁矿和煤矿是最严重的。采矿、冶炼等工序会产生大量粉尘，尤其是在早春和秋天。由于粉尘中铁、镁、钙、铝、硫和碳等元素的含量较高，这些粉尘会飞扬到厂矿附近的地面上或周围，化学元素会使厂矿附近的土壤长期受到沉积和雨水的影响，从而持续酸化。

矿山开发活动过程对地质的影响如图 3.26 所示。

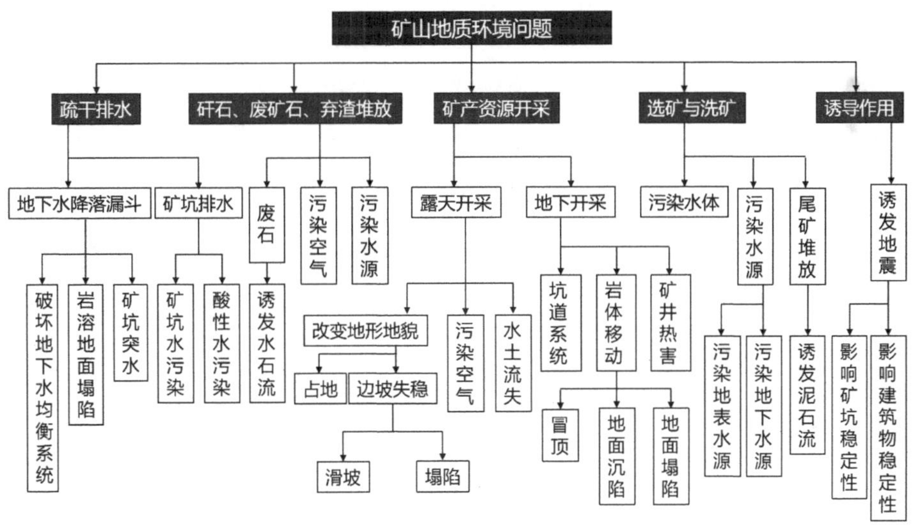

3.26　矿山常见的地质环境问题

3.5.3 社区影响：推动人矿协同

在矿山开发过程中，常常会涉及用地、雇工、利益分配等问题，这些问题可能会导致当地群众上访、围堵企业以及与矿山企业械斗等非常规诉求方式的出现。在国内，矿山企业和民众、职员之间的对立也时有发生。改变这种不利于双方的对抗局面、构建互利共赢和谐格局，关键在于建立矿山企业和社区民众之间的相互依赖关系，保持矿山开发利益所得与当地居民利益所需的平衡。在这一过程中，矿山企业发挥着主导作用，应该将矿山社区民众视为“伙伴”，在矿山社区建设中真正担负起社会责任。然而目前，矿山企业的传统运作方式往往更关注政府的保护和效益最大化，几乎没有考虑到与矿山项目相关的社区民众建立邻居和伙伴关系的问题[129]。

矿山社区指的是由于矿山企业开采矿产、加工和其他产业行为可能对当地区域产生直接影响的社区，其中包含了矿山区域的经济产业、资源生态、人口结构、社会文化、空间形态等诸多内容，共同构成了人们相互依赖的社会关系总体。这种社会性关系表现在矿山企业和矿山社区民众之间，由于矿山行为而产生的“现代相邻关系”上。相邻关系指的是与矿山开发产业有关地区的全部个体、家庭及其单位等。矿山社区属于资源型普通社区，大部分位于农村，可能是一个村落的区域，也可能是两个或三个村落的接壤区域。在资源型城市中，矿山社区仅有几个街区。矿山社区具有社会性的特征，矿山企业、生产居住于相应地区的单位人员和该地区的其他人民或机构组成了密不可分的小社会；矿山开发促进了社区的进步、经济文化的繁荣，同时矿山社区也为矿山企业发展和经营、生活服务依托、公共秩序与安全保障等提供了条件[130]。

3.6 矿山开发可持续设计问题及挑战

3.6.1 缺乏整体性、全局性的矿山开发可持续设计指导思维

随着矿业开发的不断推进，人类对于矿山可持续开发的定义和追求也日渐明确和深入。技术的不断升级，给人们提供了技术解决方案来解决安全、污染等单一问题。但是技术升级只是定向往系统中添加了某一功能，并没有将新增部分与其他部分联系起来，往往导致一个问题被解决却衍生出其他问题，造成整个矿山系统变得零散、复杂、臃肿、烦琐。

在实践中，我们发现矿山的可持续开发缺乏整体性、全局性的指导思维，主要体现在以下两个方面。

第一，缺乏整体性指导思维。目前，许多矿山开发仍然局限于零散的点对点问题解决，没有全面考虑矿山开发与保护之间的关系，且一个问题的解决往往影响其他环节的正常运行，导致难以实现矿山可持续开发问题的全面解决。此外，矿山开发涉及广泛的因素，如资源开采、环境保护、社会责任等，情况复杂。因此需要整体性设计指导思维，广泛考虑各方面因素，综合利用多种技术方案，制定和实施可持续发展战略和方案。

第二，缺乏全局性指导思维。全局性包括了时间、空间上的全局性。矿山的开发往往伴随着资源的分布不均和环境挑战等问题。因此，对于矿山可持续开发

来说，需要更注重矿山资源开发的全局性和影响，实施综合评价和管控。

3.6.2 缺乏跨学科、跨领域的矿山开发可持续综合性设计方法

随着技术的进步，通过技术解决矿山矛盾是主流的问题解决方案。在目前的矿山开发形式中，大量的采矿、研发和管理技术被广泛地应用，这些技术可以帮助我们解决一些特定的问题，例如地质勘探、矿物处理、矿山安全等。但是这些零散的技术解决方案，往往没有配合设计应用，或者只附和了浅层次的设计方案，只能够解决部分、直观的问题，无法解决系统性的问题。而且，由于矿山开发技术的快速发展，长期以来一直没有适应当下技术升级的设计方法，造成技术与设计不匹配、设计方法赶不上技术变化的现状。

因此，我们必须加强矿山可持续综合性设计方法的研究，促进技术应用与设计方法的融合。首先，我们要做好问题导向，从生态、社会和经济等方面，通过设计问题探索，挖掘矿山开发过程中的根本问题和需求。其次，我们应该加强新兴技术梳理，了解先进的技术解决方案，找到设计方法的切入点，实现矿山设计方法的效果最大化。此外，在研究设计方法的过程中，我们也需要了解目前技术的变化，多维度地进行设计应用，使所设计的方案更加符合当下和未来的需求。

3.6.3 缺乏以过程为导向的矿山开发可持续设计评价体系

目前，矿山开发往往只重视结果产出，而忽略了开发过程中可能存在的问题。在这个过程中，许多问题不会在结果中显示，导致深层次的问题无法在开发过程中被察觉，进一步导致了问题堆积隐藏，从而给环境、社会和经济等方面带来潜在的负面影响。同时，矿山可持续开发评估体系不够健全，主要集中于单一影响要素评估分析，缺乏系统性的评估解决方案。

因此，需要建立矿山可持续设计的评价体系，通过评估矿山开采活动对环境的破坏程度以及对矿区周边居民日常生活的影响程度，将评估结果按危害等级进

行划分，对矿山开采、生产、恢复治理等流程加以改进[131]。在评估过程中，需要选取具有独立性的评估因子指标[132-133]，保证评估的科学性与真实性。矿山可持续开发评估体系是各个要素统一形成的有机整体，需要客观全面地反映出矿山资源分布、生态环境现状、采矿工程活动等各项系统指标以及上述指标之间的相互关联程度等[134]，是实现矿山可持续开发的重要科学依据。

第4章 矿山开发可持续重构设计理念研究

重构理念的主要特征是能够更好、更快速地对系统或局部开展重新构造。本章旨在探讨重构理念的应用及其在矿山开发可持续进程中的适用性，介绍了重构理念的定义、设计动机以及应用领域，把重构理念运用到矿山开发可持续进程中。通过 *K*-means 聚类算法对矿山领域中的重构理念关注点进行梳理，明确了矿山开发重构设计理念的主要内容及构成要素，并基于此形成了解决矿山复杂可持续问题的重构设计理念。本章通过对重构理念及其在矿山可持续开发进程中的应用的介绍，提出了一种新型的解决方案，为矿山开发可持续设计提供了新的思路和方法。

本章通过对重构理念的定义、设计动机及特点以及应用领域进行介绍，确立了重构理念在各个领域内解决问题的适应性。面对社会发展与技术革新的双重压力下，新功能、新要求、新理念不断加入矿山发展过程中，引入重构理念能够解决矿山问题复杂、结构烦琐等堵点。本章将重构理念应用于矿山开发的可持续过程中，梳理重构理念在矿山领域的关注重点，理清矿山开发中重构理念的主要内容和构成要素，形成矿山领域中解决复杂可持续问题的设计方法。

4.1 重构理念概述

4.1.1 定义

所谓重构，就是重新构造构成事物或者实现目标的内部有关因素的有关方法[135]。它不仅能有效地解决我国矿山所面临的资源危机问题，而且还可以改善人类生存环境，促进经济社会与自然环境协调发展，目前比较广泛地应用在计算机、建筑和美学领域[136]。就计算机领域而言，重构是指对代码进行重新排列，通过调整程序代码，提高软件质量、性能，使得其程序设计模式及架构更加趋于合理[137]。在教育领域，重构也被称为“知识重建”，主要是将学习过的知识点应用到新情境中去。就建筑领域而言，重构是作为结构而存在于建筑中、重新设计了功能和外观、再建造设计方式，为了适应用户对于建筑空间现实化的要求而改变。从美学的角度讲，重构就是指用点、线、面、色、料等进行创作的形式和其他不同要素的属性被艺术地重新组合，实现了富有艺术冲击力和多模态的美学感受[138]。

4.1.2　设计动机及特点

影响重构设计的因素有很多，部分来自系统自身的优化，部分来自外部环境的改变，其中以下动机最具有典型性，如图 4.1 所示。

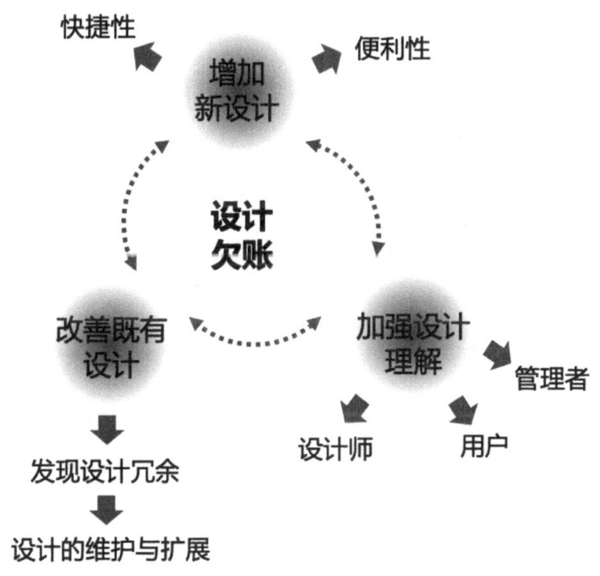

图 4.1　重构理念的设计动机及特点

4.1.2.1　增加新设计

在原有设计系统中增加一些新设计时，可以直接在原有系统进程中加入这个设计，而不考虑它是否能很好地适应原有设计。新设计的快速而短时地增加，易造成设计叠加的冗余。通过重构找到设计插入的接触口，而不影响系统的运作，设计添加更加便捷。

4.1.2.2　改善既有的设计

通过重构改善既有设计，设计重叠的部分将会加以处理。重构包括不断寻找现有设计的坏点，并及时清除，使原有设计的扩展和维护更加容易。

4.1.2.3　加强对设计叠加的理解

设计叠加会影响对它的功能和机理的理解。如果设计存在于一个系统或者组织中，其本身的目的不清晰，设计理解其作用和机理会变得模糊，需要通过重构来清除，而不是用注释来掩饰。

4.1.3　应用领域

4.1.3.1　工业设计领域的应用

重构在工业设计领域的应用来自系统思维，能够帮助人们整合信息资源，处理繁杂的事务关系，从更整体、更全局的视角来认知，从而解决综合性、系统性的问题。

系统设计就是要把研究对象看成一个整体或者系统，对系统的各要素进行详细的分析和解构。重构思想要求对系统的整体或者局部进行重新构造或者改造，以达到优化结构、提高效率的最优解[139]。随着工业设计逐渐深入到生产制造、社会服务、环境保护等各个行业，通过重构设计来解决复杂领域的系统性问题的认可度也逐渐提高。因此，由重构的系统性、全局性思想诞生了绿色设计、可持续设计等一系列衍生理论[140]，从重构的基本含义诞生了基于减量化（reduce）、再利用（reuse）和再循环（recycle）的 3R 原则，其在可持续设计领域发挥着重要的作用。

4.1.3.2 计算机领域的应用

在计算机领域，重构是“维持行为转变”，或如 Martin Fowler 所界定：重构是一种对软件内部结构的改善，目的是在不改变软件的可见行为的情况下，使其更易理解，修改成本更低。

重构和设计相辅相成，程序首先要设计好，并且当编码启动时，设计中存在的缺陷可通过重构予以弥补。设计和重构之间不是相互对立的关系，而是一种相辅相成的关系，设计必须有新的思想、方法才能实现。设计要有节制，不需要太多。设计不是万能的，但绝对不能失败，否则就会影响系统性能甚至造成整个系统崩溃。可通过重构适应需要的改变，不进行过多设计，在需求发生变化的情况下，重新进行代码的构建。

4.1.3.3 建筑领域的应用

Foucault 和 Harvey 等学者提出了“空间重构理论”（spatial reconstruction theory）[141]，当前这一理论被广泛应用于城乡空间规划、文化空间等方面。有学者将“空间重构”视为目标明确地指导与介入空间结构的过程，这一过程主要是在空间结构各个重构阶段发挥作用，旨在让空间结构适应社会经济发展需要，即从结构到功能再到环境这样不断变化的过程，以实现空间内部各种资源与设施的合理分配及利用[142]。另外也有人将其作为一个动态概念提出来，由于空间不能独立于时间而存在，因此，“空间重构”突出了一个不断变化的境界[143]。讨论“空间重构”问题，必须先明确空间内物质和非物质要素之间的相互关系，以及与具体的时代要求相结合，健全二者的关系机制，推动趋向异化的关系及其因素的重建，使得空间系统构架的整体与社会、经济、文化相适应[144]。

4.1.3.4 美学领域的应用

重构是对结构主义与解构主义的一种反思，强调对单体和整体的关联，源于解构主义破除重组的设计思想，属于后现代主义技法范畴。重构就是实现对人类认知的重组，把破碎了的总体重新组织起来，最终形成了一种全新的视觉艺术形式[145]。“重构”被认为是当代最主要的绘画语言，所谓“重构”，就是作者按照自我想法，进行主观而大胆的构图，用自我能动性异化画面的错置，将不同时空的景物展现在同一幅画上，从时间、空间与意念的掌控里解放出来，并且在进行创作时，可依据自身主观感受及个人情感来重建画面元素，把个人的精神与感情赋予于物，形成画面的“空间重构”[146]。

4.2 矿山开发的设计欠账、重构设计时机及方式

4.2.1 矿山开发的设计欠账

4.2.1.1 设计欠账的含义

设计欠账（design debt）的概念源自计算机领域[147]。随着时间的推移，新的需求、约束和环境的出现，复杂的软件系统必须进行相应的扩展、适应和修改。然而，开发人员很少像最初的设计那样进行严格考虑。因此，系统衰退，导致有用性下降和误差增加[148-149]。Joshua Kerievsky 称这种侵蚀或衰退为“设计债”[150]。设计欠账可以理解为系统运行中因程序紊乱、技术弊端、外在因素等所造成的设计坏点，影响正常运行效率。

4.2.1.2 识别矿山开发的设计欠账

把计算机领域中的设计欠账概念引入矿山开发系统，则指由于矿山开发设计规划之初的局限性，以及矿山运行期间因外部环境变化、运行质量问题、工作人员操作不当等一系列主客观因素导致的环境、生态、生产、安全、社区问题，使矿山在运行过程中效率越来越低，甚至引发矿山事故，无法与矿山经济、高效、绿色、安全的开发理念相符合。因此，识别出矿山开发过程中的设计欠账对矿山重构设计尤为重要。矿山开发的设计欠账主要包括以下几个方面（图 4.2）。

	设计欠账	矿山体现	结果
1	功能增加缺失	新技术、方法不能运用在矿山中	功能性差，功能不全
2	功能重复建设	矿山新增功能与初始矿山功能重复	资源浪费
3	系统过于零散	矿山系统功能碎片化、零散化	不方便管理
4	系统过于复杂	矿山子系统之间功能关系冗杂	系统效率低下

图 4.2　矿山开发的设计欠账种类

（1）功能建设缺失

矿山在建设、开发、运营、发展的过程中并不是一成不变的。矿山前期的总体规划方案确定离矿山的生命周期结束往往有几十年的时间间隔，其间随着技术的不断进化诞生了很多新的功能。同时，随着人民对美好环境、安全工作、舒适生活的要求不断提高，政府对矿山运行的政策要求与管制也在加强，矿山系统缺失了不少功能，矿山老旧的初代设计就不能满足新的要求。

（2）功能重复增加

现代矿山系统使用了大量自动化设备及技术，根据使用功能分为很多子系统。矿山系统在发展过程中根据需求演变在各子系统中不断地增加新的功能，由于功能添加方式和时机各不相同，每个增加功能可能包含已有功能，而子系统间没有联系，造成系统孤岛，导致后添加功能与原有功能互相之间产生重复现象，造成资源的重复浪费。

（3）系统过于零散

随着矿山发展，难免会出现一些技术设备因损耗、技术落后而被淘汰的情况。而这些设备在矿山系统中也会被删除，导致一些功能零散化。并且矿山系统没有进行梳理清除工作，导致功能间连接破碎化。部门之间在信息传递和数据共享方面存在很大的障碍，各个系统之间的兼容性问题也愈发凸显。这不仅给使用者带来很多不便，还对矿山的安全、生产等诸多方面造成了不同程度的影响，导致矿山系统趋于零散化和碎片化。

（4）系统过于复杂

矿山系统随着时间的推移变得异常复杂，有以下几种原因：首先，矿山系统的功能被盲目添加，导致系统变得臃肿，难以操作和维护；其次，历史数据的不断沉积，增加了系统的负担和复杂性；再次，矿山制度的改变可能会导致系统需要不断添加功能、修改和调整，进一步加剧系统的复杂性；最后，人员管理的变动也会影响系统的维护和更新，增加了系统运营的不确定性。一些功能被废弃后并未及时、完整地清除，导致这一部分沉积在系统中，影响矿山运行效率。

4.2.2　矿山开发可持续重构设计的时机

矿山开发可持续重构设计并不是随时进行的，而是需要一定的时机和计划。矿山设计的最重要部分在于前期的规划，该阶段决定了矿山的设计目的、设计原则以及总体的规划，但是矿山设计并不是一成不变的，通过重构设计在矿山的不同阶段可以实现功能增加、错误剔除、进程优化。矿山开发可持续重构设计的时机如图 4.3 所示。

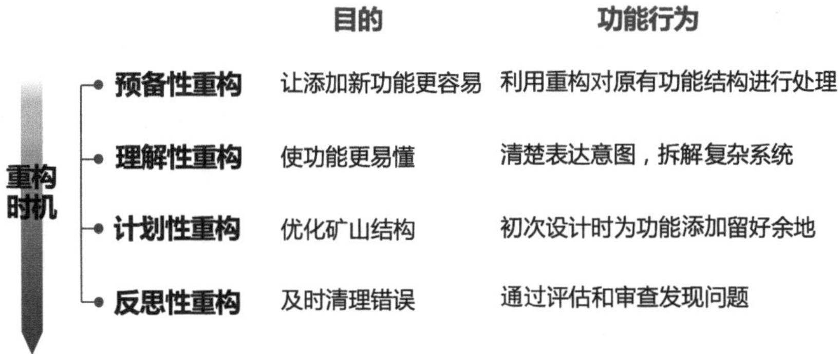

图 4.3　矿山开发可持续重构设计的时机

4.2.2.1 预备性重构：让添加新功能更容易

重构的最佳时机就在添加新功能之前。随着技术的不断发展，矿山在智能开采、环境清洁、人文关爱等方面的新技术在不断更新，但矿山整体设计基本停留在原有规划阶段。而往往在运营过程或者阶段中，需要给矿山运营系统增添新的技术及功能，此时直接进行功能的添加，会导致新功能与系统现有功能产生部分重复或者冲突。因此，在功能添加之前对矿山进行重构，利用重构对原有功能结构进行优化处理，能够使新功能更好地融入原有矿山系统。

4.2.2.2 理解性重构：使功能更易懂

当矿山系统中存在复杂的功能或者设计点时，管理者容易混淆。重构设计可以帮助管理者理解功能意图，更清楚地表达目的，或将一个复杂系统拆成几个子系统。这些初步的重构能够使矿山运营更加清晰。在助力矿山系统运行时，重构会引领管理者及设计者获得更高层面的理解，了解功能设置降维后的使命与意图。重构的优势在于子系统的重构不会破坏矿山整体性，且每次重构更新都可以让功能及设计意图更加清晰。

4.2.2.3 计划性重构：优化矿山结构

重构设计不是与矿山正常运营割裂的行为。在矿山项目计划上可以有计划性地留出重构的机会。计划性重构可以弥补过去矿山规划的设计缺陷或者清理错误的环节，当矿山能够正常地运营时，也需要重构对其优化，使其效率更高。计划性重构能够优化阶段矿山结构，以便为后续功能的添加扫清障碍。因此，在运行过程中有计划地进行重构，能够更好地优化矿山结构、清除错误、保留优势、提高效率。

4.2.2.4 反思性重构：及时清理错误

矿业是一种受到国家严格监管的资源型产业。矿山经常接受各种评估和审查，以检查其运营状况并及时发现潜在问题。每次评估和审查都是对矿山运行情况的一次体检，旨在发现问题并通过重构设计方法来解决现有问题，以填补现有设计缺陷。通过此类重构能够快速迭代，解决问题，避免问题长久堆积，造成矿山运营的不可持续性。同时通过评审能够检查矿山当下状态，为矿山未来可持续发展做好准备。

4.2.3　重构设计参与矿山开发的方式

矿山开发中的重构设计方式包含创建、简化、泛化、保护及聚集五种，能对矿山开发过程进行功能增减、功能聚类、功能简化等一系列操作。矿山开发中的重构设计方式如图 4.4 所示。

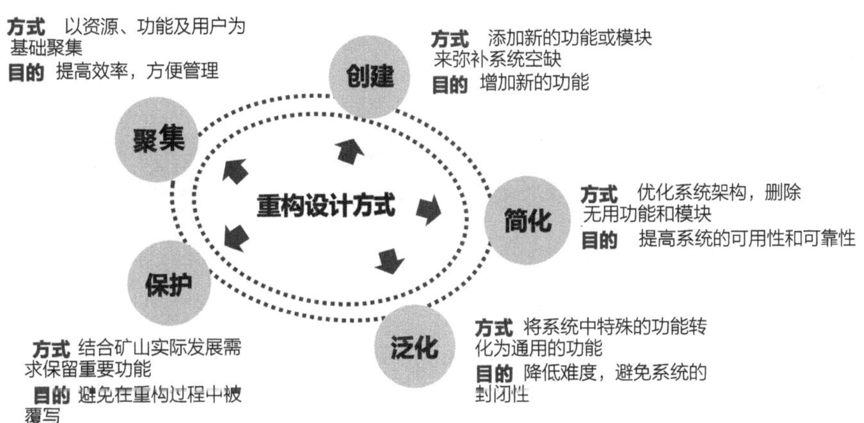

图 4.4　矿山开发中的重构设计方式

4.2.3.1　创建

“创建”是矿山重构设计常用的手段之一。创建新的模块或功能是优化、升级和重构的一种有效手段，可以帮助矿山系统添加功能，补全功能和系统空白，从而提高矿山运营的效率。创建新的模块和功能需要经过多方面的考虑和分析。在创建过程中，需要充分考虑系统的可用性、稳定性和安全性等因素，确保新的模块或功能能够顺利地与现有的系统进行整合。同时，还需要考虑新模块或系统的可维护性和可扩展性，保证信息化建设的长期可持续性。

4.2.3.2 简化

在矿山建设过程中，有时候矿山系统过于复杂，导致工作效率降低。因此，“简化”也是矿山重构设计的方法之一，是针对矿山系统中复杂系统的处理手段。简化矿山系统可以从多个方面入手。首先，可以通过优化系统架构来实现功能合并、分类，统一管理。其次，可以删除无用功能和模块。此外，还可以简化系统界面和操作流程，通过重新设计系统界面和操作流程，来使其更加简洁易懂，从而提高工作效率。简化矿山系统不是系统功能的减弱，而是帮助我们提高系统的可用性和可靠性。同时，简化矿山系统也可以减少系统的维护工作，从而节省工作人员的时间和精力，提高工作效率。

4.2.3.3 泛化

“泛化”作为矿山重构设计的一个重要方法，通常指的是将系统中特殊的功能转化为通用的功能，从而降低难度，去除系统封闭性。在使用泛化的方法时，首先要明确特殊功能的本质和作用。在了解这些功能后，我们可以对其进行归类，找出其通用性，然后进行重构设计。除了对特殊功能进行泛化之外，还可以对矿山系统中的数据进行泛化。在矿山系统中，可能存在一些特殊的数据类型，这些数据类型可能只在某些特定的场景下使用。此时，我们可以将这些特殊的数据类型转化为通用的数据类型，以便在其他场景下使用。

4.2.3.4 保护

“保护”也在矿山重构设计中发挥作用，其主要作用是对原矿山中有效的功能进行保护，避免这些功能在重构过程中被修改。在矿山重构设计的过程中，保护措施不仅可以提高开发效率，降低重构过程中出错的风险，还能保证原矿山系统的稳定性和可靠性。在使用保护手段时，矿山的重构设计要和矿山实际发展需求紧密结合起来，不能脱离实际情况进行设计。采取保护的目的是保持矿山的稳定性。矿山重构设计虽然可以对原有功能进行优化、增强，但是也可能会对矿山系统产生不可预测的影响。因此，在重构设计过程中，通过保护原有可以正常运行的部分，确保重构后的系统可以正常运行，并且保持原有的稳定性。

4.2.3.5 聚集

“聚集”是矿山重构设计的分类手段，它的主要作用是将同种属性的功能聚集并分类，使操作更为简便，提高效率。在矿山系统的开发过程中，聚集是非常重要的，因为它可以使系统的管理更加精细化。聚集的具体操作方式有很多种，其中最常见的是面向功能的聚集。这种聚集方式是以资源或者功能为基础进行的。另外，也可以采取面向用户的聚集方式，将所有的用户功能聚集并分类。

4.3 矿山开发可持续重构设计的领域

4.3.1 *K*-means 聚类算法概述

4.3.1.1 *K*-means 聚类算法简介

聚类分析旨在将数据集分为不同类别（簇），以达到在同一类别中的对象具有相似特征的目的。试验者可以人工指定分类数，也可以使用算法自行计算，具体决定取决于应用情况和所使用的聚类方法。与简单判断单一变量是否属于某特定类别不同，聚类的目标是从整体角度计算各簇内各观测对象之间的相似性，找到具有相似特征的所有观测对象并将它们划分到同一类别中。聚类分析在市场研究、文本分析、图像识别等领域被广泛应用。

K-means 是一种经典的无监督学习聚类算法，自 1967 年 Mac Queen 首次使用以来已经发展了半个多世纪。该算法的核心理念是借助距离相似性作为评估准则，聚类样本间距离越短，相似度越高，被划归为同一簇的可能性越大。相对于其他分类方法，*K*-means 的思路较为简洁，适用于处理大量数据，且聚类效果较好。因此，它已经成为流行的聚类算法之一，在国内外各个研究领域得到了广泛应用[151]。

4.3.1.2 *K*-means 聚类算法原理

K-means 聚类算法的基本思想是：在聚类过程中，首先从数据集中随机选

择 k 个点作为初始聚类中心，然后计算数据集中每个点到初始聚类中心的欧氏距离，将此距离作为相似性评价标准，并将每个样本点分配给相似性最大的聚类中心所代表的类别簇。随着数据集与聚类中心的相似性更新，聚类中心的位置也会持续更新，直至聚类中心不再改变[152]。

这样，我们就可以通过这个简单的过程将数据集划分为多个类簇，从而达到聚类的目的。假设数据样本为：

$$A=\{A_1,A_2,A_3,\cdots,A_n\} \tag{4.1}$$

其中每个对象都具有 m 个维度属性。具体步骤如下：

① 将 k 个聚类中心初始化：

$$\{C_1,C_2,C_3,\cdots,C_k\},1<k\leqslant n \tag{4.2}$$

② 计算每个对象到每个聚类中心的距离，并将其分配到距离最近的聚类中心所代表的类簇中：

$$dis\left(X_i,C_j\right)=\sqrt{\sum_{t=1}^{m}\left(X_{it}-X_{jt}\right)^2} \tag{4.3}$$

③ 重新计算类簇中心，计算公式为：

$$C_1=\frac{\sum_{X_i\in S_1}X_i}{|S_1|} \tag{4.4}$$

其中 C_1 表示第 1 个聚类中心，$|S_1|$ 表示第 1 个类簇中对象的数量，X_i 表示第 1 个类簇中的第 i 个对象。

④ 重复进行步骤②和③，当聚类中心点位置不再改变或达到指定的迭代次数时停止。

4.3.2　聚类关键词数据来源

本书对矿山可持续开发的关键词进行收集统计，通过调查问卷对矿山工人、管理人员、工程师、设计师等共 50 人进行回复收集，选出矿山开发过程中较受关注的 20 组关键词，并从可持续发展的要素维度进行 1~9 分评分。可持续发展包含三要素，分别是环境生态要素、社会要素、经济要素。要素一为环境生态要素（ecological aspect），指尽量减少对环境的损害（environmental impact）。要素二为社会要素（social aspect），指仍然要满足人类自身的需要。要素三为经济要素（economic aspect），指必须在经济上有利可图。本书从生态环境要素、社会要素、经济要素 3 个维度对筛选的 20 组关键词进行评分，并通过 Python 进行 *K*-means 聚类分析运算。关键词与评分结果如表 4.1 所示。

表 4.1　关键词与评分结果

关键词	要素一	要素二	要素三	关键词	要素一	要素二	要素三
资源消耗问题	1.7	4.4	3.8	安全事故风险	4.6	3.6	2.9
燃料和能源消耗	2.0	4.3	3.6	自动化和智能化升级	4.4	3.5	2.8
资金投入和回报	1.9	4.5	3.7	高效生产和成本控制	5.0	3.4	3.0
废弃物处理和回收	1.5	3.8	4.2	环境和生态修复	5.1	3.5	3.1
地质勘探与资源评估	1.6	3.9	4.3	数字化技术应用	3.8	2.5	4.1
再生资源利用与开发	1.4	3.7	4.1	人本体验舒适度	3.9	2.6	4.2
土地利用变迁	7.0	3.9	2.8	矿山环境和生态修复	3.7	2.4	4.0
影响当地社区和文化	7.1	4.0	2.9	风险评估和管理	5.5	3.0	3.5
土地利用规划	6.9	3.9	2.8	采矿技术应用	5.6	3.1	3.6
采矿布局和规划设计	4.5	3.5	2.8	资产管理和设备维护	5.4	3.0	3.5

4.3.3　基于 *K*-means 聚类算法的矿山重构设计领域分析

4.3.3.1　矿山重构设计领域分析步骤

① 随机初始化 k 个中心点，假设聚成 3 类，则随机选取 3 个样本作为中心点，如下：

$C_1 = (1.7, 4.4, 3.8)$；

$C_2 = (7.0, 3.9, 2.8)$；

$C_3 = (3.8, 2.5, 4.1)$。

② 计算每个样本到 k 个中心点的距离，将其归入距离最近的那一类，如下：

第 1 轮迭代：

簇 1：(1.7, 4.4, 3.8)、(2.0, 4.3, 3.6)、(1.9, 4.5, 3.7)、(1.5, 3.8, 4.2)、(1.6, 3.9, 4.3)、(1.4, 3.7, 4.1)；

簇 2：(7.0, 3.9, 2.8)、(7.1, 4.0, 2.9)、(6.9, 3.9, 2.8)；

簇 3：(4.5, 3.5, 2.8)、(4.6, 3.6, 2.9)、(4.4, 3.5, 2.8)、(5.0, 3.4, 3.0)、(5.1, 3.5, 3.1)、(3.8, 2.5, 4.1)、(3.9, 2.6, 4.2)、(3.7, 2.4, 4.0)、(5.5, 3.0, 3.5)、(5.6, 3.1, 3.6)、(5.4, 3.0, 3.5)。

③ 计算每一类的均值，作为新的中心点，如下：

C_1 = (1.666 7, 4.1333, 3.933 3)；

C_2 = (7.000 0, 3.933 3, 2.833 3)；

C_3 = (4.688 9, 3.033 3, 3.733 3)。

④ 重复步骤②和步骤③，直到聚类中心不再发生变化或达到最大迭代次数。在此示例中，经过 6 轮迭代，聚类中心不再变化，算法停止。

最终聚类结果：

簇 1：(1.7, 4.4, 3.8)、(2.0, 4.3, 3.6)、(1.9, 4.5, 3.7)、(1.5, 3.8, 4.2)、(1.6, 3.9, 4.3)、(1.4, 3.7, 4.1)；

簇 2：(7.0, 3.9, 2.8)、(7.1, 4.0, 2.9)、(6.9, 3.9, 2.8)；

簇 3：(4.5, 3.5, 2.8)、(4.6, 3.6, 2.9)、(4.4, 3.5, 2.8)、(5.0, 3.4, 3.0)、(5.1, 3.5, 3.1)、(3.8, 2.5, 4.1)、(3.9, 2.6, 4.2)、(3.7, 2.4, 4.0)、(5.5, 3.0, 3.5)、(5.6, 3.1, 3.6)、(5.4, 3.0, 3.5)。

最终计算 SSE 值为 9.64。

4.3.3.2 3 个维度的矿山重构设计领域分析

第 1 簇包含资源消耗问题、燃料和能源消耗、资金投入和回报、废弃物处理和回收、地质勘探与资源评估、再生资源利用与开发 6 组关键词，通过分析这些关键词的共同要素，发现其主要与资源的消耗处理、资源再生有关系，关系着资源开发的各个阶段。

第 2 簇包含土地利用变迁、影响当地社区和文化、土地利用规划 3 组关键词，其重点关注矿山开发的发展过程与变化，和时间的演变相关。

第 3 簇包含采矿布局和规划设计、安全事故风险、自动化和智能化升级、高效生产和成本控制、环境和生态修复、数字化技术应用、人本体验舒适度、矿山环境和生态修复、风险评估和管理、采矿技术应用、资产管理和设备维护 11 组关键词。其主要包含种类非常丰富，如矿山的空间设计规划、智能安全空间打造、舒适度与管理等。

根据这 3 个簇，我们提取每簇内共同要素进行总结，得到时间、空间、资源这 3 个维度的影响因素，为后文重构理念的进一步研究提供了研究领域和关键要素。

4.4 矿山开发中重构理念的主要内容及构成要素

4.4.1 基于重构理念的矿山开发设计模型

从生态资源开发发展历程及资源要素来看，其核心是人与自然的协调与共生，生态资源系统重构设计分为时间重构、空间重构、资源重构 3 个基本层面[153]。从重构理念出发，重新整合和设计了各维度中的构成要素。在此基础上，提出了一种全新的生态资源系统设计模型，即核心—维度—要素三维一体式矿山开发系统设计方法。基于重构理念的矿山开发设计主体框架见图 4.5。

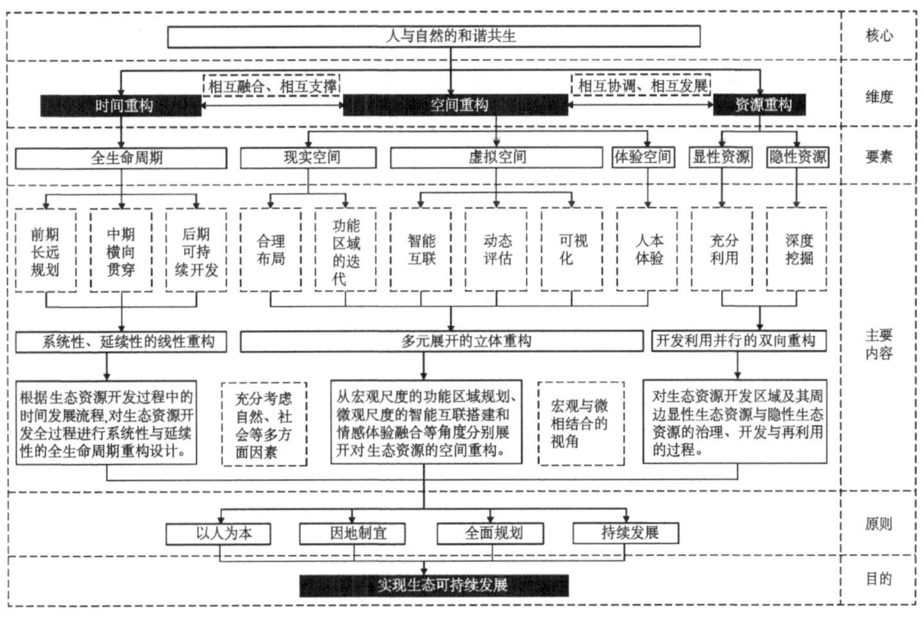

图 4.5　基于重构理念的矿山开发设计主体框架

时间重构是将矿山开发时间线作为基本组成元素，在矿山开发过程中引入了全生命周期的设计模式，由矿山开发前期、中期、后期三个阶段指明了重构设计时间域，具有系统性和延续性。空间重构把现实空间、虚拟空间、体验空间作为空间的构成元素[154]，分别指向以空间的功能布局、资源开发的数字化技术、人本空间体验为主的多元重构，通过时空变化实现不同类型资源间的相互转换，并最终转化为人类生活所需的各种产品或服务。资源重构就是显性和隐性矿山循环利用和综合开发双向重构设计。在矿山开发进程中，时间、空间和资源三者是并列而又互有联系的三个维度，时间重构各阶段全面覆盖现实空间布局、虚拟空间的应用、体验空间设计与资源可持续利用等。通过时空整合，不同类型的自然资源能够实现“共享”，进而形成具有多重意义的“生态价值”。空间重构各环节都是以全生命周期作为规划和延伸的条件，并且和资源重构互相协调，互相发展。从时空视角来看，资源重构是一个动态的系统过程。在资源重构方面，时间重构和空间重构就是其中的重要支撑方法。

4.4.2 时间重构：全生命开发周期的规划布局

时间重构是指在生态资源开发中，将时间开发作为一个进程表来研究，在整个矿山资源开发过程中，进行系统性和延续性生命周期重构设计。传统矿山的开发重点落脚在建设、经营、生产阶段，缺少全局性、前瞻性的观点与谋划，将整个周期的计划与修复治理隔离于开发过程，不利于促进可持续发展。产品全生命周期设计包含设计制造阶段（调研分析、产品设计、加工制造等）、销售和使用阶段（包装运输、产品销售、产品使用等）、售后维护阶段（售后服务、报废与回收处理的过程），将全生命周期设计思想引入生态资源开发流程，使资源的开发全面化和系统化[155]。

把生态资源开发过程分为开发前期、开发中期和开发后期三个时期。针对目前阶段式开发模式存在的缺陷，把实现智能化、自动化的目标融入矿山资源开发总规设计。在一个完整的矿山资源开发周期中，包含了多种形式的矿山可持续设计。在开发前期，以延续性、前瞻性为导向，对矿山进行规划、设计与可行性研究；在开发中期，以系统性、全面性为导向，对矿山进行建设、安装、施工作业与生产运营；在开发后期，以持续性、周期性为导向，对矿山进行复绿治理、资源整合和再利用[156]。时间重构开发框架如图 4.6 所示。

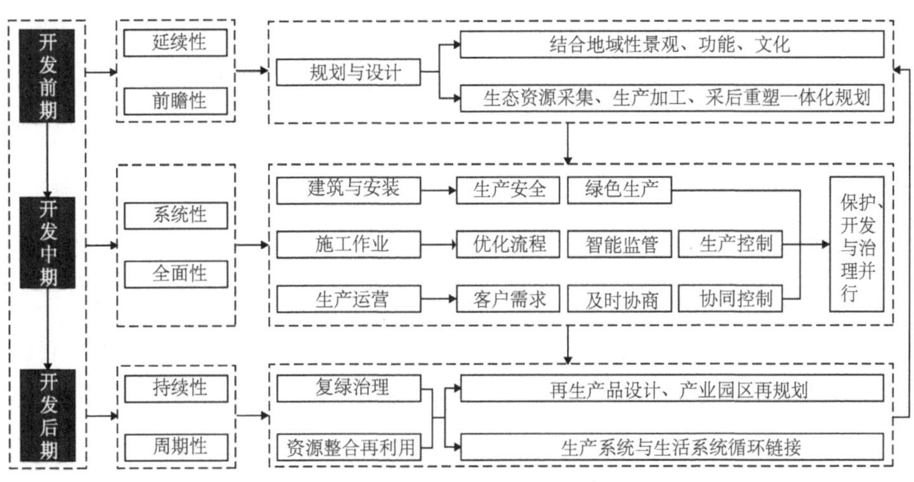

图 4.6　时间重构开发框架

在开发前期，综合开发总体格局的全周期、全过程，从地域性景观、功能、文化等视角出发，对矿山开发项目进行整体规划与设计，满足延续性与前瞻性的要求。对于发展的全周期，从地域性的景观、作用、文化和其他角度事先做出延续性的规定，前瞻性地进行整体规划和设计。将开发前后的不同时期进行对比分析，以达到“时间跨度”“因地制宜”原则的要求，从而避免后期因盲目追求经济效益而造成的生态环境破坏问题。结合已经完成的设计方案，优化开发实施方案和过程控制。在发展过程中，充分考虑开发后的景观和功能，为景观与功能重构预留必要的资源要素，保证研发完成之后的修复工作按照研发之前的设计进行。在开发利用矿山资源前完成开发生产结束后的环境重塑设计方案，使生态资源的采集、生产加工、采后重塑过程浑然一体，成为有机结合的系统化的工程体系。

将生态资源开发作为一个整体来考虑，通过整合各种相关因素进行研究，制定出合理有效的管理方法与措施，使生态资源开发由阶段性规划向系统性开发规划设计发展。通过事前的可行性研究，对各开发阶段共性区域进行规范，为后期资源开发进行完整的延续性设计，避免分段式开发带来的重复建设、烂尾施工、资源浪费等问题[157]。

在开发中期，横向加强各环节之间的联系和协调。把全生命周期的思想贯穿于整个开发中期阶段，横向发挥它系统性、全面性的导向作用。根据规划目标要求进行区域内不同类型生态环境调查评价。放弃生产开发中“先污染、后治理”的传统模式，转向保护、发展和治理并行的新观念。确立全局性的观点和结构，促进设计在诸多方面进行融入与发展，变资源优势为产业优势。在建设和安装期间，采用数据可视化设计、区域规划景观设计，引导安全、绿色生产工作。生产作业时，与加工流程设计相结合，实现过程优化、智能监管和产量控制等。在运输配送环节中，以智能化技术支撑车辆调度、配送管理，将物流信息共享到各相关方手中，提高运力利用率，减少浪费现象。从生产运营视角来看，采用协同创新设计、个性化的系统设计，全面满足客户需求，做好即时线上协商工作、智能派单及生产作业，实现开采、销售和物流、生产系统协同控制。

在开发后期，通过对土地、能源等自然资源以及水、大气和噪声环境的保护，建立良好生态环境。全面促进资源开发的持续性、周期性，使矿山开发过程中的生产系统和生活系统循环链接。根据开发前期对矿山项目的规划，结合实际情况进行调整和实施，充分激发矿山所在地域内其他行业的发展活力，给地方注入可持续发展的新理念，促进当地以矿山为中心，带领其他行业共同发展。对区域内各企业进行改造升级，使其在生态保护方面发挥更大作用。将矿山开发尾矿、废料转化为建筑材料与其他新材料等，开展再生产品设计和产业园区重新规划，实现零废开发。将矿山特有土地地貌与景观、旅游资源相结合，全面进行矿山行业延续再生工作，推动发展循环经济[158]。

4.4.3　空间重构：多维度的系统优化

空间发展在矿山资源开发中占据着重要地位。生态资源具有时空属性，其空间结构特征与人类活动方式密切相关。在矿山开发过程中存在发展不协调、资源粗放利用、环境品质不断恶化等问题，说明生态资源开发利用的空间布局有所欠缺。通过对相关研究文献进行梳理发现，目前对于生态资源空间重构内涵的认识还不够清晰。生态资源空间重构从宏观尺度上可理解为功能区域规划，从微观尺度上可分为智能互联搭建、情感体验融合两个角度。在空间概念被全新解构的基础上，把生态资源空间重构分为对于现实空间、虚拟空间和体验空间的重构。空间重构开发框架如图 4.7 所示。

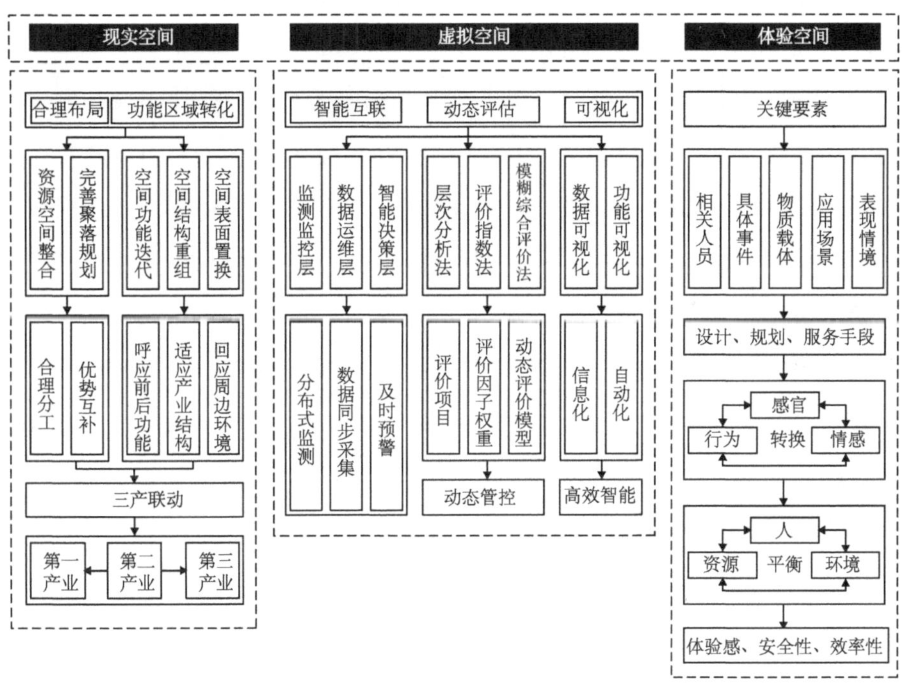

图 4.7　空间重构开发框架

现实空间是生态资源实体空间的总称，就是要把区域功能作为根本的载体，在进行资源开发时，提供生产、生活场所、设施等环境条件。现实空间重构的根本在于矿山资源开发空间的合理布局和功能区域的转换迭代。基于矿山资源开发实践需要，提出现实空间重构理念及策略。空间重构需要强化矿山资源的空间整合、完善产业功能空间布局、改善空间聚落规划，实施主体功能区战略，形成优势互补的空间区域功能布局。同时要重视空间布局问题在矿山资源开发中的影响，在空间布局过程中注重自然生态系统保护和修复，强化绿色低碳理念。通过空间功能迭代、空间结构重组和空间表面置换等方法优化生态资源开发流程，将产业战略开发需要与生态资源开发相结合，探索生态资源开发过程中的功能转化规律，形成与产业结构相适应、与周围环境相对应、与前后期作用相呼应等原则，推动工业功能用地向生态农业、生态文旅用地的转化。并将第二产业作为功能实现的基础，实现从功能空间到第一产业、第三产业的转换延伸，促进三产联动发展，形成“一体两翼”资源开发新格局。

虚拟空间就是人们在开发矿山资源时，利用现代化信息技术将真实世界逻辑地映射出来的空间。从形式上看，它是一个纯粹由数字信息构造的几何维度[159]。就矿山资源的开发而言，借助数字化转化技术，将矿山资源开发数据在虚拟数字化空间中整合与重构，并对整个开发过程进行协同化控制、智能化调度、可视化监测等。对虚拟空间进行重构，主要将监测监控层、数据运维层和决策应用层作为物联网智能互联的整体构架，通过大数据评估分析来反映矿山开发动态评估[160]，利用虚拟现实、三维立体建模实现数字可视化。以物联网技术为基础，通过智能传感器进行水体、粉尘的检测，同步获取大气、噪声等矿山资源开发中的地球物理多源数据信息。采用无线通信和工业互联网相结合的形式，构建远程环境监测网络，实现不同区域之间的数据传输与共享。将传感终端通过有线或者无线的方式组网，实现多场信息的网络化分布式监测，确立影响矿山资源开发、生产有关的数据监管系统，实时预警生态资源开发中产生的环境问题。

同时，对虚拟空间产生的信息数据进行动态评估。根据目前生态资源开发中所暴露的问题，结合生态、环保、经济、安全、社会等综合因素，通过层次分析法（AHP）确定生态资源开发评价项目、评价因子及权重。运用综合评价指数法、灰色关联度分析法、模糊综合评价法等数学系统方法建立生态资源开发动态评价模型。结合动态采集数据，进一步对生态资源开发的环保、安全、生态等指标通过自动化或人工的方式动态地作出评价，完成多维度的生态资源开发动态监控及参数化评价，从而实现对生态资源开发的管控。利用数字化技术将生态资源开发数据可视化。对接入平台的数据信息进行智能处理，结合数据系统与实际需求进行数据可视化、功能可视化等不同阶段的可视化呈现。降低信息的读取与操作的学习成本，最大限度地避免误读取、误操作的发生。充分提高生态资源开发的自动化、智能化、信息化水平，实现高效、智能、安全生产[161]。

体验空间是指在情感的基础上，人们对于所处矿山开发环境之间的情感体验交互作用，也就是人本体验空间的设计[162]。矿山资源开发中存在着大量的数字和非数字层面的空间信息，需要借助人的感知来表达和存储，并使之得以有效利用。体验空间重构围绕着所有与矿山资源开发有关的人、特定事件、物质载体、表现情境和应用场景中的主要内容，以参与各开发阶段的设计、规划和服务，对人的感官、行动进行情感间再建构，从而实现人性化地保持人、资源、环境间平衡的宗旨[163]。矿山资源开发是一个复杂系统，需要综合考虑各种因素和关系。它涵盖了人体工程学、设计学、环境学、生态学等多个学科及其他诸多研究方向，根据矿山资源开发工况、装备利用情况、操作流程及周围辐射效应对矿山开发过程进行人性化体验规划设计。体验空间的重构包括排除直接影响体验的开发现场噪声、有害污染和其他不良影响因素，减少对自然环境的影响，减轻对工作员工和周围居民的身心健康的影响。同时优化开发布局、人机交互等，提高整体安全性和效率[164]。

4.4.4　资源重构：充分利用与深度开发的资源重组

根据矿山资源呈现方式的不同，可将矿山资源划分为矿山显性资源和矿山隐性资源两大类。所谓矿山显性资源，是指可以被直接认知和挖掘的实体资源，例如水资源、空气资源和地质资源。矿山隐性资源是指藏在实体下无法直接感知并需转化开发的虚拟资源，它包括信息资源、文旅资源和农业资源[165]。资源重构就是要通过一定方式来改变或重新整合矿山资源所包含的各种要素，从而使之成为新的经济增长点，并为企业创造价值。所以资源重构是指对生态资源开发区域及周边地区显性资源和隐性资源进行管理、开发和再利用的过程。资源重构也同时以“空间—时间”为维度进行，促进生态资源开发进程中显性资源的有效挖掘和废弃物的转化。同时，对潜藏的未开发资源加以充分挖掘，可以使生态资源得到可持续发展[166]。资源重构开发框架如图 4.8 所示。

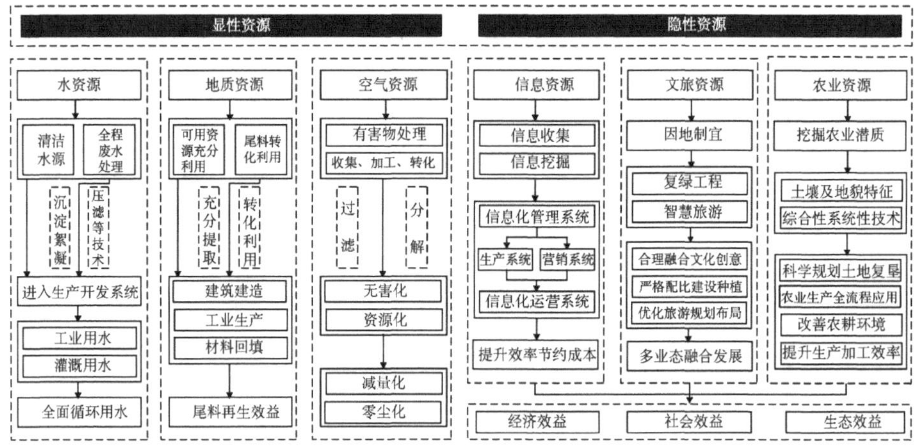

图 4.8　资源重构开发框架

① 对矿山显性资源进行充分循环利用，达到资源高效清洁利用和废弃物无害化、减量化、资源化。在固体废弃物回收利用方面，应以废治废。就水资源利用而言，节省清洁水源，并且在开发全过程中进行以污染废水为对象的水处理。利用沉淀和絮凝、压滤及其他工艺方法，确保处理过的水能重新流入生产开发系统，转化成工业用水、灌溉用水等，使得生产开发的全过程充分循环使用水，减少清洁水资源的消耗，达到废水零排放的目的。

地质资源经处理产生可再生利用的矿物尾料。对尾料进行分级筛选和合理处置是实现尾料再回收利用的前提，利用自身或其内部残留的可用成分进行充分的提取和转化利用，并对尾料进行分级处理，将其以各种形式运用到各行业中去。根据不同等级进行筛选和转化，它可以应用于建筑建造、工艺生产、材料回填等领域。

在进行矿山开发和加工生产时，它能在空气中生成大量危害性严重的颗粒物。针对目前我国矿山开采及加工企业排放的废气，通过采集、加工和改造，利用筛选、制粒及其他工艺技术，实施无害化和资源化处理以达到发展的目的，实现生产和加工过程零尘化，最大限度地利用资源。

② 对矿山隐性资源进行深度挖掘和开发，推动矿山资源充分利用开发。信息资源挖掘就是在生态资源开发中，通过数据收集对信息资源进行再利用。以“绿色开采”为导向，对矿山规划设计、生产流程及营销渠道等环节实施信息化管理，建立基于大数据分析平台的智能化信息系统，从而有效地提高生产管理效率和经济效益。在这一过程当中，运用生产销售的相关资料来建设信息化运营系统，促进生产系统和营销系统衔接，达到多系统方便交流的目的，形成客户定制柔性化生产模式，达到提高生产效率、节约生产成本的目的，实现良性循环[167]。

文旅资源发掘围绕着整体发展过程中涉及的区域文化特色展开。具体而言，可从生态保护、历史传承、人文底蕴等多个方面入手开展研究工作。这些要点包括：将复绿景观工程和智慧旅游进行整合。在此基础上，通过对地域自然风貌以及人文特征的分析研究，将两者相结合，形成具有地方特色和时代感的复合生态系统。在两者融合发展进程中，基于开发以后的地形地貌特点，对复绿治理景观设计进行科学规划，创造观光亮点。通过对传统建筑风貌保护和利用技术的研究，构建具有地方特色的生态博物馆。与新兴技术手段相结合，实现文化创意的合理整合，根据各地的历史、文化、气候、地质及其他条件确立地域性的复绿周期和旅游规划布局，使环境复绿和文化建设同步进行。在文旅资源的加持之下形成信息、体验创新方法，对文化形态进行整合，推动了多业态融合发展[168]。

农业资源的发掘则以矿山资源开发地点的土壤地貌和气候特征为依据，因地制宜进行农业用地的开发和建设，使矿山开发的进程具有综合性。将系统性技术手段应用到农业生产全过程中，科学规划土地复垦工作，改善农耕环境，提高农产品的生产加工效率等，以此达到经济效益、社会效益和生态效益同步发展、不断提高的目的[169]。

第5章 矿山开发可持续重构设计模式建设研究

本章旨在利用矿山可持续重构设计的特征和优势，通过将智能技术应用于矿山设计场景中，形成矿山开发可持续重构设计模型。本章将从矿山开发可持续重构设计的思路出发，建立三层次的矿山开发可持续设计框架，并通过对矿山可持续开发全生命周期及重构设计内容的研究，梳理出重构设计的关键机理，进而构建矿山开发可持续重构设计的新模式。

随着社会发展与技术升级，矿山可持续开发所面临的问题从单一的开采环保技术问题转变为技术更新、社会发展、经济增长的复合系统性问题。重构理念在矿山开发过程中有多样的接入时机及表现形式，提高了设计参与矿山场景的效率和解决矿山综合系统问题的能力。通过智能技术与矿山设计场景的结合，形成矿山开发可持续重构设计模型。本章将从矿山开发可持续重构设计的思路出发，通过对矿山可持续开发全生命周期以及重构设计内容的研究，梳理重构设计关键机理，构建矿山开发可持续重构设计新模式。

5.1　矿山开发可持续重构设计思路

5.1.1　矿山开发可持续重构设计的特征和优势

矿山开发的可持续重构设计结合低碳经济、生态经济、循环经济等理论，根据矿山生产和使用的特点，在实践中不断整合、不断升级。其核心就是要建立一种新的理论范式，即把“可持续”作为一种理念贯穿于整个矿区发展过程之中，并发挥设计参与优势。矿山开发可持续重构设计具有如下特征与优势（图 5.1）。

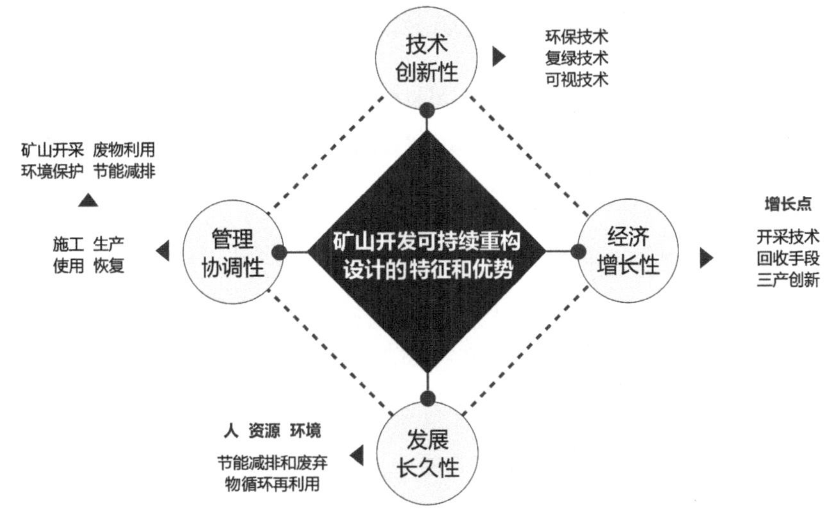

图 5.1　矿山开发可持续重构设计的特征和优势

① 技术创新性。可持续技术创新对矿山可持续开发具有直接的促进作用，重构设计结合矿山开采和使用特点，统筹开展多项可持续技术研究，建立技术支撑体系，以技术进步促进矿山经济可持续发展。

② 管理协调性。矿山管理贯穿于矿山全生命周期的设计、施工、生产、使用、恢复等各个环节。通过设计协同对可持续建设中的矿山开采、废弃物利用、保护生态环境、节能减排等各方面进行全方位管理。通过重构设计进行全面管理和创新，确保智能技术得到切实应用，实现可持续建设。

③ 经济增长性。通过重构设计促进矿山可持续发展，从长远来看其目的是提高矿山企业生产效益。通过智能矿山建设，实现矿山开发自动化，提高矿山开发效率；通过资源回收技术，将废矿转化为再生财富；通过空间景观设计，将工业用地转化为文旅、农业用地，提高矿山综合收益。

④ 发展长久性。重构设计可以通过矿山可持续开发，实现矿山的长久发展。矿山开发与环境保护之间的矛盾越来越突出，通过重构设计加强矿山开采期间的节能减排和废弃物循环再利用，减少对环境的扰动，保障生态环境的稳定性，形成长期可持续性发展模式。

5.1.2 矿山开发可持续设计的功能需求

随着技术的不断进步和创新，矿山的开采方式也发生了巨大的演变，促进了矿山智能化升级。但此过程中，仍然存在着环境污染和安全生产等问题。因此，新时期的矿山开发需要满足新的可持续需求。

①在矿山的可持续开发中需要减少对周边环境的影响，提高矿山开采生态环境的可控能力。矿山开发需要在矿山设计、建设、开发、利用和报废的全过程中，有计划地、有目的地规划，减少矿山开采和利用过程中对生态环境的影响，控制对生态环境的影响程度。

②在矿山的可持续开发中需要保障安全。矿山开发需要提升安全保障水平，保障矿山正常生产、人民生命财产安全，预防如瓦斯爆炸、顶板冒顶、采空区发火、矿井突水、地面塌陷和崩塌等灾害风险。

③在矿山的可持续开发中需要提高对矿山资源的开发和利用。矿山开发需要实现多资源共生开发，将矿产资源开采与其他资源的综合利用相结合，充分利用伴生资源和其他资源的优势，实现资源的综合利用和经济循环。

④在矿山的可持续开发中需要兼顾低碳节能环保。矿山开发需要通过实施“减量化”“再利用”和“再循环”等措施，尽可能地节约生产全过程中的能源并降低能耗，发展、运用多种节能技术，达到节能降耗的目的。

⑤在矿山的可持续开发中需要提高智能技术利用与效率。矿山开发需要一个结构清晰、功能全面的智能系统架构，充分利用技术解决关键问题，建立简单实用、分类清晰的可视化处理系统。

5.1.3 矿山开发可持续重构设计的驱动因素

矿山开发可持续重构设计的主要影响主体来自政府监管部门、矿山企业、当地社区。这三者通过不同形式驱动矿山可持续发展，影响重构设计的发展方向和路径。矿山开发可持续重构设计的主要驱动因素如图 5.2 所示。

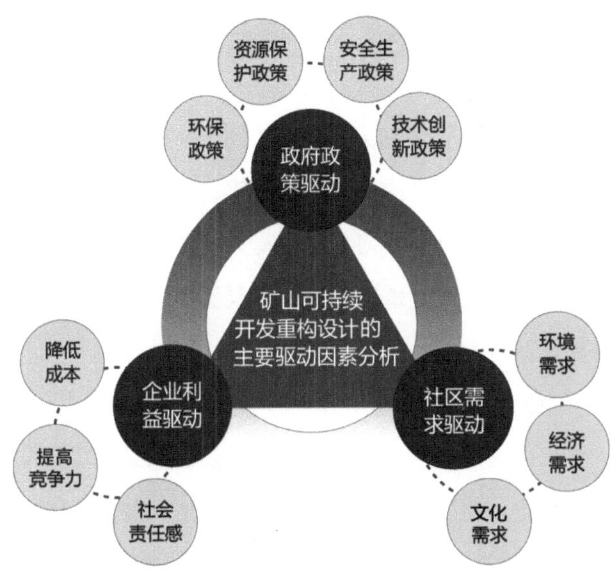

图 5.2　矿山开发可持续重构设计的主要驱动因素

5.1.3.1　政府政策驱动

政府在推动矿山可持续开发的过程中扮演着重要角色，因为政府的政策和法规可以对矿山未来开发的方向和模式产生深远的影响，并且强制执行。其主要表现在以下几个方面。

（1）环保政策

针对环境问题，政府出台了严格的环保法规和政策，这些法规和政策对矿山开发的影响非常显著。例如，在矿山的选址、采矿、尾矿处理等各个环节都需要遵守相关环保法规和政策，以达到对环境的最小化影响。政府对矿山企业的环境监管力度越来越大，使得矿山企业不得不通过重构设计来确保符合环保法规和政策。

（2）资源保护政策

作为矿山开发的主体，矿山企业需要遵守相关的资源开采法规和政策。为了确保矿产资源的可持续利用，政府出台了一系列限制性政策。例如，对于某些稀有金属或非金属矿物的开采，政府会实行严格的配额管理，控制其开采量。这就要求矿山企业通过重构设计，提高矿产资源的回收率和利用效率。

（3）安全生产政策

矿山开发是一项危险性较大的工作，事故随时可能发生。为了确保矿山开发的安全，政府出台了一系列安全生产法规和政策，如《中华人民共和国矿山安全法》等。政府对矿山企业进行安全检查和监管，对不符合安全标准的企业进行处罚和关闭。因此，矿山企业通过重构设计，提高工作场所的安全性和安全保障能力，防范事故的发生。

（4）技术创新政策

随着科技的进步和应用，许多新兴技术正在被引入到矿山开发中。政府鼓励矿山企业进行技术创新，提高开发效率和资源利用率。例如，矿山企业可以采用新型矿山设备和自动化采矿、无人驾驶等技术，提高生产效率和安全性。政府的技术创新政策促进了矿山企业对于重构设计的需求和实践。

政府政策驱动是矿山开发可持续重构设计的重要驱动因素之一，同时也是矿山企业进行重构设计的内在动力。在未来的矿山开发过程中，相关法规和政策要求矿山企业进行创新和重构设计，促进矿山在环保、安全、科技方面的发展，以实现矿山可持续发展的目标。

5.1.3.2 企业利益驱动

为了提高矿山收益，规避开发风险，许多矿山企业开始注重矿山的可持续开发，通过重构设计来提高矿产资源的回收和利用效率，同时减少对环境的影响。企业利益驱动是矿山开发可持续重构设计的重要驱动因素之一，是矿山企业进行重构设计的内在动力。其主要表现在以下几个方面。

（1）降低成本

矿山企业进行重构设计，一方面可以提高生产效率，另一方面可以减少成本。例如，通过改进矿山设备和技术，可以减少能源消耗和人工成本，从而使得矿山企业的运营成本降低。此外，矿山企业还可以通过重构设计，减少废弃物和污染物的产生，将废弃资源进行转化，降低环保费用和罚款等成本，从而实现盈利最大化。

（2）获得市场竞争力

随着矿山市场的不断发展和竞争的加剧，市场竞争力已经成为矿山企业不可忽视的因素之一。矿山企业通过重构设计，提高矿产资源的回收率和利用效率，提高矿山运行效率，从而能够在市场上获得更多的竞争力。

（3）社会责任感

矿山企业承担着社会责任，在进行矿山开发的过程中，必须考虑到对当地环境和社区的影响。为了提高社会影响力，矿山企业需要对矿山进行重构设计，减少对环境和当地社区的负面影响，并确保当地环境的和谐友好，加深与周边社区的融合。通过实行可持续开发，矿山企业不仅能够满足社会的要求，还可以提高企业形象和声誉，从而增加消费者的认可度。

5.1.3.3　社区需求驱动

社区需求驱动是矿山开发可持续重构设计的外在驱动因素。矿山企业与当地社区有着非常密切的关系，社区需求包含社区居民对于环境、健康、安全和经济等各方面的期望和需求，这些需求将推动矿山企业进行可持续开采，实现资源合理利用，减少对环境的影响，同时提升当地社区的福利水平。

（1）环境需求

矿山开采过程中会产生大量尾矿、渣滓等固体废弃物，并排放出大量废水、废气等污染物质，严重影响附近居民的生活环境质量和健康风险。当地社区居民期望矿山企业通过技术创新和管理改进控制污染，减少废弃物的产生和污染物的排放，保护当地生态环境和社区居民的健康。

（2）经济需求

矿山开采对于当地经济具有重要意义，可以为当地政府带来税收和就业机会，并且提高当地社区的收入水平。社区居民希望能够从矿山开采中获得经济利益。

矿山企业可以通过实行可持续开发，提高资源回收率和利用效率，减少浪费，从而增加经济效益，同时提高当地社区居民的收入水平。

（3）文化需求

矿山开采过程中对社区原始面貌进行破坏，可能会对当地社区的生活和文化造成影响。社区居民希望矿山企业能够充分考虑到社区的历史和文化价值，避免对社区生活方式和文化传承造成不利影响。同时，矿山企业也应该积极参与社区公益事业，回馈社区，增强社会责任感。

5.2 矿山可持续开发流程及重构设计框架

5.2.1 矿山可持续开发生命周期

矿山可持续开发生命周期是一个复杂的流程，涉及大量的人力、物力和时间，包括普查找矿、地质勘探、可行性研究、矿山设计、矿山建设、矿山生产及改扩建、减产和闭坑等阶段，如图 5.3 所示。

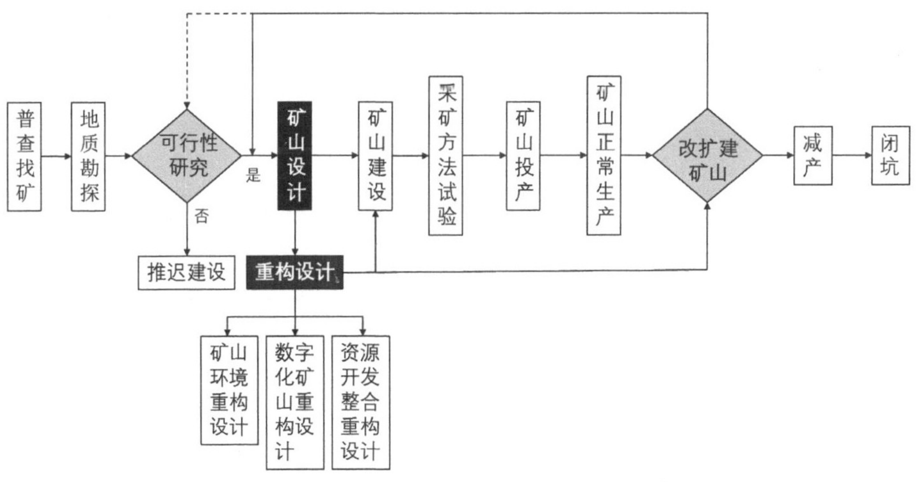

图 5.3 矿山可持续开发流程

矿山设计是矿产资源开发过程中一个非常重要的程序，也是矿山建设前的一项全面规划工作。其基础是地质勘查成果，其要全盘确定矿山开采工艺（技术）及设备等。矿山设计是一项综合性工作，其全面规划包括矿山工程中生产、管理、技术、经济等各个方面，旨在确保矿山企业的可持续发展。矿山设计不仅仅只存在于矿山初级阶段，当矿山需要增添功能时，也需要对矿山进行重构设计。矿山重构设计主要包括矿山环境重构设计、数字化矿山重构设计、资源开发整合重构设计[170]。

5.2.2 基于规划—系统—输出的三层次重构设计框架

矿山开发可持续重构设计框架主要由规划层、系统层和输出层三个层次构成。规划层旨在定义矿山开发可持续设计的目标与原则，并通过可持续重构设计对矿山系统进行优化与改造，以达到环境优美、资源循环利用、友好开发途径、良好企业形象和数字化矿山等多个目标。在政府政策、企业利益和社区需求等驱动因素下，通过重构设计与人一资源一环境协同发展完成目标。

系统层包含设计机理与实现途径，主要涵盖矿山环境的重构设计、数字化矿山的重构设计及资源开发整合的重构设计。其中，矿山环境的重构设计旨在提高矿山生态环境质量，减少环境污染和生态破坏；数字化矿山的重构设计则着眼于提升矿山信息化水平，加强数据采集与处理能力，促进智能化管理水平的提升；而资源开发整合的重构设计则侧重于通过设计评价手段提高资源利用效率，推动矿山向可持续发展方向转型。

输出层是系统层的表现形式，是矿山开发可持续重构设计的具体呈现形式。其中包括空间重构设计、可视化重构设计和评价重构设计。空间重构设计主要涉及功能布局、区域规划和景观绿化等方面，以实现对矿区内各项活动的优化与调整；可视化重构设计则是将矿山重构后的数据处理，通过直接、高效的形式进行展示；评价重构设计则是利用设计评价，对矿山开发的可持续性进行评估。矿山开发可持续重构设计框架如图 5.4 所示。

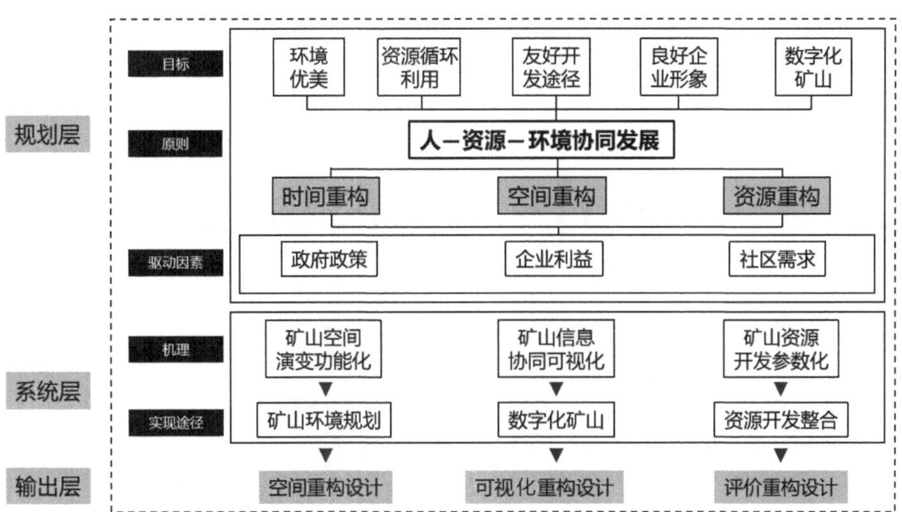

图 5.4　矿山开发可持续重构设计框架

5.3 矿山开发可持续重构设计机理及技术支撑

重构理念在矿山可持续开发过程中的应用，主要是矿山环境重构设计、数字化矿山重构设计和资源开发评价重构设计等。其目的是打造智能化、自动化的数字矿山，并实现矿山生态环境和谐。因此，矿山开发可持续重构设计的关键机理在于以下三个方面（图 5.5）。

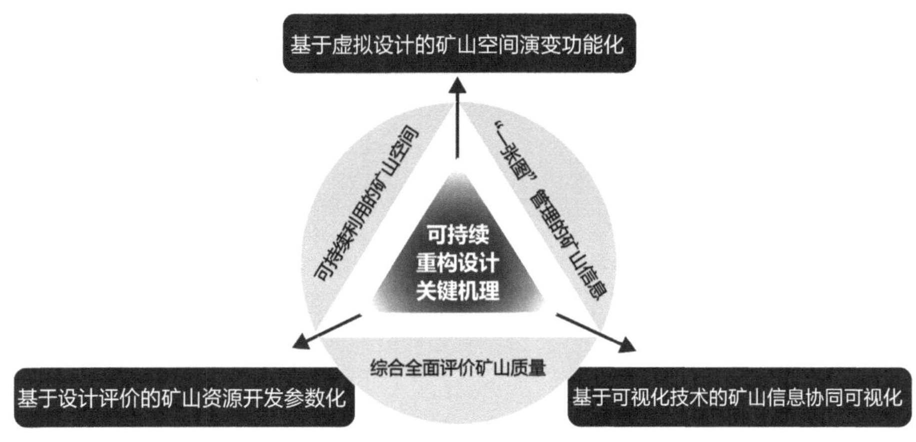

图 5.5　矿山开发可持续重构设计关键机理

5.3.1 基于虚拟设计的矿山空间演变功能化

由于矿山建设开发周期特别长，且投资所花费的时间、财力、人力成本特别高，因此做好矿山系统的空间设计尤为重要。由于矿山的开发生产对当地的植被、生态环境、社区造成巨大的破坏，废弃矿山的空间升级改造需要对原有生态系统进行修复，且时间漫长，经济成本很高。

虚拟设计技术是基于计算机支撑的仿真技术，利用模拟软件，能够快速地、实时地模拟出产品造型设计，从而预估产品性能、生产成本、制造可行性、维护便利性以及可拆解性等。虚拟设计能够有效提升产品设计的成功率，以达到产品的开发周期及成本的最小化。

因此在矿山建设项目的全生命周期中，通过虚拟设计技术模拟空间的功能化演变来减少矿山重复建设，降低矿山空间可持续利用成本。通过矿山空间布局的设计、园林景观的选择，来实现矿山空间演变的功能化，进而更加有效地实现演变进程的可控化。对矿山进行全生命周期的空间管理，最关键的是在设计阶段就要以功能视角从策划阶段到矿山废弃阶段的整个生命周期，寻求综合最优的空间设计解决方案。

5.3.2　基于可视化技术的矿山信息协同可视化

目前大多数矿山对生产设备已经进行了初步的自动化升级，矿山出现了信息数据孤岛等问题。矿山生产过程中数据来源复杂，数据质量参差不齐，没有有效地分类，存在数据缺失、冗余、重复等问题，容易使操作者产生疑惑。

通过数据可视化技术将数据转换成图形或图像显示在屏幕上，然后进行交互处理。矿山信息协同可视化是指在矿山采矿、管理、调度、维护等各环节中运用信息技术，将矿山生产过程中的各类数据及时收集、处理、归类、分析，并通过可视化技术展现出来，以实现生产过程的透明化、信息化、精准化。矿山信息协同可视化可以提高生产效率。矿山信息协同可视化可以通过实时监控、数据分析等方式，进行优化调整和管理，从而提高生产效率，降低生产成本。矿山信息协同可视化可以将矿山生产各环节的信息进行整合，对矿山资产、资源等进行精细化管理，提高矿山生产效率。

5.3.3 基于设计评价的矿山资源开发参数化

矿山资源开发是一个复杂的过程，涉及众多的因素，包括地质条件、矿石品质、开采技术、环境因素等。同时，由于矿山开发成本高、周期长，应对矿山开发进行阶段性的可持续评价。设计评价是指设计过程中，对解决设计问题的方案进行比较、评定，以便及时选出最优解决方案的过程，其优势主要体现在以下几个方面：一是设计评价的综合性与全面性，评价需要包含矿产资源量、质量、利用率、安全生产水平、环境保护、社会责任等多个方面的指标，从而避免出现评价的疏漏和片面性；二是可以提高矿山开发的质量，通过全面评估和分析，可以发现和解决矿山开发过程中可能出现的问题。

基于设计评价的矿山资源开发参数化，是一种将矿山资源开发的各个环节进行量化、模型化，以便于对矿山进行全面评估和分析的方法。首先，需要建立一个全面的评价体系，包括经济、技术、环境、社会等多个方面；其次，需要利用评价方法对矿山开发中的大量模糊数据进行定性、定量处理，实现矿山信息的参数化和可评价化；最后，需要结合实际情况，进行合理的调整和优化，使矿山设计方案达到最优。

5.4　矿山开发可持续重构设计内容

矿山开发可持续重构设计内容主要包含矿山环境重构设计、数字化矿山重构设计、资源开发整合重构设计，涵盖了矿山在开发利用过程中可持续设计的重点关注领域（图 5.6）。

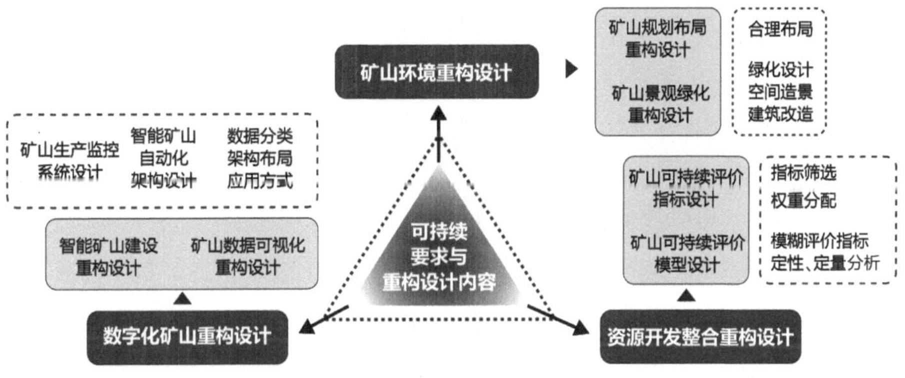

图 5.6　矿山开发可持续重构设计内容

5.4.1　环境重构：空间规划与景观设计

矿山环境重构设计主要涉及矿山区域的布局和景观绿化等方面。在矿山环境重构设计中，矿山区域的布局是一个非常重要的考虑因素。布局应当合理、安全，同时也需要优化资源利用和提高生产效率。在设计中，需要综合考虑矿区内不同功能区域的分布情况，并结合地形地貌等自然因素进行规划设计。景观美化是矿区环境重构设计的另一个关键因素。在美化方面，可以通过艺术景观设计、建筑造型搭配等方式，为矿区增添美感和活力。

5.4.1.1 矿山规划布局的重构设计

矿山规划布局的重构设计内容最主要的就是矿区开发规划和功能分区布局的合理设计。在设计过程中，矿区地面总体布置应结合国土空间规划、周边相邻企业、社区等位置关系以及场地作用进行，充分考虑周边社会服务设施、服务系统规划和建设情况，减少重复建设。

矿区设计应按办公区、生产区、生活区和生态区等功能分区分布，各功能区应符合《工业企业总平面设计规范》（GB 50187—2012）规定，应运行有序、管理规范。矿山规划布局的重构设计对厂址选择、总平面布置、运输线路、竖向设计、管线综合布置、绿化布置等方面进行系统性设计。将工业园区各设施按不同功能和系统分区布置，形成了生产区、办公区、生活区和生态区等功能分区，这些功能分区构成一个相互联系的有机整体。

5.4.1.2 矿山景观绿化的重构设计

矿山景观绿化的重构设计包含矿区范围内的景观空间设计，其中包括对生活区、生产区、管理区及生产辅助区等区域的空间设计，其中包括绿化设计、空间造景和建筑改造。

绿化设计强调绿化和美化矿区，使矿区整体环境整洁优美。矿区景观与周边自然环境要统一协调，植物搭配要符合矿区所在地气候条件，能够有效净化空气，调节温湿度以及达到视觉上的美感。

空间造景强调造景与周边自然景观相协调。根据气候及地形地貌等自然条件，因地制宜开展景观设计，利用所在地区地形、地貌、水体、植被等自然人文条件，合理设置景观装置。

建筑改造是指对矿山厂区内的建筑进行设计与改造，包括办公楼、厂房、生产设施、储存仓库、围墙等。设计改造主要包括立面的设计、功能的转变、结构的设计改造。

5.4.2　数字化重构：智能矿山系统与可视化设计

数字化能够从技术上保障在矿山可持续开发过程中提高效率和降低成本，是绿色矿山建设的重要动力。数字化矿山的目的是使生产处于最佳状态和最优水平，综合考虑生产、经营、管理、环境、资源、安全和效益等各种因素[171]，因此矿山企业要针对数字化生产、经营和管理信息等内容对矿山进行重构设计，提高其整体效益、市场竞争力和适应能力。

5.4.2.1　智能矿山建设的重构设计

智能矿山建设的重构设计，就是以安全、高效、环保、健康为目标，运用先进的测控、信息和通信技术，对矿山的生产管理系统进行设计升级，打造包含矿山智能监控、可视化平台等子系统的自动化架构。

要根据矿山环境设备的功能分类、管理便利性、操作方便性进行智能矿山架构重构设计，对矿山运营状态、生产状态、环境状态进行监控，实现高效完整的智能矿山建设平台，对生产、设备、质量、安全等方面进行实时、动态、统一的监控，服务于企业运营，为企业的精益生产、安全提供技术保障和信息支持。

5.4.2.2　矿山数据可视化的重构设计

矿山数据可视化的重构设计主要是对矿山智能化产生的数据进行整合、分类、分析以及进行布局排版、色彩搭配、数据分类解析、数据展现方式的设计。根据信息性质和数据功能，对矿山智能化产生的数据进行整理分类，搭建矿山数据可视化的设计架构，从数据可视化的应用形式和应用载体方面对可视化内容进行重构设计。矿山数据可视化重构设计能够使数据读取显示更加简洁直观，提高管理效率。

5.4.3 资源整合重构：可持续开发评价设计

矿山建设和开发是一个长期的实践过程，具有周期长、成本高、影响深远等特点。矿山设计在实施过程中存在较大的时延性，导致设计方案的优势和不足难以准确把握。设计评价作为一种高效且实用的设计方法和工具，能够对设计方案的实际效果进行评估。因此，对矿山开发过程进行及时的可持续性设计评价有助于矿山设计更好地发挥协同作用。

5.4.3.1 矿山可持续评价指标设计

矿山可持续评价指标的设计，是矿山行业实现可持续发展的重要环节。它主要从全方位的角度，对矿山的可持续因素进行系统整理和评估，以确保矿山在生产过程中，能够兼顾经济、社会和环境三方面的利益。

评价指标需要包含矿山开发过程中环境、生态、资源、企业、社会等各方面的指标因素。其次，为了保证矿山可持续评价指标设计的科学性和合理性，需要对这些领域进行适当的权重分配。权重分配的依据，主要是各领域的紧迫性、影响力和实施难度等因素。

5.4.3.2 矿山可持续评价模型设计

矿山可持续评价模型设计内容主要包括对各种模糊评价指标进行定性、定量确定，以及能够处理各类非确定性问题。矿山可持续评价模型设计要求对各种评价指标进行定性定量确定。这一步骤的目的是确保评价指标的科学性和客观性。这样，就可以在保证评价全面性的同时，提高评价的准确性。其次，矿山可持续评价涉及的问题往往非常复杂，很难用传统的数学模型进行精确描述。因此，评价模型设计需要具有较强的适应性，能够处理各类非确定性问题。

第6章 矿山开发可持续重构设计及评价方法构建

本章主要阐述了矿山开发可持续重构设计及评价方法构建。从矿山设计实践途径出发，围绕矿山空间演变功能化、信息协同可视化和资源开发参数化这三个方面，探索矿山开发可持续重构设计策略。本章在梳理实践途径与方法的过程中，分别对矿山空间重构设计、矿山信息可视化重构设计、矿山开发可持续评价体系设计进行了深入探讨，形成了矿山开发可持续重构设计的思路、具体设计路径以及设计要素。通过完善矿山开发可持续重构设计及评价方法、策略，为矿山可持续设计实践奠定理论基础。

本章将围绕空间演变功能化、信息协同可视化和资源开发参数化这三个方面，从矿山设计的实践途径出发，探索矿山开发可持续重构设计方法与策略。通过对矿山空间重构设计、矿山信息可视化重构设计以及矿山开发可持续评价体系设计的构建和梳理，形成了矿山开发可持续重构设计思路、具体设计路径以及设计要素。本章完善了矿山开发可持续重构设计及评价方法、策略，为矿山可持续设计实践奠定了理论基础。

6.1 全生命周期的矿山空间重构设计

6.1.1 矿山功能空间形态的重构演变及组合

对矿山空间进行重构设计最主要的进程就是对矿山功能空间进行改变、重组，从而实现矿山不同区域的功能的转变。基于虚拟技术，可以通过数字化软件对矿山空间进行建模渲染，在规划阶段完成矿山未来空间设计，实现不同阶段的矿山功能空间形态的重构演变及组合。矿山功能空间形态的重构演变及组合主要是设计模式的转型、设计理念的转型以及设计功能的转型，促使矿山进行全生命周期的、复合的功能利用（图 6.1）。

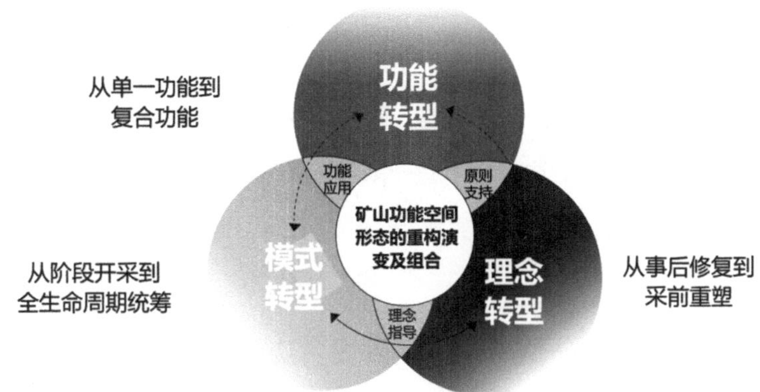

图 6.1　矿山功能空间形态的重构演变及组合

6.1.1.1　模式转型——从阶段开采到全生命周期统筹

目前矿山建设通常指矿山施工、安装、开采等环节的合并总称。在矿山开采过程中，会涉及地质勘探、矿石开采、矿产加工和资源利用等一系列环节，每个阶段的重新施工都需要消耗大量的人力、物力、财力和技术资源。同时，矿山在不同阶段的开采也会反复对周边环境、生态系统和社会生活等方面造成影响。因此需要采取科学的空间规划、严格的环境保护和社会管理等措施来降低影响并实现可持续发展。

基于虚拟技术，可以对矿山进行全生命周期空间设计，不局限于矿山目前阶段的规划设计，从现在眺望未来规划。全生命周期空间设计可以确保矿山的可持续性发展，让矿山的规划和运营更加科学、高效和环保，在整个生命周期内最大限度地减少对环境的影响，保障人们的生命和健康，同时也可以实现企业的可持续发展[172]。

6.1.1.2　理念转型——从事后修复到采前重塑

传统矿山建设模式并没有把矿山的修复、再利用阶段列入矿山开发计划。经过长时间的生产加工，矿山开发行为对矿山地区周边的生态环境造成了大量的污染，包括水污染、粉尘污染、植被破坏、地质面貌改变等。大多数矿山停止生产后并未及时进行补救性的修复，导致矿山采后环境修复难度、成本极高。对于可持续性问题，在矿山开采和修复过程中，不能只关注短期的经济利益，而忽略对环境和生态系统的长期影响。因此，为了避免矿山事后修复带来的这些弊端，应确立“边生产，边复绿”的开采理念，在矿山开采前，基于虚拟技术，制定全面的环境保护计划，并切实执行，以降低矿山开采对环境和生态系统的影响。

6.1.1.3　功能转型——从单一功能到复合功能

矿山是矿产资源的具体开采地点，通过采矿和加工等流程来获取矿产资源。传统矿山仅作为资源获取的一种方式，只具备单一的资源开发功能。这种单一模式能够在短时间内促进经济发展，但是对当地环境造成较大影响，对当地社区、产业的健康循环不够友好。因此，对矿山的可持续开发就要将只具备单一功能的矿山通过重构设计转变为具有可持续复合功能的矿山空间，实现“三产联动”。

对矿山进行园林绿化设计，实现对矿山环境的清洁净化，同时也给矿山增加自然美感，创造视觉和经济价值。通过对矿山进行文旅改造，结合当地地形和文化特征，将矿山规划成旅游景点，组织旅游团队开展各类活动，如采矿体验、观光游览、漫步矿区等，深度挖掘矿山遗址文化带来的衍生价值。

6.1.2　具备空间功能延续性的矿山可持续空间功能设计

6.1.2.1　总体布局

随着人们对资源的需求不断加大，矿山的开发与利用成为促进经济发展和社会进步的重要手段，矿山被赋予的功能属性也在不断增多。因此，在矿山开发中，矿山可持续空间功能设计是非常重要的。矿山可持续空间功能设计的总体布局应具备空间功能延续性，根据功能分区进行布局，并参考功能分区的演变进行分布。

在总体布局的设计中，应首先根据功能分区进行合理布局。矿山区域通常包含生产区、生活区、管理区等多个功能区。因此，在设计过程中，应根据这些功能区的特点和需求，将其合理地布置在矿山内部，以便实现更为高效的矿山空间利用。

在功能分区的演变中，随着矿山开采的不断深入和扩展，原先的功能分区往往需要不断地调整和更新。因此，在总体布局的设计中，应充分考虑功能分区的演变。这意味着，在设计过程中，需要预留和规划未来的功能分区，以适应矿山开采不断扩展的需求。同时，在功能分区的演变设计中，还需要充分考虑生产流程的连贯性和协调性，使得不同的功能区在不同的时间阶段能够顺畅地衔接和运作，从而实现更为高效的矿山开发和资源利用。

6.1.2.2　总体功能分区

在矿山开发过程中，矿山可持续空间设计是非常重要的。结合矿山功能分区以及功能分区的演变，我们将矿山可持续空间设计分为办公生活区、原生景观区、生产加工区、生态开采区、回填恢复区、生态农业区等区域。这些功能分区在形态上相互分隔独立，但在实际应用中有机统一。

6.1.2.3　分区规划设计

（1）办公生活区

办公生活区是矿山可持续空间设计的重要组成部分。一般办公生活区设置在矿山项目的入口处，该区域主要包括办公区、员工宿舍、医疗保健设施、娱乐设施等。在设计过程中，首先需要充分考虑生活、工作和娱乐等多个方面的需求，为居民提供舒适宜人的生活和工作环境。在空间设计的理念上，应该注重人性化，关注居民的需求和感受，为其提供良好的居住环境和丰富的娱乐设施。在景观规划上，应该合理设置公共设施，如休闲广场、户外运动场、健身器材和儿童游乐设施等，满足居民的多样化需求，并为其提供安全、舒适、便利的居住和工作环境。

其次，在办公生活区的设计中，还需要充分考虑生态环境等方面的问题，符合当地的土壤、气候、植被等自然环境特点。在绿化设计上，应该优先选择当地适宜生长的植物，并合理搭配，打造出具有地方特色的绿化景观。在水资源的利用方面，应该建立富有地方特色的景观水系，如池塘、喷泉、人工溪流和小型水坝等，既美化了环境，也为当地居民提供了休闲娱乐的场所。

最后，办公生活区要突出矿山企业文化、传统和历史遗迹等元素，创造出现代化、舒适宜人的生活和工作环境。在建筑立面和雕塑等方面融入矿业行业的特色元素，体现矿山企业的历史、文化和品牌形象，以此打造具有企业特色的景观。通过设计富有文化内涵的景观，为企业塑造品牌形象，提升企业的社会形象和文化价值。

（2）原生景观区

原生景观区是矿山可持续空间设计中非常重要的一个部分。该区域是指矿山开采区域保留原生态景观的区域，包括矿山周边的原生植被、水系、野生生物等自然景观资源。在设计过程中，需要充分考虑保护原生景观资源，根据现有的地貌、植被和水体特点，减少对生态环境的影响，促进自然生态系统的平衡和稳定。同时，在原生景观区的设计中，还需要充分考虑开发和利用的可行性和可持续性，为矿山开发提供更为科学和有效的解决方案。下文将从景观规划和植物配置两个方面探讨矿山原生景观区的空间设计。

在矿山原生景观区的景观规划中，应该注重自然地貌和植被的保护与恢复。首先，应该根据地形地貌特点，合理规划路网与步道，为游客提供便利的参观通道，同时也要避免施工对原生态环境的破坏。其次，应该以矿山原生植被为主要景观元素，保护和恢复野生动植物群落，增强原生态环境特色。最后，应该注重景观的可持续发展，避免景观大面积的改造或者转移，推广低碳和环保的种植方式。

在植物配置方面，要注重矿山原生植被的保护和恢复。对于已经被破坏的植被，应该通过植树造林等手段恢复其原本的生态环境，增强生态环境特色。同时，在植物配置中也应该注重群落优化和美化，合理配置水生植物、灌木植物和乔木植物等，并结合实际情况，合理搭配各类植被，打造丰富多彩的景观效果。

（3）生产加工区

生产加工区是矿山开发过程中的核心部分，其空间设计与企业生产和发展密切相关。该区域主要包括采矿、加工、运输等环节用地，为矿山开发提供了重要的支撑。在设计过程中，需要充分考虑生产流程和生产效率，为矿山开发提供更为有效的技术手段和策略。同时，在生产加工区的设计中，还需要充分考虑环保和安全等方面的问题，为保护矿山环境和人员生命健康作出贡献。

① 安全设计。在矿山生产加工区的设计中，安全设计是非常重要的一个方面。空间设计应该考虑到矿山企业的安全生产，打造出具有安全性与实用性的场所。在设计方案中，应该注重对生产加工区的空间和场所进行分类，合理配置开放式和封闭式的生产场所，以实现安全保障、环境保护和人员休息等多重目标。同时，还应该注重场所的路面、道路、防护栏杆和安全出口等细节设计，以确保工作区域的安全和舒适性。

② 效率设计。效率设计是矿山生产加工区空间设计中重要的方面。空间设计应该考虑到生产加工区的实际需求，创造出一个满足生产加工需求、提高工作效率的工作环境。在设计方案中，应该注重空间的功能性、多样性和灵活性，并在配置上考虑到生产工艺的要求。同时，还应该注重对道路、车辆、物资和人员的管理，以确保生产加工的高效、稳定和快捷。

③ 转化设计。在矿山生产加工区的空间设计中，通过建筑的美观来延续建筑的价值。在设计方案中，应该注重生产加工区的整体形象，突出矿山企业的文化内涵和品牌形象，创造出一个符合矿山企业理念的特色场所。同时，原有建筑厂房、工业遗址在矿山开发的后期会转化为博物馆、旅游景点等。设计过程中需要通过一定的转化性来保证生产加工区的转化便捷度，提前规划矿业改造区、矿业景观区及科普走廊等，实现未来文化教育和工业城市科普等功能，为矿山增添工业文化价值。

（4）生态开采区

生态开采区是矿山开发过程中的重要部分。该区域主要包括矿井的开采和矿石的运输等环节用地，对当地的环境造成较大影响。因此其空间设计应该着重考虑如何在保障矿产资源开采的同时，最大限度地减少矿山开采对生态环境的影响。

在矿山生态开采区的空间设计中，植被恢复是重要的任务之一。应该根据区域内的生态特点，选择适宜生长的本地植物，尽可能利用当地的资源进行植被恢复和绿化，恢复和重建当地的植被群落。同时，还应该在地表进行植物配置，使得矿山生态开采区的生态系统始终处于稳定的状态。要进行边开采边复绿的工作，采用生态修复、植被恢复和生物多样性保护等技术手段，实现生态系统的及时保护、建设和再造，在开采的同时做好环境修复工作。

（5）回填恢复区

回填恢复区是矿山可持续空间设计中的重要组成部分，矿山回填恢复区的空间设计旨在通过良好的环境设计和景观规划，恢复矿山开采过程中被破坏的生态环境。矿山回填恢复的主要目标是在尽可能短的时间内，构建生态系统的恢复过程，使其在自然环境中获得更加开放的生态系统，从而实现可持续发展。因此，矿山回填恢复区的景观设计不仅要考虑到实现生态系统重建的目标，还要注重景观规划的美观性、开放性和可持续性。

矿山回填恢复区具有一定的地形地貌变化以及土壤水分变化等复杂性特点。此类地形地貌的变化是由于大规模的挖掘和开采所致，同时也因为大量的矿泉水流动造成了坡面侵蚀、坡面滑坡等。因此，矿山回填恢复区的景观设计必须考虑到这些特点，以便让该区域的生态环境得到有效的保护和恢复。

同时，矿山回填恢复区的景观设计也需要考虑到矿区的人文因素。在矿山回填恢复区的景观设计中，应该考虑到矿山回填区的地形、地质和植被特点。基于当地文化特色进行设计，增添更多的艺术性元素、文化性装饰，使得整个矿山回填恢复区更加美观。

（6）生态农业区

在矿山发展的不同阶段，对土地的利用不同，导致大量矿山空余用地浪费。因此，建设矿山生态农业区被认为是一种土地价值快速转化的途径，其既可以挖掘矿山的隐性资源，又可以保护生态环境和促进农业发展，实现第二产业带动第一产业和第三产业。

矿山生态农业是指在矿山开采或废弃矿区的基础上，通过生态恢复、农业种植、休闲旅游等方式构建起一种生态、经济和社会性相结合的、可持续发展的产业模式。在矿山生态农业区中，农业种植是一个重要的产业。因此，需要制定相应的农业种植策略。例如，针对不同的气候和土壤条件，选择合适的作物种植，如中药材、有机蔬菜等。同时，可以采用现代化的农业技术和设备，提高农业生产效率和质量。

矿山生态农业区的休闲旅游业是一个不可或缺的产业。通过开发矿区特色景观，如矿山山体、矿坑、湖泊等景观，可以吸引更多的游客前来观光旅游，促进地方经济发展。同时，针对不同的游客需求和特点，可以开发相应的旅游配套设施，如酒店、娱乐场所、餐饮场所等。

6.1.3　全生命周期的矿山可持续空间重构设计要素

矿山空间的重构设计包括对开发前期、开发中期和开发后期的空间设计。其中，每个阶段的设计重点和重构要素不同（图 6.2）。开发前期强调空间的延续性，在设计之初就要从多视角来实现空间功能延续性；开发中期重点在生产效率，优化矿山区域空间布局；开发后期则重视产业的重建再生。通过三个阶段的空间重构设计来实现矿山开发的空间利用高效化。

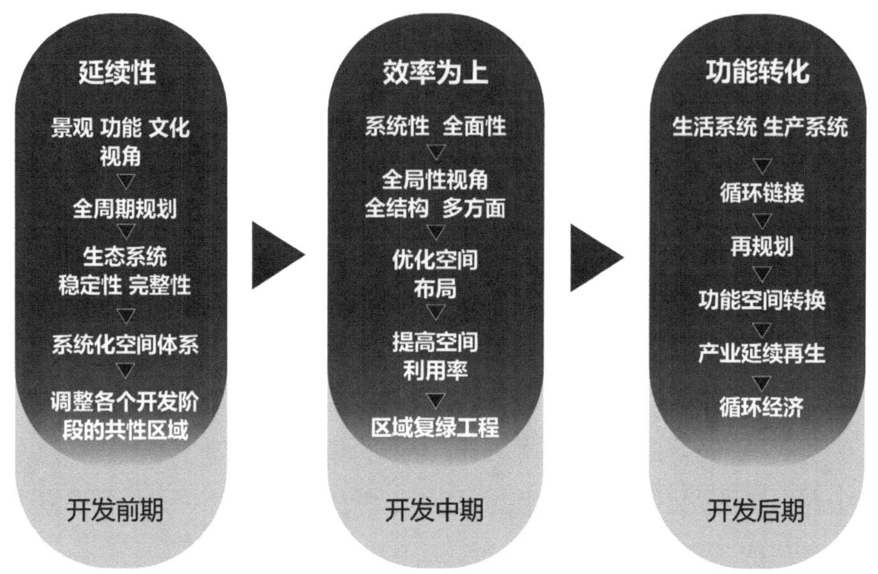

图 6.2　可持续空间重构设计重点和要素

6.1.3.1　开发前期——延续性

在进行矿山开发前期可持续空间设计时，应当采取一系列的策略和措施，以确保开发项目具有可持续性、前瞻性和延续性。其中，重要的一环是预先做出一套具有综合性、前瞻性和延续性的空间整体规划与设计，从地域性景观、功能、文化等视角出发，对开发全周期进行规划。

在整个综合开发过程中，应当充分考虑到生态环境保护和资源可持续利用的问题。在开发实施方案及过程控制中，同时保留景观和功能重构所需的资源要素，以保障生态系统的稳定性和完整性。这些措施和设计可以使开发项目具有长期的可持续性和可改造性 [173]。

为了确保生态资源的可持续发展，在开发前期应当将生态资源采集、生产加工、采后重塑等过程融为一体，形成一项有机结合的系统化空间体系。开发前应完成生态资源开发过程中全阶段的空间设计方案，在前期预先做好可行性研究，调整各个开发阶段的共性区域，对后期资源开发做出具有延续性的完整设计，以避免分段式开发造成的重复施工、烂尾施工与资源浪费。

6.1.3.2　开发中期——效率为上

将全生命周期理念贯穿到矿山开发中期阶段的空间设计中，可以带来系统性和全面性的导向作用，建立全局性视角，全结构、多方面融入和开展空间设计工作。在矿山建设安装过程中，优化空间布局是一个重要的环节。减少对土地的占用，并合理配置矿山内的设备和科学设置生产流程，以实现最大限度的资源利用和环保效益，提高矿区的利用效率。在矿山施工作业过程中，提高空间利用率也是一个非常重要的环节。采用先进的建筑技术、材料和设备，可以使矿山内的各种设施更加紧密地协作，提高矿区的生产效率。在矿山生产运营中，实现区域复绿工程设计，实现边生产边复绿，引导安全生产、绿色生产。

6.1.3.3　开发后期——功能转化

为了充分推进资源开发的持续性和周期性利用，在开发后期需要在生产系统和当地生活系统之间建立循环链接。这可以通过在开发初期的综合规划上具体执行来实现。调动当地其他产业的发展活力，为当地注入新的可持续发展价值理念。在后期修复和维护阶段，可以对产业园区进行再规划，将原有的工业用地转化为农业或旅游用地，实现功能空间的转换，促进资源的循环转化。结合土地、景观和旅游资源，可以有效地开展产业的延续再生，推进循环经济的发展[174]。

6.1.4　矿山可持续空间重构设计的生态景观塑造及再生

6.1.4.1　空间重构设计的自然景观塑造方法

（1）边坡景观设计

在矿山开采过程中，地质条件变化和人为干扰容易导致边坡稳定性受到威胁。特别是在长时间的裸露岩体环境下，岩体会出现裂纹、空洞、断层等问题，不利于边坡的稳定。因此，针对边坡景观的设计方法需要考虑以下几点。

① 土壤改良。土壤是植被生长的基础，对于边坡的修复和植被的种植起着至关重要的作用。在进行矿山边坡景观设计时，应首先对土壤进行改良。通过有机物的添加和肥料的施用等方式，改善土壤的透气性、保水性和肥力，为植被的生长提供有利条件[175]。

② 植被配置。植被配置是矿山边坡景观设计的核心内容之一。在进行植被配置时，应根据矿区的实际情况，选择适宜的乡土植物，注重植被的多样性和层次感，并与边坡的地形、材料等因素相结合，营造出具有特色和美感的边坡景观。

③ 边坡细节设计。景观设计不仅包括大面积的布局和配置，也需要注重细节的处理。在边坡的顶部和底部设置缓坡和护坡，增加绿化带和步道等，既可以提高边坡的安全性，又可以丰富景观的层次感。

④ 加固工程措施。在边坡上应用各种加固技术，如钢筋网、压实灌浆、喷射混凝土等。这些技术可以有效地填补岩体裂缝和空洞，增强边坡的抗拉和抗剪承载能力。

（2）景观植被设计

在矿山景观设计中，植物作为自然景观的重要元素，起到了重要的作用。植物具有土壤改良和环境修复的先锋作用，不仅能够改善土壤质量，还能修复环境，柔化并协调硬质景观，如建筑物、构筑物和空间景观等。

① 植物种类选择。在选择植物种类方面，应优先考虑当地现存的植物[176]。本地植物具有生长快速、适应性强、抗性强以及成活率高的特点。在后期废弃地的植物造景中，可以采用一些生存能力较强的植物，如岩生植物、观赏草、芳香植物等，它们既可以快速适应和改善环境，又可以视觉观赏，起到美化环境的作用[177]。

② 野生植物保护。在野生植物保护方面，应保护矿山区域内现有的适应性较强的野生植物，保持矿山区域生态平衡。在矿山景观设计中，保护和延续现有的野生植物，创造具有场地特色的景观，设置污染恢复区，提高场地适应性。在污染严重的区域，可以通过土壤改善促进植被的自然更新[178]。同时，植物景观

的软设计也可以对硬质景观的细节进行修饰和优化，以及对生态较差区域进行遮挡和修复[179]。

6.1.4.2　空间重构设计的人文景观塑造方法

（1）矿山建筑设施设计

过去几十年的矿山开采遗留下了许多建筑、构筑物、废弃石料和工业设施等生产遗址，通过再利用的方式可以降低建筑改造成本，保留原有建筑的工业韵味。对矿山建筑采用整体保留和局部改造相结合的设计方式，塑造具有工业文化气息的景观。将矿山改造为文化旅游区域，保留矿区开采的痕迹，增添具有工业风格的娱乐设施和景观。在遗留设施的设计中，对原有的工业景观进行处理是一个非常重要的组成部分，实现的方式包括以下两种[180]。

① 整体保留。对原有保存基础较好的场地现状进行整体保留，对工业设施、构筑物和矿区独特自然风貌进行修复，增强矿山参观的沉浸感，还原矿山开采场景。

② 局部改造。对原有矿山景观碎片进行筛选与修复，去除无用建筑与景观，形成标志性景观，例如废弃矿坑、施工设备、建筑物等地表遗迹。通过景观改造和艺术设计，成为具有代表性的矿山文化景观。

（2）当地文化要素设计

在矿山景观设计中，必须充分利用当地文化资源，深入挖掘工业遗址与当地文化内涵，研究地域历史、文化和开采记忆与景观设计的融合，加强工业文化的影响力。

挖掘当地文化，了解当地历史文化、人文发展、民俗特色和地理面貌。通过对当地文化元素特征的提取，将当地的文化特点、艺术形式、建筑风格融入矿区景观设计与建设中。

以工业化元素为主线，塑造公共艺术景观。借助矿山特有的地形地貌，开发多功能区域，充分发挥场地特色，集合休闲、娱乐和教育功能，构建具有地域特点的矿山工业公园。

（3）矿山企业文化设计

在塑造矿山人文景观时，注入矿山企业文化可以增强其独特性，同时提升了矿山企业的影响力和美誉度。首先，要挖掘矿山企业文化的价值和意义。矿山企业文化是矿山企业在长期发展过程中形成的具有独特色彩和鲜明特征的生产、管理、服务、品牌等方面的理念、价值、形象、行为准则等的综合体现。其次，要分析矿山企业文化的内涵和特点，并将其转化为景观的设计要素，通过景观元素的组合和表达，将其展现出来。例如，利用雕塑、壁画、标识、纪念碑等形式，将企业的文化理念和历史沿革进行展示。

6.2　智能监控下的矿山信息可视化重构设计

6.2.1　基于功能需求的矿山信息可视化系统搭建

6.2.1.1　矿山智能开采设计体系搭建

智能监控下的矿山开采体系是基于现代信息技术、自动化控制技术和多传感器、多数据融合技术等关键技术发展而来的，旨在提高矿山生产效率和安全水平，推进矿山行业向智能化、数字化转型。该体系由管理层、数据层和监控层三个部分构成。智能监控下的矿山开采重构设计体系如图 6.3 所示。

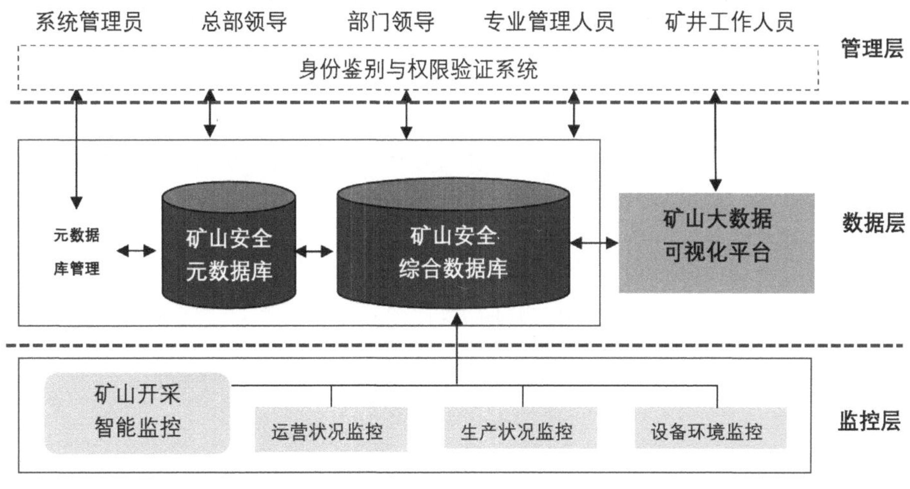

图 6.3　智能监控下的矿山开采重构设计体系

管理层是矿山开采体系的重要组成部分，实现对矿山开采系统的控制。数据层则是智能监控下的矿山开采体系的另一重要组成部分，包括矿山安全元数据库、矿山安全综合数据库和矿山大数据可视化平台等多个组件。其中，矿山安全元数据库由矿山原始数据组成；矿山安全综合数据库对矿山生产过程中所收集的数据进行整合和管理；而矿山大数据可视化平台则是矿山安全综合数据库中数据的可视化呈现，实现对矿山生产运营情况的实时监控[181]。监控层是智能监控下的矿山开采体系的数据来源，包括了矿山开采智能监控。矿山开采智能监控涵盖了矿井运营状况监控、矿井生产状况监控和矿井设备环境监控等内容，对矿山生产运营过程中的各个环节进行实时监测。

6.2.1.2 矿山开采智能监控系统功能设计

矿山开采智能监控系统是一种利用物联网平台的矿山开发工具，从矿山开发数据中提取出与生产安全相关的信息，并整合供电系统、传送系统、水泵系统等全矿所有子系统的数据。经过整合后，形成了矿山安全综合数据库，以实现对全矿安全生产状况的查询和分析。这些数据可以在矿山大数据可视化平台中进行实时展示和预警，从而实现对矿山安全生产状况的全天候监控。

根据矿山的管理需求和功能聚类，将矿山开采智能监控系统细分为矿山运营状况监控系统、矿山生产状况监控系统、矿山设备环境监控系统。矿山运营状况监控系统主要监控矿山整体的运营状况，包含整个矿区的水电、通信、人员、车辆的监控，负责整个矿区的正常运行。矿山生产状况监控系统主要负责矿山生产区加工区域的整体监控，包含机车运输监控系统、矿井提升监控系统、综采面监控系统、运输监控系统等，保障生产加工的效率以及正常工作。矿山设备环境监控系统主要是对矿山的环境和设备状况进行监控，其核心是保障矿山在运营中的安全稳定。矿山开采智能监控系统的功能结构设计如图 6.4 所示。

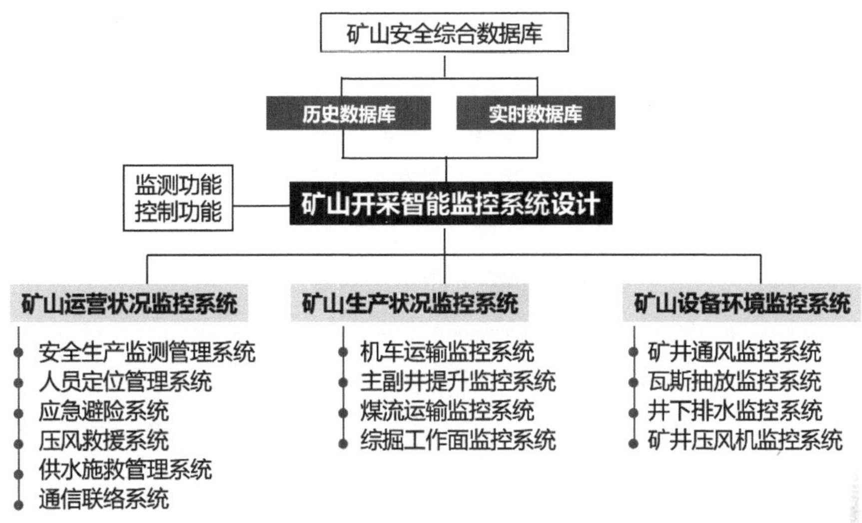

图 6.4　矿山开采智能监控系统的功能结构设计

6.2.2　矿山资源开发信息的定义及分类

6.2.2.1　矿山资源开发信息的定义

在矿产资源的开发过程中，矿山资源开发信息被定义为从为人类提供生态产品和服务的各种物质、环境和系统中制造、获取、传输和处理的数据对象。

矿山资源开发信息具有广泛性、融合性和转化性的特征。广泛性体现在它们涉及的物质、环境和系统具有多样性和复杂性。这些信息不仅包括地质、采掘技术、安全管理等方面的知识，还包括了环境保护、社会责任、可持续发展等方面的知识。因此，矿山资源开发信息具有融合性，需要整合跨学科的知识和技能。另外，矿山资源开发信息也具有转化性的特征，即它们可以通过各种方式和方法进行加工、处理和利用。这些信息可以通过各种技术手段来改善矿区地质环境，减少污染物的排放，提高资源利用率等。

6.2.2.2 根据信息性质分类

（1）矿山开发显性资源信息

在矿山开发中，显性资源信息指的是那些可以直接感知和开发的实体资源信息，主要包括生物资源、森林资源、矿产资源、海洋资源、大气资源以及水资源等信息（图 6.5）。

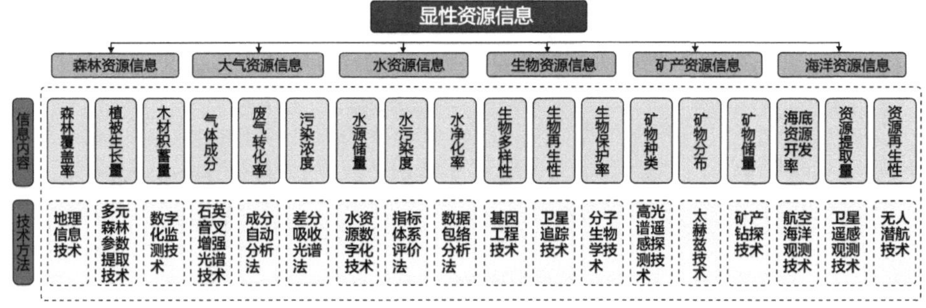

图 6.5　矿山开发显性资源信息

其中，生物资源信息是指动植物与微生物等有机体以及其群落所反映出的信息，包括生物多样性、生物再生性和生物保护率等重要信息 [182]。森林资源信息则是指以林木资源为主，并涵盖相关有机体资源的信息，包括森林覆盖率、植被生长量、木材蓄积量等主要信息 [183]。矿产资源信息就是具有矿产开发利用价值的矿物或有用元素的集合体信息，主要包括矿物种类、矿物分布、矿物储量等关键信息 [184]。海洋资源信息是指在海洋区域中获取的生产和生活资料信息，主要包括海底资源开发率、资源提取量、资源再生性等 [185]。大气资源信息则是指大气圈和相关方面的生产和生活资料信息，包括气体成分、废气转化率、污染浓度等主要信息 [186]。水资源信息是指可利用或能被转化利用的水类资源信息，包括水源储量、水污染度、水净化率等主要信息 [187]。

（2）矿山开发隐性资源信息

矿山开发隐性资源信息是指不可直接感知的资源信息，需要转化开发才能利用，主要包括劳动力资源、物质生产力资源、空间资源、科技资源、旅游资源和文化资源等信息（图 6.6）。

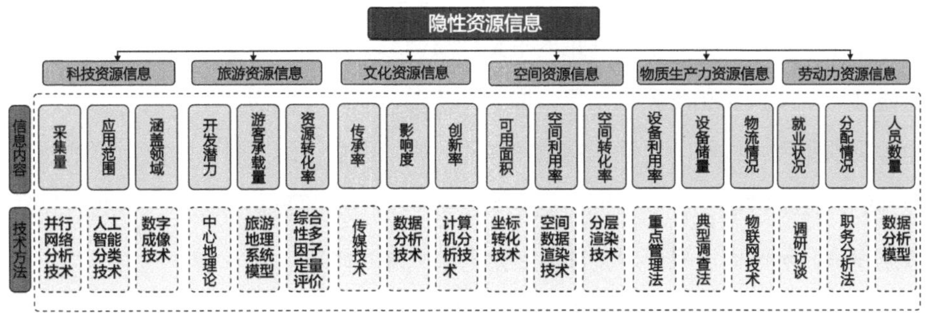

图 6.6　矿山开发隐性资源信息

劳动力由社会人口组成，受到社会环境影响，可以进行广泛的再配置和循环再利用，从而提高自身生活条件和区域经济收益，劳动力资源信息主要涵盖整体就业状况、区域分配情况和可配置人员数量等方面 [188]。物质生产力资源信息是指生产生活所需且可循环支配的物质、设备及信息，包括设备利用率、设备储量和物流情况等。空间资源信息主要是指可开发或转化再利用的地球内部和外部空间信息，其中包括可用面积、空间利用率和空间转化率等 [189]。科技活动要素信息通常被称为科技资源信息，作为重要的战略资源信息备受关注，其采集量、应用范围和涵盖领域等主要信息内容都非常重要 [190]。旅游资源信息包括已开发区域的旅游开发率和游客承载量等方面的信息，以及未开发区域的旅游开发潜力和可持续转化潜力等方面的信息 [191-192]。文化资源信息是指由人类生产活动创造的物质文化、非物质文化和自然文化资源信息，对民俗、地域、历史等文化的传承率、影响度及创新率等信息进行呈现 [193]。

6.2.2.3　根据数据功能分类

矿山开发信息可视化中包含基础数据、在线监测数据和业务数据三类。根据这些数据的功能，可以将这些数据在可视化的显示状态中区分为以下几级。

（1）基础数据：隐藏、后台显示

基础数据包括地测基础数据、通风基础数据、机电运输基础数据和生产技术基础数据。其中，包括矿山开采的主要地质信息、遥感卫星图、地质地形图、通风线路（新鲜风流和乏风走向）、通风系统图、避灾路线图（水、火、瓦斯、煤尘等灾害避灾路线图）、通风网络立体图、矿山运输线路、排水线路、供电线路设备的详细参数等。这些数据占据绝大部分的矿山资源开发信息，但是绝大部分数据没有显示价值。其可以参加后台分析和数据对比。

（2）在线监测数据：筛选、显示异常指标

通过布设传感器和视频监控获取矿山在线监测数据，其主要包含煤矿安全监测系统、井下人员定位系统、冲击地压监测系统、工作面矿压监测系统和视频监控系统的数据。安全监测数据主要包含监测装置对矿山内各种气体浓度、温湿度等环境参数，以及各类系统的安全报警等；对矿山地质安全信息的监测包含应力和微震的相关信息；视频监控数据来自实时监测各个区域的设备。这些数据实时产生，历史累积数据庞大，需要进行筛选、分析，对异常数据进行突出显示。

（3）业务数据：重点提醒

业务数据主要来源于在线监测数据的处理和加工，是对大体量数据根据功能需求进行整合后的数据集，包括安全隐患信息和安全事故信息两个方面。安全隐患指生产活动中存在不安全事件诱因或因素，或者危险情况的临界状态，根据程度和类别，分为普通安全隐患、紧急安全隐患和重大安全隐患。安全事故数据详细报告事故发生时间、地点及情况。这类数据体现了矿山安全情况，需要在可视化界面上重点突出。

6.2.3 矿山资源开发信息可视化的重构要素

6.2.3.1 数据显示准确清晰

矿山资源开发信息可视化要求数据显示准确清晰，能够将繁杂的数据转化为直观易懂的图形图表，帮助决策者快速准确地获取所需信息。

数据显示准确清晰是指信息可视化过程中所使用的数据必须准确无误，并且能够以最佳方式展示出来。在进行信息可视化之前，需要对数据进行精准的收集和加工，避免误差的产生。

数据的清晰度也是信息可视化的重要考虑因素。信息可视化的最终目的是让人们更好地理解复杂的数据信息。因此，图形图表等可视化元素需要尽可能地呈现更加清晰明了的效果，使读者能够迅速捕捉到关键信息，轻松理解数据与信息之间的关系。

6.2.3.2　设备可视化仿真模拟

除了数据显示准确清晰，矿山资源开发信息可视化要求对设备进行仿真可视化。随着技术的不断进步，矿山开采设备的种类和数量越来越多。如何有效地同时管理这些设备以及保证其正常运转，成为矿山管理者面临的一项挑战。

利用仿真技术对设备进行可视化呈现，能够更加直观地展示设备的工作状态和运行效率，同时还能帮助管理者更好地进行设备调度和运营管理。通过设备仿真可视化，管理者可以看到详细的设备工作过程和性能参数，以此确定设备的优化方案和维修计划，提高设备的利用率并降低运营成本。

6.2.3.3　操作方式简单直接

除了数据显示准确清晰和设备仿真可视化，矿山资源开发信息可视化还要求界面操作简单直接。

对于矿山管理者来说，在进行决策时，需要快速、准确地进行信息操作。然而，如果信息可视化界面过于复杂或难以操作，就容易影响信息查询和分析的效率，从而产生不必要的时间和成本浪费。因此，信息可视化界面的设计应该尽可能地简单明了，让使用者能够快速上手，并且在使用过程中不会出现误操作，提高信息可视化的可用性和可操作性。

同时，信息可视化界面的设计也应该符合人机工程学原理。这意味着界面设计需要考虑使用者的习惯和特点，使其操作体验更加舒适和自然。例如，将常用功能放置在显眼位置、设置对用户友好的交互方式，以及提供实时反馈等，都是提高用户体验和操作效率的有效手段。

6.2.4 矿山资源开发信息的可视化架构

本书所述的基于矿山资源开发信息反馈的可视化设计架构包含三个相互循环关联的层面：引导层、建设层和体验层。这些层面是逐层递进的，如图 6.7 所示。引导层在可视化设计中扮演着目的性的角色，为后续设计提供明确的方向基准。建设层是设计实施的基础性层面，初步体现引导层的需求，并为体验层的设计奠定基础。体验层是优化性层面，在建设层的基础上进一步实现可视化的最优解，同时也为引导层提供设计迭代的需求样本，构成了矿山资源开发信息可视化的设计系统。

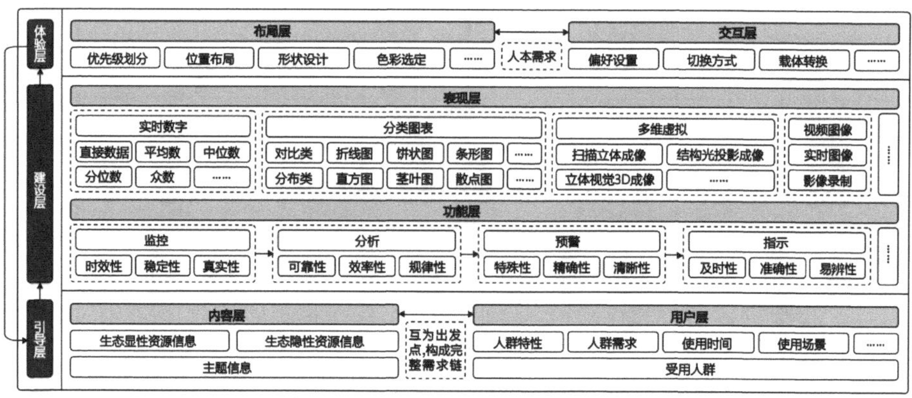

图 6.7 矿山资源开发信息的可视化总体设计架构

6.2.4.1 引导层

在矿山资源开发信息反馈可视化设计中，引导层是具有导向性的重要层面，用以明确设计目的，并为整体设计指出方向与划定路线。该层级涵盖内容层和用户层两个并列关系的子层级。

其中，内容层指上述矿山资源开发信息集成系统中的具体信息，即可视化所表现的主题信息。设计者需在此层级进行具体内容的详细罗列，以避免后续过程中出现信息遗漏与混淆。通过结合罗列出的具体信息内容，设计者可以分析得出明确的功能需求点。而用户层则指可视化的最终使用人群，包括人群特征、人群需求、使用时间、使用场景等基本要素。在该层级设计者应考虑环境条件、人为情况及现有产品等多因素，进行系统性的用户研究与分析，得出以人为本的设计需求点[194]。

6.2.4.2　建设层

引导层指出设计目标后，进入建设层阶段。该阶段分为两个递进关系的子层级：功能层和表现层。其中，功能层主要实现监控、分析、预警和指示等功能。而表现层则是资源开发信息反馈的可视化呈现层级，主要以实时数字、分类图表、多维虚拟和视频图像等方式展现，并根据需求进行增减。

在功能层中，监控是矿山资源开发信息反馈中常见的功能之一。通过针对性地运用不同技术手段，可以实现具有时效性、真实性和稳定性的矿山资源开发信息监控[195]。基于所得信息数据，结合资源系统分析原理、资源综合评价原理等相关理论，综合运用定性分析法、仿真模拟法等研究方法，可以实现资源开发利用现状、资源供应能力等方面的实时分析功能，并进一步实现特殊预警功能[196]。矿山资源开发信息的预警具有特殊性、精确性及清晰性的特点。常规的预警等级为一至三级递增型应急状态，而预警所做出的指示应具有及时性、准确性和易辨性[197]。目前，灯光、声音和颜色是常用的指示形式。

表现层则是资源开发信息反馈的可视化呈现层级，也是最为直观的信息表达层级。主要的信息反馈可视化表现形式包括实时数字、分类图表、多维虚拟和视频图像四类，并根据不同矿山资源开发信息反馈所需的功能条件和引导层给出的需求条件，择优选取相应的信息呈现形式。此外，还能结合不同硬件设施使用，如 VR 或 AR 等呈现技术[198]。

6.2.4.3 体验层

体验层是设计实施的重要优化阶段，也是满足人本需求的重要体现阶段。在引导层指出的需求链和建设层基础设计框架的基础上，体验层从布局层与交互层两个并列的子层级进行深入设计。

布局层即生态资源信息反馈的可视化分布划分层面。设计者需要基于内容层所指出的生态资源信息，融合功能层与用户层的实际需求进行信息优先级划分。划分过程应遵循人体常规的视觉规律，例如将重点信息置于中心且放大，次要信息则放置于两侧且缩小，并按照左为重、右为辅的基础视觉原则，结合不同反馈载体的实际情况进行位置、形状、色彩、动静等体验影响因素的设计布局。良好的布局能够提高信息的可读性和视觉吸引力，从而增强用户对信息的理解和记忆效果[199-200]。

在交互层中，优化用户在获取生态资源信息反馈时的可视化交流互动体验是一个重要的设计目标。该过程需要考虑多方面因素，包括偏好设置、切换方式和载体转换等[201]。设计者应该根据用户的需求和习惯，确定是否需要增设模块化、自定义设置，并且明确固定化、常规化的展现形式是否更有利于当前用户的识别和操作。同时，在信息反馈可视化呈现的切换方式方面也需要进行重点设计。针对极具时效性、广泛性的生态资源信息，应当在自动式、机械式、触屏式、语音式、肢体式等多种现有人机交互模式中选择并设计出最为恰当的切换方式，以便及时有效地获取生态资源信息反馈，减少信息遗漏和误操作等问题的发生[202]。此外，还需考虑生态资源信息反馈可视化的多载体转化问题，对于不同的反馈呈现载体，要进行有效的适配、格式和主次等的配套设计[203]。

6.2.5 矿山资源开发信息可视化的应用形式

6.2.5.1 矿山资源开发信息可视化重构设计的应用载体

在实际应用中，可根据矿山使用需求，选择合适的应用载体来实现矿山信息呈现。

（1）桌面应用程序

桌面应用程序是常见的应用载体之一。通过该方式，用户可以在 PC 或 Mac 等设备上安装独立的软件应用程序，以便对矿山资源开发信息进行可视化呈现和交互处理。该方式具有数据存储、计算和显示等多项功能，为用户提供了丰富的操作和分析工具。此外，由于桌面应用程序通常运行在本地设备上，因此可以保证数据的安全性和稳定性。然而，桌面应用程序也存在一些缺点，如需要占用大量的设备存储和计算资源、难以实现跨平台使用等问题。

（2）Web 应用程序

Web 应用程序是另一种常见的应用载体。具体而言，用户可以通过浏览器在任何设备上使用 Web 应用程序，无须安装任何软件。Web 应用程序具有跨平台、易于分享和更新等优点，可以让用户方便地与他人共享数据和分析结果。此外，Web 应用程序还可以利用云服务等技术，提供更多的计算和存储资源。虽然 Web 应用程序具有较好的可访问性和易用性，但也存在一些缺点，如数据传输速度慢、安全性问题等。

（3）移动应用程序

移动应用程序是专门为移动端设备（如手机和平板电脑）设计的应用载体。移动应用程序具有便于携带、快速响应和交互体验良好等优点，可以帮助用户随时随地进行数据分析和决策。此外，移动应用程序还可以配合其他移动设备硬件（如摄像头）使用，拓展数据来源和呈现方式。然而，移动应用程序的局限主要在于屏幕尺寸小，数据处理能力相对较弱，同时也存在一些安全性和隐私问题。

（4）可穿戴设备

可穿戴设备是一种新兴的应用载体。通过智能手表、智能眼镜等设备，用户可以实时获取矿山资源开发信息，并进行可视化呈现和操作。可穿戴设备通常具有小巧轻便、特定场景下使用方便等优点，可以帮助用户更加自由地探索和分析数据。然而，可穿戴设备的屏幕尺寸和处理能力都较为有限，因此其适用范围相对比较狭窄。

6.2.5.2 矿山资源开发信息可视化重构设计的应用形式

针对矿山资源开发信息可视化重构设计，在实践中可以采用以下几种应用形式。

首先，实时数字是其中一种常见的表现方式。在矿业开采过程中，可以结合需求涵盖直接数据、平均数、中位数、分位数、众数等多种数字形式。当数据量较少、信息呈现精准度较高时，可以选择实时数字的表现方式。然而，当信息量较大且数据相对复杂时，实时数字的阅读难度将极大地增加，其直观性也将大幅减弱。

其次，分类图表在复杂数据信息的对比与分布呈现以及直观可读性上具有一定的优势。例如折线图、饼状图、条形图、雷达图等对比类的图表能清晰呈现出各类复杂数据信息之间的比较性关系。直方图、茎叶图、散点图、热力图等分布类图表则适用于多信息的分布性关系。然而，分类图表的呈现方式较多用于数据的转化呈现，对于数据本身的反馈精准度较低，且在形态、视角等其他方面的可变性呈现有相当大的局限性。

再次，多维虚拟的表现形式则相对具有更广泛的表达范围，在矿山资源开发信息可视化重构设计中也适用。其不仅能以立体多视角的形式来表现数据信息之间的对比与分布，还可利用扫描立体成像、结构光投影立体成像、立体视觉 3D 成像等技术手段呈现出信息的虚拟造型、虚拟空间等状态，具备广泛性、便捷性等优势。然而，多维虚拟的表现方式由人为或系统转化构建，是近现实而非现实的信息反馈，在一定程度上存在局限性。

最后，视频图像作为一种具有直观性与确定性的表现形式，也可以被应用于矿山资源开发信息可视化重构设计中。借助外界辅助信息收集设备进行实时图像拍摄与影像录制，可即时有效地反馈真实世界的场景信息。然而，此表现形式易受其所涉及的资源种类、实际环境与经济条件等多种因素的限制，使得其应用成本较高、应用范围有限。

6.3 矿山开发可持续评价体系设计

6.3.1 矿山开发可持续评价视角体系分析

6.3.1.1 主成分分析法简介

PCA（principal component analysis），即主成分分析法，是广泛使用的数据降维算法之一。其主要思想是将 n 维特征转换为 k 维正交的新特征（也称为主成分），这些新特征是在原有 n 维特征的基础上重新构造得到的。PCA 的工作需要找到一组互相正交的坐标轴来完成，坐标轴的选取关系到数据本身。其中第一条新坐标轴的选择为原始数据方差的最大方向，第二条新坐标轴的选择，即在与第一个坐标轴正交平面内，使方差达到最大值，第三条新坐标轴在正交于第一、二轴的平面上方差最大，依此类推，可得 n 条此类坐标轴。在得到的新坐标轴中发现前 k 条坐标轴含有绝大部分方差，后一条坐标轴含有接近 0 的方差。所以我们可以忽略其余坐标轴而仅保留前 k 条包含绝大多数方差的坐标轴。在实际应用中，这样就等于仅保留了含有绝大多数方差的特征维，忽略了含有接近 0 的方差的特征维，从而达到了数据特征降维的目的。

6.3.1.2 基于主成分分析法的视角分析过程

矿山开发过程是一个复杂的系统性问题，目前需要对矿山存在的具体可持续问题进行系统性的归纳和分类。本书采取主成分分析法，通过对矿山中存在的问题进行分析，对多维变量系统进行降维处理，使之能以一个较高的精度转换成低维变量系统，降低数据复杂程度，从而得到影响矿山开发可持续的关键因素[204]。

本书从 40 名一线矿山工作者和管理人员中收集了 80 余个矿山问题，问题领域范围包括安全、效率、环保等，经去重整理后，汇总为 14 个矿山关键问题。我们请了 17 位矿山问题研究专家、矿山企业管理者、矿山监管者，从评价视角对汇总的问题按照从低到高 1~9 分评分标准进行可持续水平的重要性评分，并将数据输入 SPSS 24 软件进行统计学分析。

KMO 检验的结果显示，KMO 的值为 0.709。同时，Bartlett 球形度检验的结果显示，显著性 p 值为 0.001，水平上呈现显著性，拒绝原假设，各变量间具有一定相关性，主成分分析结果有效。KMO 检验和 Bartlett 球形度检验结果如表 6.1 所示。

表 6.1　KMO 检验和 Bartlett 球形度检验结果

KMO 值		0.709
Bartlett 球形度检验	近似卡方	141.335
	df	91
	p	0.001

碎石图是根据特征值下降的坡度来确认需要选择的主成分个数，当曲线变得平缓时，对应的因子数就可以作为参考因子数。由图 6.8 可知，从第三个主成分开始，在主成分的特征根值逐渐降低的情况下，我们可以选取三个主成分作为分析依据。

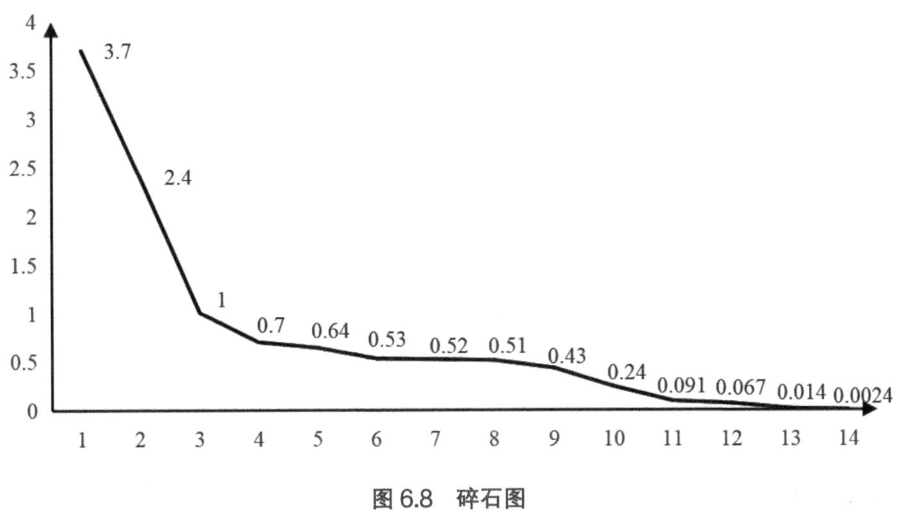

图 6.8　碎石图

对结果进行旋转，输出旋转后的成分矩阵 *a* 如表 6.2 所示。通过表 6.2 可以分析得到每个主成分中隐变量的重要性。第一个主成分与矿区损毁地表植物及景观恢复问题、土壤污染及水土流失问题、水资源与固体废弃物污染问题这三个变量的相关程度较大，可以概括为“矿山环境的保护保障”。第二个主成分主要与矿山职工教育医疗及生活保障问题、矿山职业薪资及发展问题这两个变量的相关程度较大，可以概括为“矿山企业与职工的经营发展”。第三个主成分主要与矿山开发自动化及工艺问题、开采安全及保障管理问题、矿山开采规划及可持续问题这三个变量的相关程度较大，可以概括为“资源开发过程的安全效率”。

表 6.2　旋转后的成分矩阵 *a*

变量	主成分一	主成分二	主成分三
矿山开采能耗及排放问题	−0.339	0.325	−0.619
矿山职工教育医疗及生活保障问题	−0.208	0.878	−0.163
矿山开发自动化及工艺问题	0.152	0.225	0.739
矿山企业收益及发展问题	−0.013	0.051	0.027
开采安全及保障管理问题	−0.251	0.187	0.867

续表

变量	主成分一	主成分二	主成分三
矿山职业薪资及发展问题	−0.179	0.858	0.060
矿区损毁地表植物及景观恢复问题	0.733	−0.458	−0.163
矿产资源价值及销售问题	0.518	−0.372	−0.022
矿山开采规划及可持续问题	−0.148	−0.225	0.754
矿山开发环境及资源承载问题	−0.001	0.292	−0.554
矿山资源及废物利用问题	−0.265	−0.700	−0.231
大气及噪声污染问题	−0.592	−0.504	0.314
土壤污染及水土流失问题	0.845	−0.044	0.002
水资源与固体废弃物污染问题	0.941	−0.026	0.118

通过对目前矿山问题的主成分分析，根据聚类结果我们可以知晓矿山目前主要影响因素存在于矿山企业与职工的经营发展方面、资源开发过程的效率安全方面以及矿山环境的保护保障方面等三个视角，简称为“人—资源—环境”视角。对现有矿山问题进行归类，有助于我们对矿山开发可持续评价因子的筛选、分级以及评价结果的问题溯源。

6.3.2 矿山开发可持续五层分类评价指标体系建立

6.3.2.1 五层分类评价指标体系结构及搭建

将矿山开发可持续因子根据人—资源—环境三个视角的组成成分分为三类。因子由多层次指标构成，每一层都有不同的功能分布并包含了若干个子指标。通过对人—资源—环境视角的研究以及对矿山开发特性的总结，我们将矿山开发可持续评价指标体系分为目标层、系统层、指标层、要素层、数据层五个层次，如图 6.9 所示。在矿山开发可持续评价指标体系中，目标层是整个体系的最高层次，其主要作用是总体描述矿山开发可持续的目标和效果。系统层是在目标层下面的一个层次，其主要作用是对所有的评价指标进行人—资源—环境领域的分类。指标层则是各个具体指标的集合，可以细分为多个层级，从而针对不同的评价对象进行评价。要素层是在指标层之下的一个层次，主要是为了将指标层中的指标进行进一步的细分，从而更好地反映评价对象的真实情况。数据层则是由具体的数据组成，是整个评价体系的基础。

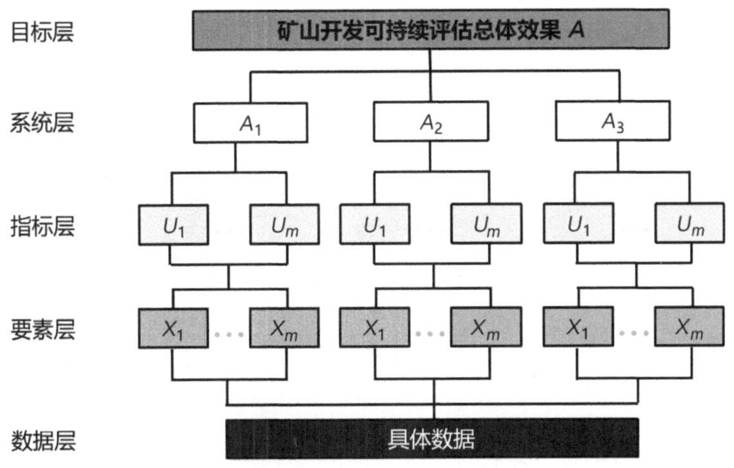

图 6.9　五层分类评价指标体系

6.3.2.2　评价指标的列举与解释

矿山开发可持续评价指标体系分为五层，其中系统层分为人企发展、资源开发、环境保护。根据人—资源—环境视角的三个系统大类，指标层分成七项，分别是企业发展、职工发展、开采效率、生产安全、资源评价、治理能力和环境承载。矿山开发可持续评价指标体系如表 6.3 所示。

表 6.3　矿山开发可持续评价指标体系

目标层	系统层	指标层	要素层	要素意义与说明
矿山开发可持续 A	人企发展 A_1	企业发展 U_1	企业文化 X_1	矿山开发企业的企业文化与氛围
			企业管理 X_2	矿山开发企业的企业管理水平
			企业业绩 X_3	矿山开发企业的企业营收情况
			企业未来发展 X_4	矿山开发企业综合发展水平及前景

续表

目标层	系统层	指标层	要素层	要素意义与说明
矿山开发可持续 A	人企发展 A_1	职工发展 U_2	职工满意度 X_5	矿山开发企业职工满意程度
			生活保障 X_6	矿山开发企业薪资待遇水平
			教育医疗 X_7	矿山开发企业配套医疗教育水平
			职业发展 X_8	矿山开发企业职工未来职业发展
	资源开发 A_2	开采效率 U_3	智能数字化程度 X_9	资源开发系统整体数字化水平
			开采单位能耗 X_{10}	单位矿产开采能耗水平
			开采规划水平 X_{11}	矿山前期整体规划水平
		生产安全 U_4	人员安全管理 X_{12}	工作人员安全意识水平
			设备和生产工艺管理 X_{13}	矿山设备及生产线管理维护情况
			作业环境安全管理 X_{14}	生产作业环境的安全及舒适情况
			安全组织保障管理 X_{15}	矿山通风、排水等安全措施部署情况
		资源评价 U_5	矿产资源储采比 X_{16}	矿山矿产资源利用情况
			矿产资源开采条件 X_{17}	目标矿山资源富集和丰富程度
			矿产资源品质及价值 X_{18}	矿山产出矿产的品质及价值
			矿产资源可采储量 X_{19}	矿山可以采集的资源储量
			共伴生资源利用率 X_{20}	对矿山共伴生资源的利用情况
			矿山隐性资源利用率 X_{21}	对矿山隐性资源的开发利用情况
	环境保护 A_3	治理能力 U_6	水资源保护与防护 X_{22}	矿山对开发中产生的污水的处理能力
			大气污染防治 X_{23}	对开发中产生的大气污染的处理能力
			固体废弃物污染防治 X_{24}	对开发中产生的固体废弃物的处理能力
			噪声污染防治 X_{25}	开发中对噪声传播现象的控制水平
			土壤污染防治 X_{26}	开发中对土壤污染现象的控制水平
		环境承载 U_7	水土流失控制 X_{27}	开发中对水土流失现象的控制水平
			地表植物及景观恢复 X_{28}	矿山对已破坏的植被复绿的修复水平
			环境承载力 X_{29}	当地土地对开发活动最大承载能力
			资源承载力 X_{30}	当地生态系统对开发活动最大承载力

（1）企业发展

企业发展主要是针对矿山企业自身可持续发展的体现，其中包括四项指标，分别为企业文化、企业管理、企业业绩、企业未来发展。企业文化反映矿山开发企业的企业文化与氛围，体现企业内部的思想观念和精神状态；企业管理反映矿山开发企业的企业管理水平；企业业绩反映矿山开发企业的企业营收情况，矿山企业的业绩指标包括收入、利润、产品质量、客户满意度等多个方面，同时包含企业给当地税收、就业带来的经济效益；企业未来发展反映矿山企业的综合发展水平及企业前景，体现企业在未来一段时间内的战略规划和发展方向。

（2）职工发展

矿山企业的职工发展影响着矿山企业的平稳运行，同时职工的发展给企业带来了活力和未来发展的可持续性，其中包括四项指标，分别为职工满意度、生活保障、教育医疗、职业发展。职工满意度反映矿山开发企业职工满意程度，是职工幸福感和获得感的来源；生活保障反映矿山开发企业薪资待遇水平；教育医疗反映矿山开发企业配套医疗教育水平；职业发展反映矿山开发企业职工未来职业发展潜力和对生活、工作的期待。

（3）开采效率

开采效率是体现矿山开发效率和影响矿山效益的重要因素，也是矿山发展和技术升级的主要目的之一，其中包括三项指标，分别为智能数字化程度、开采单位能耗、开采规划水平。智能数字化程度反映资源开发系统整体数字化水平，是科技程度、智能化水平的体现；开采单位能耗反映单位矿产开采能耗水平，体现矿山能源领域的节能减排情况；开采规划水平反映矿山前期整体规划水平，是矿山是否具有可拓展性、可改造性的体现。

（4）生产安全

生产安全包括四项指标，分别为人员安全管理、设备和生产工艺管理、作业环境安全管理、安全组织保障管理。人员安全管理反映工作人员安全意识水平，影响工作人员整体安全意识、行为；设备和生产工艺管理反映矿山设备及生产线管理维护情况，设备及生产工艺的安全是矿山生产可持续的硬件保障；作业环境安全管理反映矿山生产作业环境的安全及舒适情况，是保障工作人员的安全环境的基础；安全组织保障管理反映矿山通风、排水等安全措施部署情况，是安全生产的制度保障。

（5）资源评价

资源评价主要对矿山生产的矿产以及自身资源使用情况进行评价，其中包括六项指标，分别为矿产资源储采比、矿产资源开采条件、矿产资源品质及价值、矿产资源可采储量、共伴生资源利用率、矿山隐性资源利用率。矿产资源储采比反映矿山矿产资源利用情况，表示未来矿山可采度；矿产资源开采条件反映目标矿山资源富集和丰富程度；矿产资源品质及价值反映矿山产出矿产的品质及价值；矿产资源可采储量反映矿山可以采集的资源储量；共伴生资源利用率反映对矿山共伴生资源的利用情况；矿山隐性资源利用率反映对矿山隐性资源的开发利用情况，包含对于文旅资源、信息资源、农业资源的二度开发，是矿山在开采基础上对资源的额外开发。

（6）治理能力

治理能力代表矿山对于自身对周边环境产生影响的控制能力，其中包括五项指标，分别为水资源保护与防护、大气污染防治、固体废弃物污染防治、噪声污染防治、土壤污染防治。水资源保护与防护反映矿山对开发中产生的污水的处理能力；大气污染防治反映对开发中产生的大气污染的处理能力；固体废弃物污染防治反映对开发中产生的固体废弃物的处理能力；噪声污染防治反映开发中对噪声传播现象的控制水平；土壤污染防治反映开发中对土壤污染现象的控制水平。

（7）环境承载

环境承载是指矿山所在地生态环境对矿山开发行为的忍耐程度，其中包括四项指标，分别为水土流失控制、地表植物及景观恢复、环境承载力、资源承载力。水土流失控制反映开发中对水土流失现象的控制水平；地表植物及景观恢复反映矿山对已破坏的植被复绿的修复水平；环境承载力反映当地土地对开发活动的最大承载能力；资源承载力反映当地生态系统对开发活动的最大承载力。

6.3.3 矿山开发可持续评价指标权重确定方法

6.3.3.1 层次分析法的概念

层次分析法（AHP）是将与决策有关的要素分解为目标、准则、方案等层次进行定性和定量分析的决策方法。此法由美国运筹学家萨蒂在 20 世纪 70 年代初期提出，它运用网络系统理论及多目标综合评价方法对决策问题进行研究。它把复杂的多目标决策问题当作一个体系，分解成若干个目标或标准，再分解成若干个指标（或准则、约束），用定性指标模糊量化方法计算层次单排序（权数）与总排序，以此作为多目标（多指标）与多方案优化决策的依据[205]。层次分析法对于评价指标分层交错的目标系统，特别是目标值不易量化的决策问题是合适的。

6.3.3.2 可持续评价指标权重的运算步骤

在矿山开发可持续评估因子划分的基础上，采用层次分析法赋予评估因子权重。通过使用 1~9 的数值标度，我们在系统层中对各类指标两两之间的重要性进行相互比较和分析判断，从而构建因子判断矩阵。

$$A=\left(a_{ij}\right)_{n\times n}=\begin{bmatrix} a_{11} & a_{12} & \cdots & a_{1n} \\ a_{21} & a_{22} & \cdots & a_{2n} \\ a_{n1} & a_{n2} & \cdots & a_{nn} \end{bmatrix} \tag{6.1}$$

通过判断矩阵 A 求得最大特征值：

$$\lambda_{max}=\sum_{i=1}^{n}\frac{(A\omega_i)}{n\omega_i} \tag{6.2}$$

对判断矩阵进行一致性检验。

$$CI=\frac{\lambda_{max}-n}{n-1} \tag{6.3}$$

$$CR=\frac{CI}{RI} \tag{6.4}$$

当 $CR < 0.1$ 时，则一致性检验通过，所求权重有效。通过层次分析法可求得系统层内七个指标分类里的细分权重。

6.3.4 矿山开发可持续评价指标体系各指标权重分析

通过对 30 名矿山企业管理者、政府监管者、矿山技术专家进行访谈，收集整理评价指标，结合国家及地方出台的相关政策和矿山建设的基本条件设置指标体系。指标体系包含 3 个二级指标，每个二级指标下包含数个三级指标，三级指标下又包含数个四级指标，共计 30 个四级指标，构成了矿山开发可持续评价指标体系。

（1）系统层对目标层的相对重要性权数

根据 AHP 重要程度 9 点量程表，将系统层的人企发展、资源开发、环境保护 3 个因素两两比较，得到 3×3 对比矩阵 A（表 6.4）。

表 6.4　系统层对比矩阵

	A_1	A_2	A_3	权重
A_1	1.000	0.833	0.667	27.106%
A_2	1.200	1.000	0.909	33.939%
A_3	1.500	1.100	1.000	38.955%
最大特征值 λ =3.002，随机一致性指标 CR=0.002<0.1，通过一致性检验。				

（2）指标层对系统层的相对重要性权数

将企业发展、职工发展、开采效率、生产安全、资源评价、治理能力和环境承载 7 个因素两两比较，得到 7×7 对比矩阵 U（表 6.5）。

表 6.5　指标层对比矩阵

	U_1	U_2	U_3	U_4	U_5	U_6	U_7	权重
U_1	1.000	1.250	1.111	0.556	1.111	0.769	0.909	12.957%
U_2	0.800	1.000	0.625	0.500	0.833	0.556	0.769	9.830%

续表

	U_1	U_2	U_3	U_4	U_5	U_6	U_7	权重
U_3	0.900	1.600	1.000	0.833	0.909	1.111	1.000	14.444%
U_4	1.800	2.000	1.200	1.000	2.000	1.250	1.667	21.074%
U_5	0.900	1.200	1.100	0.500	1.000	0.833	1.111	12.834%
U_6	1.300	1.800	0.900	0.800	1.200	1.000	1.250	15.888%
U_7	1.100	1.300	1.000	0.600	0.900	0.800	1.000	12.973%
最大特征值 λ=7.044，随机一致性指标 CR=0.005<0.1，通过一致性检验。								

（3）要素层对指标层的相对重要性权数

① 企业发展指标。将企业文化、企业管理、企业业绩、企业未来发展 4 个因素两两比较，得到 4×4 对比矩阵 B_1（表 6.6）。

表 6.6　企业发展指标对比矩阵

	X_1	X_2	X_3	X_4	权重
X_1	1.000	0.813	0.648	0.899	20.628%
X_2	1.230	1.000	0.883	0.947	24.793%
X_3	1.543	1.132	1.000	0.697	26.190%
X_4	1.112	1.056	1.435	1.000	28.390%
最大特征值 λ=4.044，随机一致性指标 CR=0.016<0.1，通过一致性检验。					

② 职工发展指标。将职工满意度、生活保障、教育医疗、职业发展 4 个因素两两比较，得到 4×4 对比矩阵 B_2（表 6.7）。

表 6.7　职工发展指标对比矩阵

	X_5	X_6	X_7	X_8	权重
X_5	1.000	1.115	1.300	1.445	29.790%
X_6	0.897	1.000	1.018	1.232	25.492%
X_7	0.769	0.982	1.000	1.289	24.600%
X_8	0.692	0.812	0.776	1.000	20.118%
最大特征值 λ=4.003，随机一致性指标 CR=0.001<0.1，通过一致性检验。					

③ 开采效率指标。将智能数字化程度、开采单位能耗、开采规划水平 3 个因素两两比较，得到 3×3 对比矩阵 B_3（表 6.8）。

表 6.8 开采效率指标对比矩阵

	X_9	X_{10}	X_{11}	权重
X_9	1.000	1.342	1.033	36.840%
X_{10}	0.745	1.000	0.755	27.274%
X_{11}	0.968	1.324	1.000	35.886%
最大特征值 λ =3.000，随机一致性指标 CR=0.000<0.1，通过一致性检验。				

④ 生产安全指标。将人员安全管理、设备和生产工艺管理、作业环境安全管理、安全组织保障管理 4 个因素两两比较，得到 4×4 对比矩阵 B_4（表 6.9）。

表 6.9 生产安全指标对比矩阵

	X_{12}	X_{13}	X_{14}	X_{15}	权重
X_{12}	1.000	1.462	1.130	1.311	30.119%
X_{13}	0.684	1.000	1.117	1.139	24.011%
X_{14}	0.885	0.895	1.000	1.151	24.251%
X_{15}	0.763	0.878	0.869	1.000	21.620%
最大特征值 λ =4.013，随机一致性指标 CR=0.005<0.1，通过一致性检验。					

⑤ 资源评价指标。将矿产资源储采比、矿产资源开采条件、矿产资源品质及价值、矿产资源可采储量、共伴生资源利用率、矿山隐性资源利用率 6 个因素两两比较，得到 6×6 对比矩阵 B_5（表 6.10）。

表 6.10 资源评价指标对比矩阵

	X_{16}	X_{17}	X_{18}	X_{19}	X_{20}	X_{21}	权重
X_{16}	1.000	1.271	0.999	1.037	0.941	0.893	16.951%
X_{17}	0.787	1.000	1.142	1.015	0.846	0.987	15.944%
X_{18}	1.001	0.876	1.000	0.997	0.865	0.858	15.482%

续表

	X_{16}	X_{17}	X_{18}	X_{19}	X_{20}	X_{21}	权重
X_{19}	0.964	0.985	1.003	1.000	0.957	0.891	16.052%
X_{20}	1.063	1.182	1.156	1.045	1.000	1.022	17.879%
X_{21}	1.120	1.013	1.165	1.122	0.978	1.000	17.692%
最大特征值 λ =6.012，随机一致性指标 CR=0.002<0.1，通过一致性检验。							

⑥ 治理能力指标。将水资源保护与防护、大气污染防治、固体废弃物污染防治、噪声污染防治、土壤污染防治 5 个因素两两比较，得到 5 × 5 对比矩阵 B_6（表 6.11）。

表 6.11　治理能力指标对比矩阵

	X_{22}	X_{23}	X_{24}	X_{25}	X_{26}	权重
X_{22}	1.000	0.977	1.034	1.307	1.138	21.559%
X_{23}	1.024	1.000	1.120	1.473	1.117	22.601%
X_{24}	0.967	0.893	1.000	0.806	0.931	18.316%
X_{25}	0.765	0.679	1.241	1.000	1.046	18.503%
X_{26}	0.879	0.895	1.074	0.956	1.000	19.022%
最大特征值 λ =5.026，随机一致性指标 CR=0.006<0.1，通过一致性检验。						

⑦ 环境承载指标。将水土流失控制、地表植物及景观恢复、环境承载力、资源承载力 4 个因素两两比较，得到 4 × 4 对比矩阵 B_7（表 6.12）。

表 6.12　环境承载指标对比矩阵

	X_{27}	X_{28}	X_{29}	X_{30}	权重
X_{27}	1.000	1.152	1.013	1.300	27.660%
X_{28}	0.868	1.000	0.885	1.015	23.405%
X_{29}	0.987	1.130	1.000	1.115	26.307%
X_{30}	0.769	0.985	0.897	1.000	22.628%
最大特征值 λ =4.002，随机一致性指标 CR=0.001<0.1，通过一致性检验。					

（4）层次总排序

计算矿山开发可持续评价要素层对于总目标的总体优先级权重（表6.13）。

表6.13 矿山开发可持续评价指标体系权重

目标层	系统层及其权重		指标层及其权重		要素层及其权重		总权重
矿山开发可持续A	人企发展A_1	27.106%	企业发展U_1	12.957%	企业文化X_1	20.628%	2.67%
					企业管理X_2	24.793%	3.21%
					企业业绩X_3	26.190%	3.39%
					企业未来发展X_4	28.390%	3.68%
			职工发展U_2	9.830%	职工满意度X_5	29.790%	2.93%
					生活保障X_6	25.492%	2.51%
					教育医疗X_7	24.600%	2.42%
					职业发展X_8	20.118%	1.98%
	资源开发A_2	33.939%	开采效率U_3	14.444%	智能数字化程度X_9	36.840%	5.32%
					开采单位能耗X_{10}	27.274%	3.94%
					开采规划水平X_{11}	35.886%	5.18%
			生产安全U_4	21.074%	人员安全管理X_{12}	30.119%	6.35%
					设备和生产工艺管理X_{13}	24.011%	5.06%
					作业环境安全管理X_{14}	24.251%	5.11%
					安全组织保障管理X_{15}	21.620%	4.56%
			资源评价U_5	12.834%	矿产资源储采比X_{16}	16.951%	2.18%
					矿产资源开采条件X_{17}	15.944%	2.05%
					矿产资源品质及价值X_{18}	15.482%	1.99%
					矿产资源可采储量X_{19}	16.052%	2.06%
					共伴生资源利用率X_{20}	17.879%	2.29%
					矿山隐性资源利用率X_{21}	17.692%	2.27%
	环境保护A_3	38.955%	治理能力U_6	15.888%	水资源保护与防护X_{22}	21.559%	3.43%
					大气污染防治X_{23}	22.601%	3.59%
					固体废弃物污染防治X_{24}	18.316%	2.91%
					噪声污染防治X_{25}	18.503%	2.94%
					土壤污染防治X_{26}	19.022%	3.02%

续表

目标层	系统层及其权重		指标层及其权重		要素层及其权重		总权重
矿山开发可持续 A	环境保护 A_3	38.955%	环境承载 U_7	12.973%	水土流失控制 X_{27}	27.660%	3.59%
					地表植物及景观恢复 X_{28}	23.405%	3.04%
					环境承载力 X_{29}	26.307%	3.41%
					资源承载力 X_{30}	22.628%	2.94%

根据层次分析法所得到的各级指标的权重，环境保护是人一资源一环境体系最受重视的领域。生产安全是指标层最重要的部分，其次是对环境的治理能力。在要素层，智能数字化程度、开采规划水平、人员安全管理、设备和生产工艺管理、作业环境安全管理几个领域更受到关注。矿山开发可持续评价指标体系及权重的确立能够明确评价内容，为矿山开发可持续评价提供参考。

6.3.5　基于模糊综合评价法的矿山开发可持续评价模型

6.3.5.1　模糊综合评价法的概念

模糊综合评价法就是运用模糊数学理论，把定性评价变为定量评价，使受到诸多因素约束的事或物得到整体评价的方法[206]。这种方法结果明确，系统性好，能有效地应对不透明和不易定量的情况，适合处理各类用自然语言来表示的非确定性问题。自然语言的最大特征就是它的模糊性，难以用传统的数学模型或者公式来评判。为此，将模糊集合理论运用在评判方法之中，通过多项指标综合性地判断出被评事物的隶属等级状况，并将被评事物变化范围作出划分。这一方面能考虑对象层次性的特点，使评价标准、影响因素等的模糊性表现出来；另一方面，可以充分发挥人在评价中的作用，运用人的实践经验，使评价结果更具有参考性。

6.3.5.2　矿山开发可持续评价的模型构建步骤

通过模糊综合评价建立矿山开发可持续评价模型，从综合性的角度测试多视角下复合数据运算模型输出变化情况。首先要确定模糊评价对象的论域。确定论域后，再来确立评价对象。选择 7 个指标因素构成矿山开发可持续评估模糊综合因素集，这 7 个因素分别为：U_1（企业发展）、U_2（职工发展）、U_3（开采效率），U_4（生产安全）、U_5（资源评价）、U_6（治理能力）、U_7（环境承载）。

$$U=\{U_1, U_2, U_3, U_4, U_5, U_6, U_7\} \tag{6.5}$$

再确定评语等级论域，通过评价者作出的评价建立评价集。

$$V=\{V_1, V_2, V_3\cdots\cdots V_n\} \tag{6.6}$$

单独从一个因素出发进行评价，建立单因素模糊关系矩阵。

$$R=\begin{bmatrix} R_1 \\ R_2 \\ \vdots \\ R_n \end{bmatrix}=\begin{bmatrix} r_{11} & r_{12} & \cdots & r_{1n} \\ r_{21} & r_{22} & \cdots & r_{2n} \\ \vdots & \vdots & \ddots & \vdots \\ r_{m1} & r_{m2} & \cdots & r_{mn} \end{bmatrix} \tag{6.7}$$

其中 r_{ij}（$i=1,2,\cdots,m$; $j=1,2,\cdots,n$）表示被评价对象 U_i 与评价等级 V_j 之间的隶属度，可以视为因素集 U 与评价集 V 之间的模糊关系，也就是影响因素和评价对象之间的关联。然后，我们需要设定评价因素的权重向量，进而合成评价结果向量，并针对评价结果向量进行解析。

将单因素评价矩阵与权重集 W 进行变换，即可得到综合评价 B。

$$B=W\times R \tag{6.8}$$

最后，通过将综合评价 B 转化为综合数值，可求出最优者。模糊综合评价建立挖掘开发数据评价算法模型，从综合的角度检验复合数据操作模型在多视角下的输出变化。

第7章 矿山开发可持续重构设计及评价实践应用

本章的研究围绕可持续设计与评价方式的实践和应用展开，旨在验证矿山开发中可持续重构设计方法的适用性。通过对湖南资兴矿山进行实地考察，并结合该矿山的地形地貌、生产条件、经营状况等特点，因地制宜，进行可持续重构设计的实践。矿山开发可持续重构设计包括矿山未来空间设计、智能化架构以及可视化界面的创新升级。对可持续重构设计与建设前后的矿山进行评价，结果表明，经过可持续重构设计与建设后，矿山在开采效率、资源利用、环境保护、生产安全等领域取得了较大进步，验证了矿山开发可持续重构设计的可靠性和适用性。

7.1 矿山基本情况

7.1.1 地理位置

矿山位于湖南省资兴市境内，井田走向长约 4.20 km，倾向长 2.65 km，矿区面积 8.338 km^2。煤层走向北东，倾向北西。矿层倾角平均达到 20°，局部超过 45°；煤层的地质构造主要是断层，局部伴有部分褶皱等，矿井地质随着深度加深变得越来越复杂，矿井地质构造类型为中等复杂型。

矿井始建于 1966 年 10 月，开拓方式为立井、暗斜井多水平开拓，矿井设计开采能力为 45 万吨 / 年。1970 年 7 月正式投产；并于 1983 年达到矿井设计开采能力； 1988 年，矿山启动了技术改造项目，其中包括建造一座新副井。该副井从地面标高 +140 m 延伸至井底标高 –672 m，其井筒深度为 812 m，净断面为 28.26 m^2。矿井设计开采能力由原来的 45 万吨 / 年扩大到 66 万吨 / 年。2008 年矿井通风能力核定为 66.49 万吨 / 年。2008 年北风井建成，矿井两翼对角式通风。2010 年对矿井通风系统进行优化后，2011 年矿井通风能力核定为 75 万吨 / 年。2019 年实际产煤约 75 万吨。井田内主要有一、二、三、四煤共四个可采煤层，其中一煤和四煤为主采煤层。截至 2019 年 12 月，矿井保有储量 1 622.1 万吨，可采储量 314.6 万吨。目前，矿井已全面进入“三下”压煤区域内开采，矿井第一水平已进入报废期，第二水平也即将开采完毕，现正在开采的第三水平是目前的主战场。

煤的自燃倾向：2018 年 5 月 4 日委托湖南省煤矿安全监察局安全技术中心对一煤、二煤、三煤、四煤进行煤自燃倾向性检测，检测结果为一煤、二煤、三煤、四煤自燃倾向性等级为 III（不易自燃）。根据公司及邻近矿井历年来的生产情况，煤层未出现过自燃现象，为不易自燃发火的煤层。

7.1.2　地质构造与水文情况

井田内浅部地质构造以单斜构造为主，地层走向 45° 左右，倾向北西，倾角 17°~23°，平均 20°；深部地质构造以褶皱为主。影响矿井开采的构造浅部主要是断层，深部主要是褶曲。据勘探资料及采矿工程揭露的地质资料，矿井主要构造如下。

①宝梨正断层。位于井田北东翼边界，走向 120°~160°，倾向南西，倾角 55°~70°，铅直地层断距东大、西小，为 70~170 m，平均 90 m。

②老平庵正断层。为倾向正断层，位于 12 与 14 采区边界，走向 120°~170°，平均 148°，倾向南西，倾角 63°，断距 35~44 m，平均 40 m。

③唐垅第一断层。为倾向正断层，位于井田南西翼边界，走向 13°，倾向南西，倾角 70°，断距 35 m 左右。

④抬轿垅断层。为斜交逆断层，在 1327 中巷揭露倾向 275°~277°，倾角 38°，断距 50~70 m，在断层上、下盘形成小型向背斜构造。

这些断层界定了矿井和采区的自然边界，由它们产生的次生构造给工作面的开采及支护带来一定困难。

井田地表主要是侏罗纪茅仙岭岩层所构造的沟谷，季节性水系发育。常年流量的主要有宝源河、甘垅河、水木垅河及小型山塘，矿井开采后，局部因小断层沟通水系而漏水，造成一定的威胁性。

矿区煤系地层共有 7 个含水层，其中第 I、II、III 含水层处在煤层顶板，特别是第 III 含水层即一槽煤直接顶，开采初期淋水明显。第 VI 含水层为三、四煤层所夹砂岩，淋水不明显，第 V、VI、VII 含水层在四煤以下，均不具水危害。

2019 年矿井涌水量最大为 598.8 m^3/h，最小为 365.3 m^3/h，平均为 543.5 m^3/h。–370 水仓有效容量为 4 580 m^3，–650 水仓有效容量为 3 749 m^3，–800 水仓有效容量为 3 749 m^3。–370 水泵房最大排水能力为 1 464 m^3/h，–650 水泵房最大排水能力为 896 m^3/h，–800 水泵房最大排水能力为 896 m^3/h。

7.1.3 煤层及顶板特征

矿井属中生代三叠—侏罗煤系，共含煤十一层，可采煤层四层，即一、二、三、四槽煤。其中一、二煤层属 1/3 焦煤，三、四煤层属焦煤，各煤层顶底板岩性分述如下。

①一煤层。单一结构，以暗煤为主，含亮煤及镜煤条带，但成暗淡型煤。厚 0.3~2.5 m，平均 1.82 m，局部含夹矸一层，厚 0.1~0.2 m。该层煤在四勘探线以南厚度不可采。煤层伪顶主要在北翼发育，为炭质泥岩或泥岩，局部夹砂岩体，厚 0~2 m 不等。伪底一般不发育。直接顶为中粗粒长石石英砂岩，平均厚度 8.8 m，抗压强度指数 D > 120 kgf/cm^2，划分为 IV 类坚硬顶板，直接底为深灰色砂质泥岩或泥岩，厚 3 m 左右。

②二煤层。复杂结构，上部为亮煤，下部为暗煤，镜煤条带或炭质泥岩与煤相间，煤厚 0~2.2 m，平均 0.91 m，矿井南翼发育可采，本层无伪顶，直接顶为深灰色薄至中厚层状砂质泥岩，局部夹有细砂岩，层厚 0~26.85 m，平均 6.9 m，按抗压强度划分为 I 类不稳定顶板，开采中易于管理，底板为砂质泥岩或炭质泥岩，厚 0~26 m，平均 7.81 m，在南翼 13 采区厚度薄至 0.2~1.0 m，与下伏三煤层成复合煤层，开采中支柱易“插针”而不便管理。

③三煤层。复杂结构，厚 0~5.62 m，平均 2.04 m，煤层上部以亮煤为主，厚 0.25~0.40 m，下部煤线、变质泥岩相间，呈鳞片状，厚 1.0~1.5 m，夹矸

1~3 层，厚度不稳，煤质差而局部不可采，该层伪顶较发育，常见 0~2 m 的炭质泥岩，直接顶即为二煤直接底，为砂质泥岩或炭质泥岩，划分为 I 类不稳定顶板，易垮落，煤层伪底也较发育，为 0~4.39 m 的炭质泥岩，直接底为砂质泥岩或泥岩，厚 0~21.13 m，平均 4.12 m。

④四煤层。简单结构，由亮煤和暗煤组成，半亮型，质优，厚 0.10~2.21 m，平均 1.20 m，无伪顶，直接顶为砂质泥岩及麻黑色砂岩，北翼 –450 m 以上为麻黑色砂岩，厚 0.72 m，南翼及矿井深部为砂质泥岩，局部为细砂岩，厚 0~18.36 m，平均 6 m，生产中分类有别，北翼 –450 m 以上为 III 类稳定顶板，其他范围为 I 类不稳定顶板，但都易于顶板管理，煤层无伪底，直接底为砂质泥岩或泥岩，夹六煤层线，厚 0~26.63 m，平均 8.29 m。

7.2 矿山生产现状及现有问题

7.2.1 生产方式与主要生产系统

矿井开拓方式为立井、暗斜井多水平开拓（深度分别为 –370 m、–650 m、–800 m），有三个立井井筒（三个井筒井口标高为 +142 m，主井和老副井井底标高为 –370 m，新副井井底标高为 –650 m）。第一、二水平每个水平分成四个采区，第三水平分成三个采区，采区内一般采用“双翼开采，布置三条上山巷道”；区段内采用“煤层群联合布置”的方式开采，即一般采用“区段集中运输石门”（“机轨合一”）或者“区段集中运输平巷”（少数）的巷道布置方式。矿井的通风方式为“分区抽出式”。目前，矿井的第一水平（–370 m 水平）以上的煤炭资源已经开采完毕，主要的生产采区位于第二水平（–650 m 水平）和第三水平（–800 m 水平）。当前矿井有三个生产采区（22、32、34）、两个采煤队、五个掘进队。

采煤方法：工作面对缓倾斜或倾斜煤层采用“走向长壁后退式采煤法”，通过机械方式采集煤炭，并采用全部陷落法管理顶板。一个炮采、三个普采面采用单体液压支柱配 π 型钢梁支护，一个综采面采用双滚筒采煤机落煤、装煤，可弯曲刮板输送机运煤，液压支架支护的综合机械化采煤。作业方式采用“两采一准”。掘进工作面采用三班作业方式，拥有两套备用综掘机，各掘进头采用风钻打眼，爆破落煤、矸，耙矸机装矸，各掘进头采用皮带、溜子、绞车、小电机车运输，巷道支护以锚网喷和金属棚为主。

矿山主要生产系统包含矿井运输提升系统、排水系统、供电系统等。

7.2.1.1　矿井各系统核定产能

矿山的井下开采系统核定生产能力如表 7.1 所示。

表 7.1　矿山井下核定产能

单位：万吨 / 年

项目	主井	副井	通风系统	地面运输	供电系统	排水系统	掘进工作面
核定产能	71	4.9	75	79	82	121	76

7.2.1.2　矿井运输提升系统

① 运煤系统。第二水平（–650 m 至 –370 m）的煤炭从工作面→运输机巷→区段斗口→集中运输上山→采区煤仓→ –650 运输大巷→ –650 卸煤站→ 21 反仓皮带→ –430 中转斗口→ 21 进仓皮带→自溜进入主井井底煤仓→主井箕斗提升至地面。–650 m 以下的煤炭从工作面→运输机巷→区段斗口→五号皮带→ 32 采区煤仓→四号皮带→ –430 中转斗口→ 21 进仓皮带→自溜进入主井井底煤仓→主井箕斗提升至地面。

② 运矸系统。–650 m 水平往上的掘进煤矸从轨道中巷→区段贯穿石门→甩道→轨道上山→各采区车场→ 370 运输大巷→老副井井底车场→副井提升至地面→矸子山绞车提升至排矸场。–800 m 水平至 –650 m 水平的掘进煤矸则通过新副绞车提升至地面。

7.2.1.3　排水系统及排水设备

① 矿井排水系统为三级排水，即 –800 水仓排至 –650 水仓，再排至 –370 水仓，再排至地面。

② 矿井排水能力。–370 水泵房安装了六台 MD280–65X9 型水泵及一台 150 m^3/h 清水泵，最大排水能力为 1 464 m^3/h；–650 水泵房安装了四台

MD280-65X5 型水泵，最大排水能力为 896 m^3/h；-800 水泵房安装了四台 MD280-65X5 型水泵，最大排水能力为 896 m^3/h；-370 m 水平至地面铺设了三趟 Dg250 mm 的水管。其中 -650 中央水泵房采用无底阀自动排水装置，安装视频监控，并实现无人值守；2017 年购买了一台水仓清理机，实现了在短时间内完成清理水仓的工作。

7.2.1.4 供电系统及主要供电设备

矿山由资兴电网和三都电厂形成双回路环形供电，采用 LGJ-120 型钢芯铝绞线，架线 3.6 km 到达矿业公司地面变电所。35 kV II 段周三线来自资矿集团砰石电厂，采用 LGJ-120 型钢芯铝绞线，架线 2 km 到达矿业公司地面变电所。地面变电两台主变压器型号为 S10-M-10000-35/6，容量 10 000 kVA，一台工作，一台备用。35 kV 电源通过主变压器降压至 6 kV 后，由两路下井电缆（MYJV43-3 × 185/820 m 和 MYJV43-3 × 185/830 m）送至 -370 中央变电所；由两路下井电缆（一趟型号、长度分别为：MYJV43-3 × 120，165 m、660 m、750 m；另一趟型号、长度分别为 MYJV43-3 × 120，120 m、650 m、750 m）送至 -650 中央变电所。-800 中央变电所两路电缆由 -650 中央变电所供电（两趟电缆型号及长度相同，型号均为 MYJV22-120 × 3，长度均为 1 500 m），井下共有 12 个采区变电所。

7.2.2 矿山运营管理现状

该矿山的管理现状主要包括管理制度、文化情况和人员结构三个方面。从管理制度方面来看，该矿山的安全、生产系统完善可靠，监测监控、通信联络、压风自救、供水施救、人员定位、紧急避险“六大系统”符合规程要求，并且能够满足安全生产需求。此外，该矿山的公司各种证件齐全有效，安全生产管理人员均持有安全生产知识和管理能力考核合格证，特种作业人员全部通过专业培训持证上岗。这些制度和措施为矿山的安全和生产提供了坚实的保障。

从文化情况方面来看，该矿山有自己的企业文化建设。通过塑造健康、积极向上的企业文化，可以提高职工的凝聚力和归属感。

从人员结构方面来看，该矿山现有在岗职工 1 993 人，工程技术人员配备齐全，其中高、中级技术职称 17 人，初级职称 37 人，注册安全工程师 2 人。这些专业人才的配置为矿山的技术创新和发展提供了坚实的支撑。企业内具有专业技术水平的工作人员较少，如果进行大规模的技术改造，需要花费大量时间进行培训，同时也对系统可视化提出简洁明了的要求。

综上所述，虽然该矿山的管理现状已经相对健全，但仍然需要在文化建设和人员结构方面加强。通过规范管理制度、塑造企业文化、完善人员结构等手段，可以进一步提升矿山的整体水平和竞争力，更好地满足市场和社会的需求。

7.2.3　矿山现有问题总结

该矿山目前存在若干问题，其中包括矿山功能划区不明显、缺乏对未来的规划、智能化程度低以及数据及管理孤岛效应。这些问题都需要通过科学有效的管理手段加以解决。

第一，针对矿山功能划区不明显的问题，需要对矿山进行合理的划分和规划。这需要考虑到矿区的地质构造、资源储量、工艺流程等因素，制定出相应的规划方案，从而实现矿区内各个功能区域的合理划分和有序协调。同时，在规划中应该充分考虑未来的发展需求和变化，保证规划具有科学性和可持续性。

第二，智能化程度低也是该矿山面临的一个重要问题。因为矿山建设规划时间早，生产设备较为落后，虽然生产过程中有对设备进行升级，但是依旧在智能化领域落后。为了提高生产效率和降低人力成本，需要逐步引入更多的智能化技术和设备。例如，利用传感器、自动化机械等设备来实现矿山巡检、数据采集、物资运输等环节的自动化，提升矿山的生产效率。

第三，管理效率低也是该矿山亟待解决的问题。过去的数据采集、管理方式存在着许多不足，导致形成了数据孤岛和管理孤岛。为了解决这一问题，需要对现有的数据进行整合和优化，并加强各个环节之间的协同和沟通，强化数据展现形式以及响应方式，确保数据的全面性和准确性

总之，该矿山所面临的问题比较复杂，需要采取合适的措施，对矿山进行可持续设计。通过科学规划、智能化技术、数据整合和信息化升级等手段，可以实现对矿山生产和管理的高效监管和管控，从而提高矿山的生产效率和经济效益，更好地满足社会和市场需求。

7.3 矿山开发可持续重构设计及建设形式

7.3.1 矿山开发可持续重构设计及建设目标

为了实现矿山的可持续建设目标，该矿山需要在时间跨度上进行空间设计，并为未来拟定新的文化—旅游—工业结合的矿山规划。在此过程中，应优先考虑智能化空间的建设，建立功能优先、简洁明了的智能矿山系统。同时，也应该打造信息直接、操作简便的矿山可视化体系。

首先，在矿山规划过程中，应放眼于未来，根据该矿山地理特征，打造文化、旅游和工业相结合的矿山景观。特别是在文化和旅游方面，可以借鉴其他地区成功的经验，基于湖南资兴当地的文化特色，开发独特的旅游资源和项目。其作为湖南地区规模最大的煤矿产地，未来要吸引更多的游客来到该地区。此外，在工业方面，也应该注重技术创新和环保建设，推动矿山向更加可持续和高效的方向发展。

其次，智能化空间建设是矿山可持续建设的重要方向之一。基于矿山现有设备进行智能化改造，矿山内部应通过引入智能化设备和技术来提高生产效率和减少人力成本。

最后，打造信息直接、操作简便的矿山可视化体系是实现矿山智能化目标的关键之一。受限于矿山工作人员的理解和操作能力的参差不齐，以简洁为目标，通过将数据整合和可视化，可以让矿山管理者和工作人员更方便地了解矿山内部情况，及时作出决策和调整。例如，可以利用大屏幕显示实时数据，并提供交互式控制界面，使得矿山管理者和工作人员都能够轻松地了解矿山生产状况和需求。

7.3.2 矿山开发可持续重构设计及建设措施

为了实现矿山的可持续建设，需要采取一系列措施，其中最关键的是通过矿山可持续重构设计方法对矿山进行再设计。具体来说，这些措施包括长远的可持续空间规划设计、智能化矿山开采架构设计以及矿山系统可视化设计等方面。

首先，长远的可持续空间规划设计对于矿山的可持续发展至关重要。在规划设计中，必须充分考虑未来的需求和变化，制定出科学合理的规划方案，并将其落实到具体的实施措施中，从而实现矿山内各个功能区域的合理划分和有序协调。此外，规划设计应该注重环保、节能，以实现矿山的可持续发展。

其次，在现有设备的基础上进行设备互联改造也是矿山可持续建设措施之一。通过引入物联网、大数据等技术手段，可以实现设备之间的互联互通，提高矿山生产效率。例如，可以将传感器和监测设备安装在矿区各个关键位置，以实时采集和传输数据。这些设备和技术的引入可以提高矿山内部的自动化程度，从而提升矿山的智能化水平。

最后，在开采架构的基础上，根据简洁、易懂的原则，做好矿山系统可视化设计。通过将数据整合和可视化，可以让矿山管理者和工作人员更方便地了解矿山内部情况，及时作出决策和调整。利用大屏幕显示实时数据，并提供交互式控制界面，使得矿山管理者和工作人员都能够轻松地了解矿山生产状况和需求，提高矿山的安全性和效率，还可以提高管理者和工作人员的工作效率和满意度。

7.4 矿山开发可持续重构设计及建设方案

7.4.1 矿山可持续空间重构设计方案

7.4.1.1 矿山空间重构设计概况

（1）地形地貌现状

矿区位于江南丘陵地带，地势平缓。矿区地貌主要有冲积平原、丘陵和人工地貌，北部为平原，其最高标高位于矿区东南部。矿区等高线图和地势地形图如图 7.1 和图 7.2 所示。

人工地貌主要为尾矿库和煤矸石回填场，煤矸石露天堆积面积 129 513 m^2，覆绿面积 51 020 m^2。

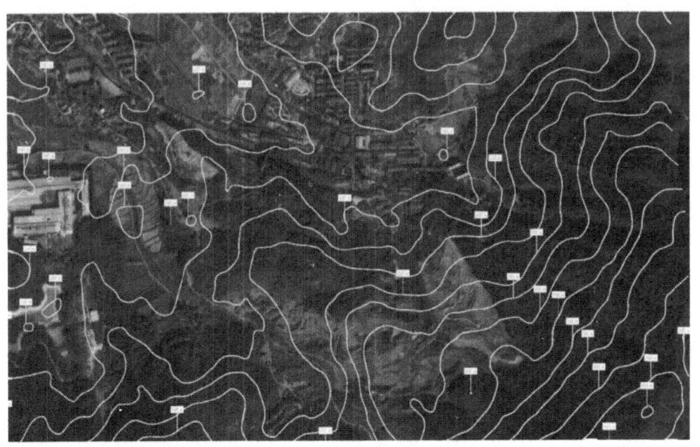

图 7.1 矿区等高线图

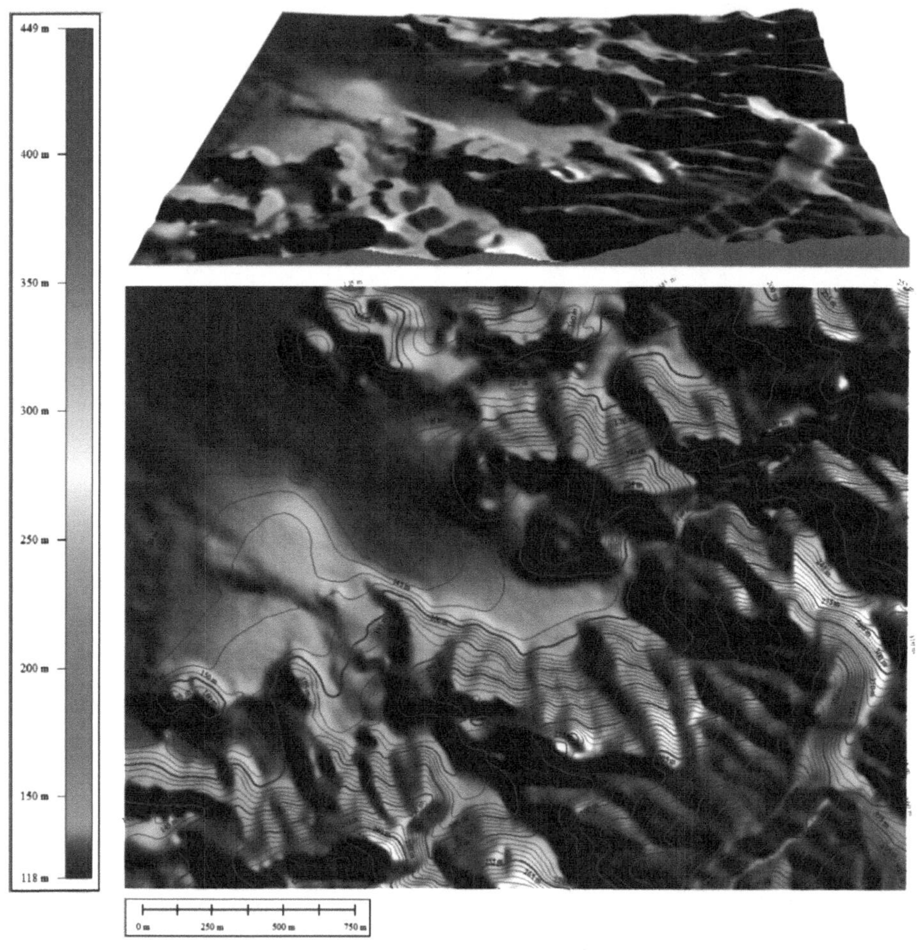

图 7.2　矿区地势地形图

（2）植被覆盖现状

目前，矿山的植被主要覆盖矿山丘陵周边地区，矿山园区的东北和东南部植被较为稀疏，而西北和西南部植被则较为茂密。周边主要的植物种类包括木樨科的桂花和女贞，木兰科的广玉兰、木莲和含笑，以及樟科植物。由于长期进行大规模的采矿活动，地表植物受到了严重的破坏，岩石直接裸露，部分地表的破坏程度尤为严重（图 7.3）。

图 7.3　矿山地表植被覆盖情况

（3）空间场景现状

矿山占地约为 0.7 km^2，主要分为五个区域：办公区、生活居住区、生产加工区、矸石回填区和闲置区。矿山的功能区域分布图如图 7.4 所示。办公区主要是用于矿山企业办公的区域，包含了企业行政管理、企业形象展示、业务接待等功能。生活居住区是给矿山职工提供住宿和餐饮的区域。生产加工区是矿山的核心区域，分布有竖井、运输库、成品库等关键建筑。矸石回填区是用于采出煤矸石的堆积、回填的区域，并进行了部分的复绿工作。闲置区是矿山区域内还未开发的空闲土地资源。

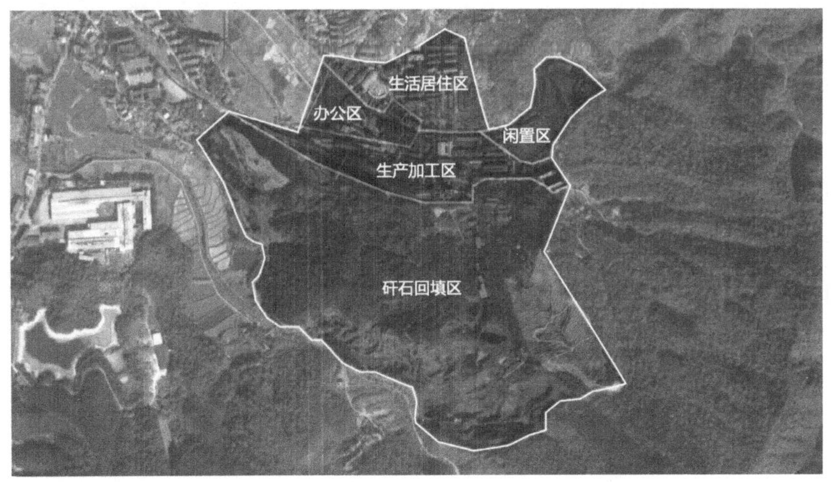

图 7.4　矿山的功能区域分布图

由于矿山建设时间较早，矿区内的建筑比较老旧，风格也比较单一。生产加工区主要以红砖瓦顶类建筑为主，生活居住区的宿舍楼以“赫鲁晓夫楼”为主。矿山的建筑风格如图 7.5 所示。

图 7.5 矿山区域内的建筑实景图

7.4.1.2 矿山空间重构设计原则与思路

对已经运行几十年的矿山进行再设计是一个巨大的挑战，需要注意与环境和人类生活息息相关的许多问题。矿山空间重构设计对于保护环境、提高生产效率以及促进企业可持续发展都有非常重要的意义。本书从“因地制景”“功能分区”和“物尽其用”三个方面出发，探讨矿山空间重构设计的原则与思路。

（1）因地制景

因地制景是指在矿山空间重构设计中，应根据资兴当地的自然条件、社会经济环境和文化特色等因素，合理规划和布局矿山的各项活动，实现原有资源利用的最大化和环境保护的最佳化。这个原则主要体现在利用周围的环境和地形条件来进行空间设计。在矿山区域，可以根据其自然条件和地貌特征来设计不同的空间布局。矿山在山区部分，可以将建筑物的坡度调整得更平缓，使其更符合山地特点。此外，因地制景还包括考虑到当地的文化背景和历史传统，充分融入当地的建筑和装饰元素，以使矿山区域的重构设计更加符合当地的文化背景和历史传统。

（2）功能分区

功能分区是指根据矿山的不同作用和功能，对矿山空间进行合理的区域划分和规划，以实现矿山开发活动的高效性和协调性。这一原则的核心在于将矿山各项活动有序地组织起来，避免相互冲突和浪费，提高生产效率和资源利用率。在规划设计阶段，根据采矿、加工、运输和储存等不同功能的需要，将矿山空间分为不同的区域，并确定每个区域的功能和用途。在后续管理过程中，矿山可以改造成办公区、生活区、教育区、娱乐区等不同的区域。这些区域应当根据它们的不同功能定位，采取不同的建筑和装饰风格，以满足其各自的需求。

（3）物尽其用

物尽其用是指在矿山空间重构设计中，应充分利用各种资源和设施建筑，实现资源的高效利用和降低成本。这一原则的核心在于将矿山各项活动的资源浪费降到最低限度，同时提高资源的可持续利用率和环境的保护水平。在设计项目的选址和规划设计阶段，考虑到地形和原有建筑的特点，进行景点的改造再生。

7.4.1.3　基于工业遗址的矿山空间重构设计方案

（1）总体布局设计

基于矿山可持续空间重构设计的原则与方法及多样化的实地调研，提出了以矿山生产区域为主线，充分利用矿山周边山体营造配套休闲景观的设计方案。将矿山园区分为人造景观区域、农业景观区域和山体景观区域三部分（图 7.6）。根据现状和地形地势，设置矿山景点（图 7.7），形成集娱乐、休闲、教育于一体的综合性矿山遗址景观。

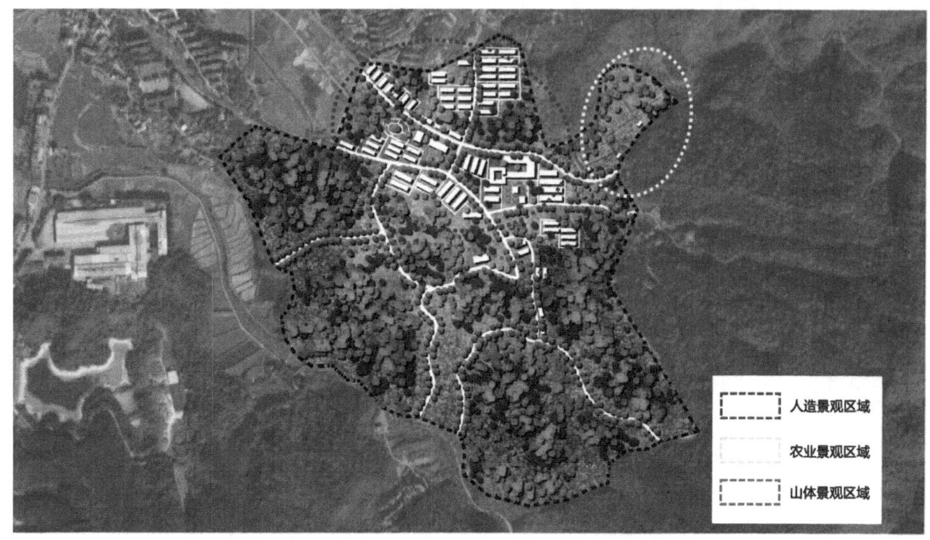

图 7.6　矿山空间重构三大分区

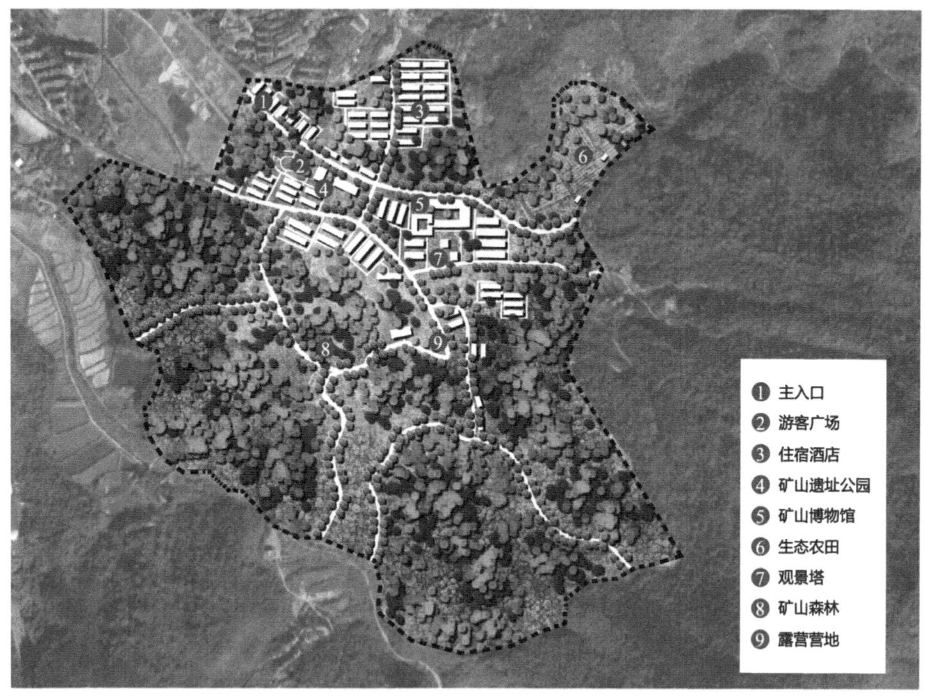

图 7.7　矿山设置景点布局

（2）空间功能组织及设计要素

对矿山园区空间功能组织进行设计，把各主要功能分区与各展示节点联系起来，如图 7.8 所示。结合矿山地形及设计原则，将节点合理布局与分割，各节点之间以交通游线的组织方式联系起来。在矿山的空间重构设计中，空间类型主要包括自然景观、农业景观和人文景观。

空间类型	自然景观	农业景观	人文景观
优化措施	保留原设山体、植被类型，对裸露污染的山体进行复绿	对土地进行土壤改良，将其转变为适合种植的农业土地	基于矿山当地村落羊场村的建筑特点，保留黄土墙、小青瓦，对建筑进行优化改造
体现形式	山体景观、林地景观	农田、种植大棚	厂房转变为展示、娱乐场地，优化厂区植物景观
具体表现	矿山森林、露营营地	生态农田	矿山遗址公园、矿山博物馆

图 7.8　矿山空间功能组织设计框架

把新的矿山园区分为 A、B、C、D、E 五个区域地块（图 7.9）。将原有的办公区转变为游客接待区 A；将给矿山职工提供住宿的生活居住区转变为给游客提供住宿的住宿休闲区 B；把核心生产加工区转变为基于原有工业建筑的工业遗址区 C，里面包含矿山遗址公园和矿山博物馆；对原有的闲置区域进行土壤改良，将其转变为生态农业区 D；通过复绿、植被优化将原有的植被破坏的回填区转变为回填恢复区 E。

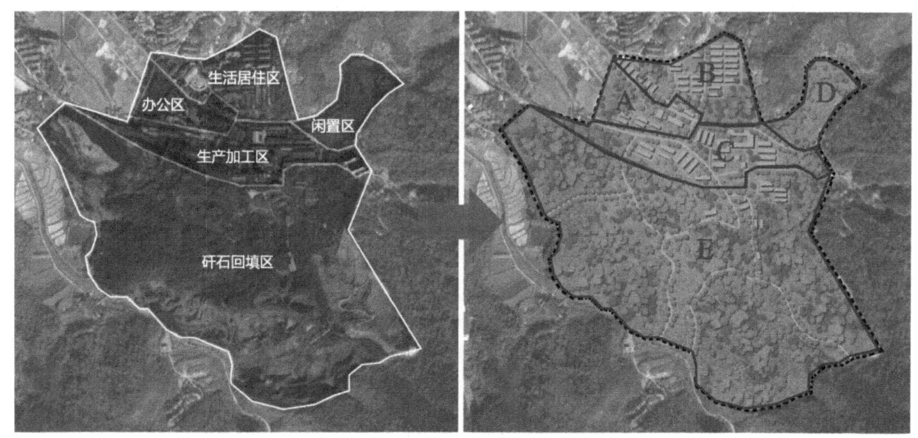

图 7.9　矿山空间区域功能转变

（3）自然景观空间设计

自然景观空间设计主要是对回填恢复区的山体景观进行设计。原有矸石回填区域存在土地大面积裸露、植物稀疏等问题，如图 7.10 所示。通过植被优化对原有裸露的山体实施复绿工程，通过种植不同种类的植物打造不同类型的绿色景观，形成了矿山森林以及露营营地等景点，如图 7.11 所示。

图 7.10　矸石回填区原有地貌

图 7.11　回填恢复区设计效果图

（4）农业景观空间设计

农业景观空间设计主要是将原有的闲置区域转变为生态农业区。原有的闲置区域被当地农民杂乱无章地种植了较多的蔬菜等作物（图 7.12），通过统一规划，优化农田周边的建筑布局，把地块打造成具有矿山风格的生态农田区域（图 7.13）。

图 7.12　闲置区现状

图 7.13　生态农业区设计效果图

（5）工业遗址景观空间设计

工业遗址景观空间设计是矿山空间重构设计的核心。原有园区内有大量为矿山生产建设的原有建筑，部分建筑因年代久远、长期失修，导致破败、坍塌，没有可利用价值。因此将这些建筑拆除，保留园区内重要主体建筑。矿山处于湖南资兴，当地有列入中国传统村落名录的资兴市清江镇羊场村民居建筑，该建筑以“丁”字形对称连片建造，以杉木为房梁、黄土砖为墙、小青瓦为顶，左右连栋，前后连衢（道），如图 7.14 所示。结合园区国土规划格局、产业发展政策以及周边植被特点，以羊场村民居的建筑特点为模板，重点对矿山园区的主要建筑进行改造。

图 7.14　资兴市清江镇羊场村民居建筑

原有园区内的建筑杂乱无章，绿化植被没有统一规划（图 7.15）。将原有破败建筑拆除，对保留建筑进行修葺。根据当地民居特点和现场环境，对建筑外立面进行修整，保留建筑的工业风格，引入当地民居中的青瓦，打造整体矿山遗址公园的内部绿化景观，如图 7.16 所示。

图 7.15 矿山生产加工区实景

图 7.16 矿山遗址公园设计效果图

原有主副井立塔是整个园区最高的建筑物（图 7.17），能够俯瞰整个园区。将塔内的生产设备拆除，进行外立面的改造，将主副井立塔改造成观景塔（图 7.18）。

图 7.17　园区主副井立塔实景

图 7.18　观景塔设计效果图

指挥调度中心大楼是原有矿山园区的核心建筑，占地面积较大，三面建筑呈“C”字形（图 7.19）。保留原有建筑走廊，将外面改为淡黄色，把指挥调度中心大楼改造成矿山博物馆，可以让游客了解矿山的历史、功能以及发展过程（图 7.20）。

图 7.19　园区指挥调度中心实景

图 7.20　矿山博物馆设计效果图

7.4.2　矿山智能系统搭建重构设计方案

7.4.2.1　矿区原有生产核心设备情况

由于矿山建设时间较早，虽然经历过几次技术升级，但是所有设备都比较老旧，进行全新的智能化改造难度较大。

主井使用摩擦轮绞车和箕斗提升，绞车型号为 JKM-1.85X4 型，电机功率为 630 kW，箕斗容量为 4 t；老副井则采用 JKM-1.85X4 型绞车（新副井改用 JKM-2.8X4 型）和罐笼提升，电机功率为 550 kW（新副井为 800 kW），罐笼配有 1 t U 型矿车，为双层单车（新副井为双层双车）（图 7.21）；运输大巷使用7 t架线电机车配 1 t U 型矿车进行煤矸运输。2008 年底年终检修时，对 -650 m 水平电翻笼系统进行了改造，采用了 2.2 t 的底卸式矿车进行煤矿运输。主皮带运输机有两台，型号分别为 STJ1200/160 和 STJ1000/132X2，为强力皮带运输机（21、31 反仓皮带机）。采区集中运输上山多采用“铸式”溜槽（上链式）刮板运输机，而采区轨道上山则采用绞车提升运输方式（图 7.22）。

在人员运输方面，人员上、下井主要使用副井罐笼，运输大巷内可乘坐平巷人车，采区轨道上有斜巷人车，32 采区则有架空人车。

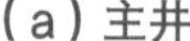

（a）主井

（b）副井

图 7.21　主副井提升装置现状

图 7.22　矿区运输轨道矿车

7.4.2.2　矿山智能系统搭建重构设计思路

在矿山开采过程中引入智能与安全的理念，对于实现安全高效的生产具有积极意义。在搭建智能安全的矿山开采重构系统时，应遵循以下三个设计思路。

（1）因物制宜

矿山的智能化重构设计是一个将现有生产装备和管理系统信息化的过程，这意味着在制定智能化策略时需要遵循因物制宜的原则，应充分考虑矿山的特殊环境、设备和生产模式等因素，并选择适合的技术方案，尽可能利用原有设备进行技术升级，以降低成本。为此，需要了解其特点和优劣势，选择适合矿山的智能化技术方案，并考虑如何最大化利用原有设备进行升级改造。

（2）功能优先

对于矿山开采重构系统的设计，功能优先是实现高效快捷的操作重点。这个设计思路将简单、明了的功能需求贯穿于设计中。在设计过程中，由于该矿山工作人员受教育程度中等，技术培训难度较大，需要将系统各个复杂功能进行简化，保留核心关键内容，在不断优化和调整中实现系统的智能化、高效化和安全化，从而提升生产力和生产效率。

（3）系统聚类

对系统进行聚类，是矿山开采重构系统的又一重要设计思路。通过对矿山的类似功能或者运行进行归类，构成不同聚类，把这些聚类归纳为一个个功能完备且独立的子系统，可以使系统模块化，可扩展性强。该模块化结构可使得系统更加便于管理与维护，提高可视化易读性，还可提高系统稳定性与安全性。

7.4.2.3 基于因物制宜的矿山智能开采监控平台搭建方案

为满足矿山管理需求和功能分布，基于矿山的实际情况和因物制宜的原则，根据矿山目前已有设备、投入资金预算和设备智能化改造的可能性，将矿山的智能开采监控平台按照设计框架分为矿山运营状况监控系统、矿山生产状况监控系统和矿山设备环境监控系统三个部分。其中，矿山运营状况监控系统主要监控矿山整体运营时的状态，包括电力监控系统、水文动态监控系统、人员位置监控系统等，以保障整个矿区的正常运行；矿山生产状况监控系统则负责监控矿山生产区加工系统的整体情况，包括主井提升系统、地面皮带运输集控系统、井下皮带运输集控系统、智能工作面集控系统、机车监控调度系统、架空乘人装置集控系统等，以保障生产加工的效率和正常工作；矿山设备环境监控系统主要监控矿山的环境和设备状况，包含南北风井通风机监控系统、空压机监控系统、泵房无人值守监控系统，以确保矿山在运营中安全稳定。矿山智能开采监控平台设计框架如图 7.23 所示。

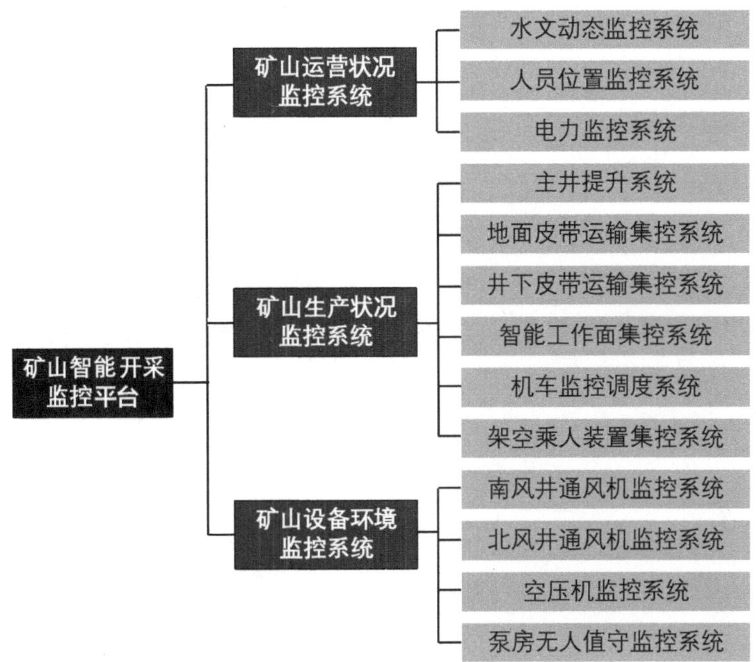

图 7.23　矿山智能开采监控平台设计框架

7.4.3　矿山开发可视化重构设计方案

7.4.3.1　矿山开发可视化需求调研

针对使用者需求、企业需求和现场条件需求，矿山对 15 名现场工作人员、5 名企业管理者以及现场条件开展了有关可视化系统的需求调研。通过调研发现，矿山需要进行合理的系统设计和实施，实现对矿山设备环境和生产状况的远程智能监管，提升企业自动化水平和效益，满足操作者群体的实际需求，使其更加便捷、高效地完成工作任务。

（1）使用者需求

由于操作者群体的技能熟练度不够高，因此需要将系统尽可能做得简洁明了，菜单层级不宜过多，数据量也不应过于庞大。这意味着我们需要考虑用户友好性，在设计时注重用户交互体验，对信息进行筛选和整合，使其更加易于理解和使用。这样，操作者就可以通过简单的学习，快速上手并熟练使用系统，从而提高其工作效率和生产质量。

（2）企业需求

矿山急需进行智能化转型，需要实现对矿山设备环境和生产状况的远程智能监管，减少下矿、下井工作人员和生产过程中的安全隐患。该系统需要具备显示设备运行状态、环境安全状况以及对设备进行远程操控的功能。此外，由于企业需要降低成本，因此系统的设计和实施应该尽可能地减少投资和运维成本，以确保系统的经济效益和商业可行性。

（3）现状条件需求

由于现有设备投入生产时间较早，改造限制比较严格，不能从功能层面进行大规模改造。但是，为了逐步实现智能化转型，我们需要给可视化系统提供通信、控制、显示等基本的功能。这些功能应该在不改变现有设备功能的前提下，逐步实现，充分利用现有资源和技术，以降低系统投资和运维成本，并提高系统实施的成功率和可行性。

7.4.3.2　矿山可视化系统功能要素与布局

（1）实物图示

矿山的可视化系统功能要素和布局中的实物图示是该系统的重要组成部分，其显示方式直接影响到用户对系统的理解和使用。

在显示方式方面，矿山的可视化系统采用了精准、简单的设备实物图示来展示矿山设备的运行情况和工作状态。这些实物图示经过精心设计和绘制，能够反映出设备的最主要的外观特征和内部结构，使得用户能够迅速、准确地了解设备的位置、朝向、型号、规格等关键信息，并且能够直观地判断设备是否正常运行。

在功能要素方面，矿山的可视化系统设备实物图示主要包括矿山设备的实时监控、诊断、预测和报警等功能要素。系统要能够实现在设备图示上展示运行情况，并能够在实物图示上体现出现的故障和风险，及时发出预警。

在布局方面，矿山的可视化系统设备实物图示采用了清晰、简明的布局方式，使得用户能够快速地定位到所需的设备和功能模块。同时，该系统还采用了人性化的编排方式，将重要的设备图示和关键名称信息置于突出的位置，以便用户更加直观地了解设备的运行情况和生产状态。

（2）操控按钮

操控按钮主要用来控制矿山设备。在显示方式方面，这些按钮经过精心设计和排列，有明显的图形边界，能够快速定位到需要控制的设备和操控指令，并且通过不同颜色、图标、标签等方式进行区分，使得用户能够直观、清楚地了解每个按钮所代表的含义和作用。

在功能要素方面，矿山的可视化系统设备操控按钮主要包括对设备开启、关闭、调节、维护和故障处理等功能要素。

在布局方面，矿山的可视化系统设备操控按钮采用清晰的布局方式，重要的操控按键必须放置于最显眼位置，与设备相关的按键可以布置于设备周围，使得用户能够快速地找到所需的设备和操控指令。同时，该系统还采用了部分可定制化的编排方式，以便用户根据自己的使用习惯和工作需要进行个性化设置，提高操作效率和精度。

（3）数据信息

在矿山的可视化系统中，数据信息的显示方式、功能要素与布局对于用户理解和应用数据具有至关重要的作用。该系统采用了多种方式来展示数据信息，如图表、指示器、文字说明等，使得用户能够更加直观地理解数据的含义和趋势。

在显示方式方面，矿山的可视化系统采用了直观、精细的数据可视化方式，如实时曲线图、柱状图、饼图等，以及数据指示器、时间轴、地图等不同的方式来呈现数据信息。这些显示方式准确地反映了数据变化的趋势和规律，使得用户能够快速定位到需要的数据信息，从而更好地进行决策和管理。

在功能要素方面，矿山的可视化系统数据信息主要包括数据监测、分析、预测、预警和报告生成等功能要素。

在布局方面，矿山的可视化系统数据信息采用了简明、清晰的布局方式，将重要数据信息和指标精简后排列在突出、易见的位置上，以帮助用户快速地了解数据情况。

7.4.3.3 数据显示及界面设计

根据矿山的智能开采监控平台设计框架以及可视化设计需求，对平台包含矿山运营状况监控系统、矿山生产状况监控系统和矿山设备环境监控系统三个部分进行界面设计。从细分角度来说共有主井提升系统等在内的 13 个子系统。其中智能开采界面主要由挖煤机的厂家提供，界面布局与设计和型号差别较大；电力监控系统、水文动态监控系统、人员位置监控系统、机车监控调度系统主要依靠纯文字和地图数据，且操控步骤较少，不需要做特别设计。因此，本书针对主井提升系统、皮带运输集控系统、架空乘人装置集控系统、风井通风监控系统、空压机监控系统及泵房无人值守监控系统的界面布局进行设计。

（1）主井提升系统

主井提升系统主要包含主井模拟图、指示显示灯、控制开关和数据显示等。主井模拟图能够直观显示提升系统的运行状态和轿厢的大致位置；指示显示灯主要负责提示各设备的工作状态；设备工作的运行电流和深度是主要显示数据，通过折线图能反映提升电机的工作运行稳定性。主井提升系统界面设计如图 7.24 所示。

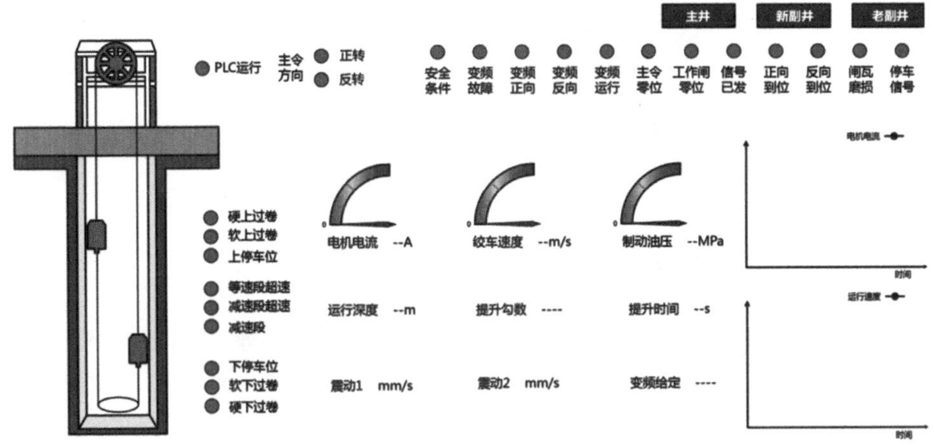

图 7.24　主井提升系统界面设计图

（2）皮带运输集控系统

皮带运输集控系统是矿山中较为复杂的综合系统，其中包含多个运输皮带的连接与控制，因此在模拟图中要将各皮带的相对位置表现出来。同时皮带运输集控系统要反映各仓储的储存情况，因此加入了料仓数值显示。因为皮带数量较多，对每一条皮带使用控制面板会占据较大的空间，采用开关形式的控制按钮更加直观，用不同颜色来区分紧急控制按钮和普通操作按键，让操作人员更容易进行分辨（图 7.25）。

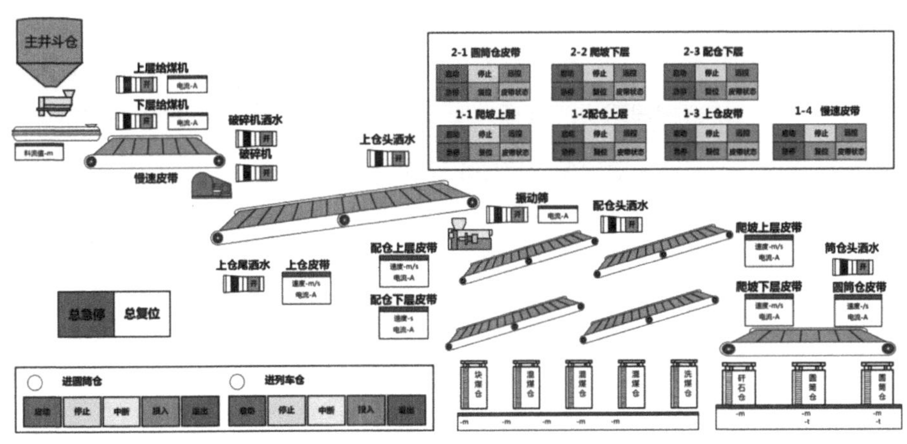

图 7.25　皮带运输集控系统界面设计图

（3）架空乘人装置集控系统

架空乘人装置集控系统主要负责人员的运输，需要操纵的按键较少，所以主界面显示以信息展示为主。模拟图可以看出人员所处位置，同时布局运行参数等关键数据，提供警告显示，如图 7.26 所示。

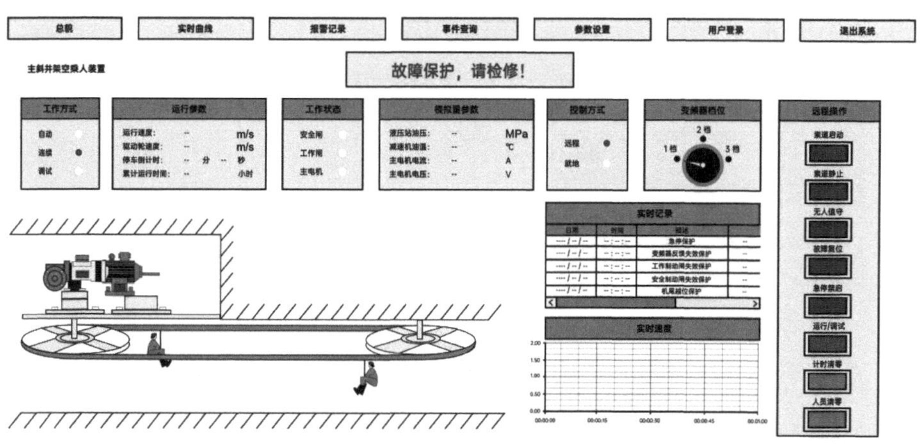

图 7.26 架空乘人装置集控系统界面设计图

（4）风井通风监控系统

风井通风监控是矿山环境安全保障的重要组成部分，矿山分为南北两井，两井的设计思路相同。风井通风监控系统包含两台风机，页面主要部分都用来显示两台风机的各种数据。因为数据较为繁杂，所以选择将同类数据进行归类，形成几个数据框图，使数据显示更加清晰。模拟图显示两台风机主要状态，提供更直观的运行状态。风井通风监控系统界面设计如图 7.27 所示。

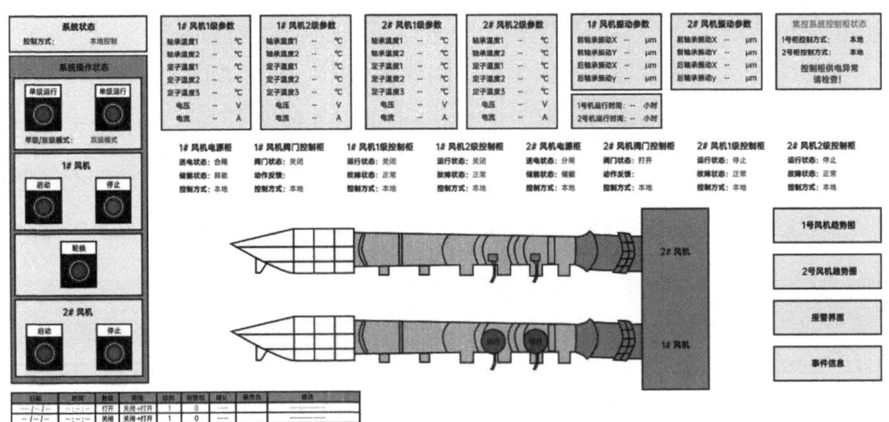

图 7.27　风井通风监控系统界面设计图

（5）空压机监控系统

矿用空气压缩机一般都会单独放置于矿用空压机房里，所以矿井井下作业都会用气动工具如风锤、风泵等，来保证井下空气质量。模拟图位于界面中心，主要显示矿山装备的 6 台空压机运行状态，每台空压机模拟图配上专属的数据显示框，使界面更加简洁清晰（图 7.28）。

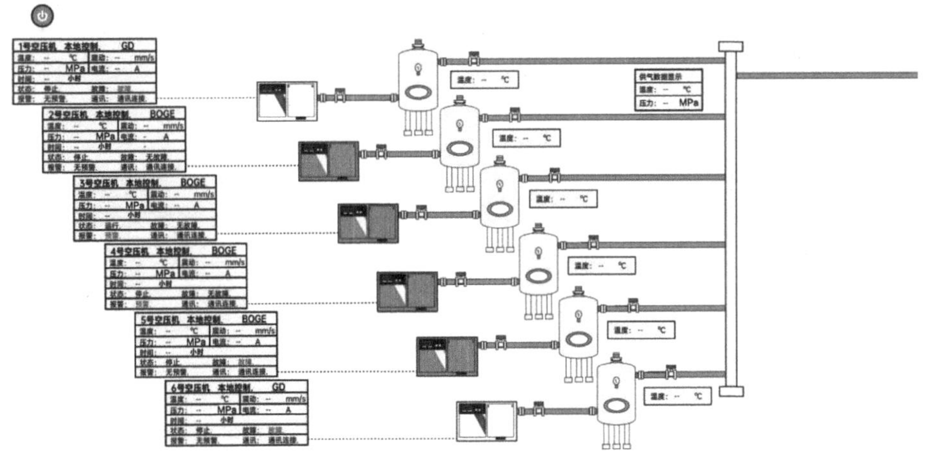

图 7.28　空压机监控系统界面设计图

（6）泵房无人值守监控系统

矿山泵房无人值守监控系统是矿山实现无人化、智能化的重要系统，其主要功能集中在数据显示和阀门控制，来保证矿山排水的环境状况。矿山设有 6 台排水泵，负责不同矿井的井下排水。且排水泵控制功能较少，主要功能在于信息显示，因此强化泵的模拟图能够较好地把其中的信息关系展示出来（图 7.29）。

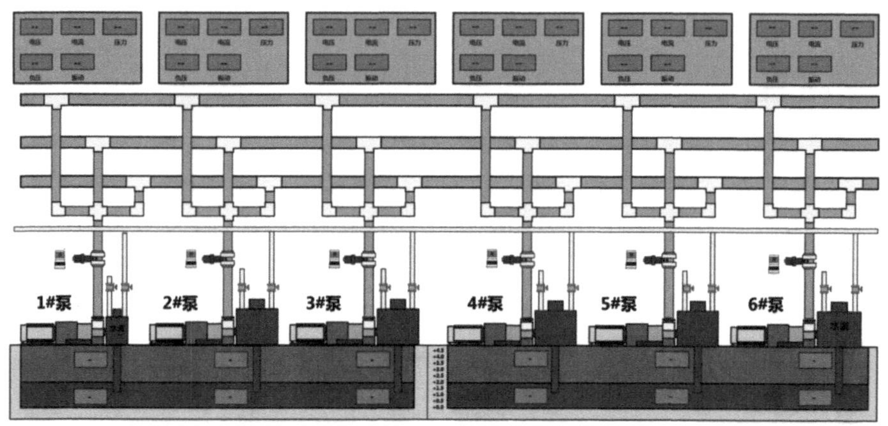

图 7.29　泵房无人值守监控系统界面设计图

7.5 矿山开发可持续评价实践及分析

7.5.1 建立层次结构模型及判断矩阵

矿山开发可持续评价的指标体系分为四个层级，分别是目标层、系统层、指标层和要素层，具体如下。

① 目标层。将矿山开发可持续设为目标层。

② 系统层。从人企发展、资源开发、环境保护 3 个角度进行评价。

③ 指标层。有企业发展、职工发展、开采效率、生产安全、资源评价、治理能力和环境承载 7 个指标。

④ 要素层。包含企业文化、企业管理、企业业绩、企业未来发展等 30 项指标。

根据矿山开发可持续评价层次结构模型，构建判断矩阵。根据和积法，计算出各判断矩阵的最大特征值及特征向量（即为各因素相对其上一层次的权重，并归一化处理），检验其一致性。计算各级判断矩阵中各指标的优先级权重，并对随机一致性指标进行一致性检验。

7.5.2 矿山开发可持续评价集构建

7.5.2.1 确定评价因素集

根据矿山开发可持续评价指标体系分类，可设：

$$A=\{U_1,U_2,U_3,U_4,U_5,U_6,U_7\} \tag{7.1}$$

=（企业发展、职工发展、开采效率、生产安全、资源评价、治理能力和环境承载）。

$$U_1=\{X_1,X_2,X_3,X_4\} \tag{7.2}$$

=（企业文化、企业管理、企业业绩、企业未来发展）。

$$U_2=\{X_5,X_6,X_7,X_8\} \tag{7.3}$$

=（职工满意度、生活保障、教育医疗、职业发展）。

$$U_3=\{X_9,X_{10},X_{11}\} \tag{7.4}$$

=（智能数字化程度、开采单位能耗、开采规划水平）。

$$U_4=\{X_{12},X_{13},X_{14},X_{15}\} \tag{7.5}$$

=（人员安全管理、设备和生产工艺管理、作业环境安全管理、安全组织保障管理）。

$$U_5=\{X_{16},X_{17},X_{18},X_{19},X_{20},X_{21}\} \tag{7.6}$$

=（矿产资源储采比、矿产资源开采条件、矿产资源品质及价值、矿产资源可采储量、共伴生资源利用率、矿山隐性资源利用率）。

$$U_6=\{X_{22},X_{23},X_{24},X_{25},X_{26}\} \tag{7.7}$$

=（水资源保护与防护、大气污染防治、固体废弃物污染防治、噪声污染防治、土壤污染防治）。

$$U_7=\{X_{27},X_{28},X_{29},X_{30}\} \tag{7.8}$$

=（水土流失控制、地表植物及景观恢复、环境承载力、资源承载力）。

7.5.2.2 确定评价集

矿山评价集 V 具体如下：

$$V=\{V_1, V_2, V_3, V_4, V_5\} \tag{7.9}$$

=（差，较差，一般，良好，优秀）。

本书根据矿山评价实际情况设定相应的分数集为：

$$V=\{V_1, V_2, V_3, V_4, V_5\}$$
$$=\{20, 40, 60, 80, 100\}$$

矿山开发可持续评价集描述说明如表 7.2 所示。

表 7.2 矿山开发可持续评价集描述说明

分值	等级	描述说明
20	差	存在着严重的资源浪费问题，尚未形成完整的可持续技术运营体系，同时管理结构和产业规划极为滞后，配套设施也十分不健全。人们缺乏节约意识，浪费行为相当普遍，导致内外部关系异常紧张。
40	较差	可持续技术运营体系有雏形，但管理结构和产业规划不够合理，产业配套十分不完善，环境与生态保护工作表现较差。同时，人们节约意识不强，内外部关系较紧张。
60	一般	基本上具备了健全的可持续技术支撑体系、合理的管理结构和产业规划，以及相对完善的配套设施。环境与生态保护工作一般，节约意识尚可，内外部关系一般。
80	良好	具备较完善的可持续技术运营体系、科学合理的管理结构和产业规划，以及较为完善的配套设施，环境与生态保护较好。人们的节约意识较强，整体资源利用水平逐渐提高，内外部关系相对和谐。
100	优秀	可持续开采程度较高，可持续技术运营体系健全，管理结构和产业规划科学、合理，配套设施比较完善，环境与生态保护工作细致，节约意识强，整体资源利用率较高，实现了内外部关系协调发展。

7.5.2.3 确定评价模糊关系矩阵

根据上文评价指标数值分级以及评分标准，邀请 10 名矿山行业、可持续设计领域专家分别对可持续重构设计及建设前的矿山和可持续重构设计及建设后的实践矿山进行评价打分。根据模糊综合评价法的原则，评价打分时不需要给出具体详细的分数数值，请专家在设定好的五个评价等级“差，较差，一般，良好，优秀”中，选择合适的评价等级作为矿山评价结果。

针对矿山可持续评价时间节点，可对矿山进行多次多项的评价。主要的评价节点为在可持续重构设计及建设前的一年内对矿山进行多次综合评价，探究原有矿山发展程度与规律。对可持续重构设计及建设后的矿山进行综合评价，了解可持续重构设计进展与发展方向对矿山可持续程度的影响。结合可持续重构设计及建设前后的评价结果，根据评价结构的细分指标，判断可持续重构设计的实现效果，提高矿山开发可持续重构设计方法的适用性与效果。

7.5.3 矿山可持续重构设计及建设前评价分析

7.5.3.1 各评价指标的模糊关系矩阵

（1）企业发展（U_1）

可持续重构设计及建设前企业发展指标层的模糊关系矩阵如表 7.3 所示。

表 7.3 可持续重构设计及建设前企业发展的模糊关系矩阵

指标	V_1	V_2	V_3	V_4	V_5
X_1	0	2	4	3	1
X_2	1	2	3	3	1
X_3	1	3	3	2	1
X_4	3	3	2	1	1

（2）职工发展（U_2）

可持续重构设计及建设前职工发展指标层的模糊关系矩阵如表 7.4 所示。

表 7.4 可持续重构设计及建设前职工发展的模糊关系矩阵

指标	V_1	V_2	V_3	V_4	V_5
X_5	0	1	6	3	0
X_6	1	3	3	2	1
X_7	2	2	3	1	1
X_8	2	2	4	1	0

（3）开采效率（U_3）

可持续重构设计及建设前开采效率指标层的模糊关系矩阵如表 7.5 所示。

表 7.5　可持续重构设计及建设前开采效率的模糊关系矩阵

指标	V_1	V_2	V_3	V_4	V_5
X_9	3	3	2	2	0
X_{10}	2	3	4	1	0
X_{11}	1	3	3	3	0

（4）生产安全（U_4）

可持续重构设计及建设前生产安全指标层的模糊关系矩阵如表 7.6 所示。

表 7.6　可持续重构设计及建设前生产安全的模糊关系矩阵

指标	V_1	V_2	V_3	V_4	V_5
X_{12}	2	2	5	1	0
X_{13}	1	3	4	2	0
X_{14}	2	2	4	1	1
X_{15}	2	2	3	3	0

（5）资源评价（U_5）

可持续重构设计及建设前资源评价指标层的模糊关系矩阵如表 7.7 所示。

表 7.7　可持续重构设计及建设前资源评价的模糊关系矩阵

指标	V_1	V_2	V_3	V_4	V_5
X_{16}	2	4	2	2	0
X_{17}	1	5	3	2	0
X_{18}	2	2	4	1	1
X_{19}	1	3	4	2	0
X_{20}	3	4	3	0	0
X_{21}	3	5	2	0	0

（6）治理能力（U_6）

可持续重构设计及建设前治理能力指标层的模糊关系矩阵如表 7.8 所示。

表 7.8　可持续重构设计及建设前治理能力的模糊关系矩阵

指标	V_1	V_2	V_3	V_4	V_5
X_{22}	1	1	2	5	0
X_{23}	2	2	4	2	0
X_{24}	1	1	5	3	0
X_{25}	2	3	3	2	0
X_{26}	0	2	5	3	0

（7）环境承载（U_7）

可持续重构设计及建设前环境承载指标层的模糊关系矩阵如表 7.9 所示。

表 7.9　可持续重构设计及建设前环境承载的模糊关系矩阵

指标	V_1	V_2	V_3	V_4	V_5
X_{27}	1	4	4	1	0
X_{28}	2	3	3	1	1
X_{29}	2	2	5	1	0
X_{30}	1	4	4	1	0

7.5.3.2　单因素模糊综合评价结果

矿山可持续重构设计及建设前的单因素模糊综合评价结果如下：

$$U_1=B_1\times R_1=(0.125, 0.250, 0.300, 0.225, 0.100)$$

$$U_2=B_2\times R_2=(0.136, 0.211, 0.419, 0.181, 0.053)$$

$$U_3=B_3\times R_3=(0.200, 0.300, 0.300, 0.200, 0.000)$$

$$U_4=B_4\times R_4=(0.175, 0.225, 0.400, 0.175, 0.025)$$

$$U_5=B_5\times R_5=(0.198, 0.376, 0.295, 0.114, 0.017)$$

$$U_6=B_6\times R_6=(0.122, 0.182, 0.384, 0.311, 0.000)$$

$$U_7=B_7\times R_7=(0.150, 0.325, 0.400, 0.100, 0.025)$$

根据矿山可持续重构设计及建设前的单因素模糊综合评价结果，进行矿山可持续重构设计及建设前的整体评价，结果汇总见表 7.10。

矿山评价结果为 $U_A=A\times R_A=$（0.160, 0.263, 0.358, 0.190, 0.029）。

表 7.10　矿山可持续重构设计及建设前的模糊综合评价结果

指标	V_1	V_2	V_3	V_4	V_5	得分	评价
U_1	0.125	0.250	0.300	0.225	0.100	58.50	一般
U_2	0.136	0.211	0.419	0.181	0.053	56.08	一般
U_3	0.200	0.300	0.300	0.200	0.000	50.00	较差
U_4	0.175	0.225	0.400	0.175	0.025	53.00	一般
U_5	0.198	0.376	0.295	0.114	0.017	47.52	较差
U_6	0.122	0.182	0.384	0.311	0.000	57.64	一般
U_7	0.150	0.325	0.400	0.100	0.025	50.50	较差
总目标	0.160	0.263	0.358	0.190	0.029	53.30	一般

7.5.4　矿山可持续重构设计及建设后评价分析

7.5.4.1　各评价指标的模糊关系矩阵

（1）企业发展（U_1）

可持续重构设计及建设后企业发展指标层的模糊关系矩阵如表 7.11 所示。

表 7.11　可持续重构设计及建设后企业发展的模糊关系矩阵

指标	V_1	V_2	V_3	V_4	V_5
X_1	0	2	2	4	2
X_2	1	1	2	5	1
X_3	1	1	4	3	1
X_4	1	1	2	6	0

（2）职工发展（U_2）

可持续重构设计及建设后职工发展指标层的模糊关系矩阵如表7.12所示。

表7.12　可持续重构设计及建设后职工发展的模糊关系矩阵

指标	V_1	V_2	V_3	V_4	V_5
X_5	1	1	3	4	1
X_6	0	4	2	3	1
X_7	1	3	3	1	1
X_8	1	3	4	1	0

（3）开采效率（U_3）

可持续重构设计及建设后开采效率指标层的模糊关系矩阵如表7.13所示。

表7.13　可持续重构设计及建设后开采效率的模糊关系矩阵

指标	V_1	V_2	V_3	V_4	V_5
X_9	0	0	2	4	4
X_{10}	0	1	3	4	2
X_{11}	0	0	2	4	4

（4）生产安全（U_4）

可持续重构设计及建设后生产安全指标层的模糊关系矩阵如表7.14所示。

表7.14　可持续重构设计及建设后生产安全的模糊关系矩阵

指标	V_1	V_2	V_3	V_4	V_5
X_{12}	0	1	2	5	2
X_{13}	1	2	4	2	0
X_{14}	0	1	3	4	1
X_{15}	0	2	3	3	2

（5）资源评价（U_5）

可持续重构设计及建设后资源评价指标层的模糊关系矩阵如表7.15所示。

表 7.15　可持续重构设计及建设后资源评价的模糊关系矩阵

指标	V_1	V_2	V_3	V_4	V_5
X_{16}	1	2	5	2	0
X_{17}	0	2	5	3	0
X_{18}	0	1	5	3	1
X_{19}	0	3	4	3	0
X_{20}	1	2	3	4	0
X_{21}	1	2	2	4	1

（6）治理能力（U_6）

可持续重构设计及建设后治理能力指标层的模糊关系矩阵如表 7.16 所示。

表 7.16　可持续重构设计及建设后治理能力的模糊关系矩阵

指标	V_1	V_2	V_3	V_4	V_5
X_{22}	0	1	2	5	2
X_{23}	0	2	3	4	1
X_{24}	0	1	3	6	0
X_{25}	0	1	2	6	1
X_{26}	0	2	2	5	1

（7）环境承载（U_7）

可持续重构设计及建设后环境承载指标层的模糊关系矩阵如表 7.17 所示。

表 7.17　可持续重构设计及建设后环境承载的模糊关系矩阵

指标	V_1	V_2	V_3	V_4	V_5
X_{27}	0	2	5	3	0
X_{28}	1	2	4	2	1
X_{29}	1	2	5	2	0
X_{30}	0	3	4	2	1

7.5.4.2 单因素模糊综合评价结果

矿山可持续重构设计及建设后的单因素模糊综合评价结果如下：

$$U_1=B_1\times R_1=(0.075, 0.125, 0.250, 0.450, 0.100)$$

$$U_2=B_2\times R_2=(0.081, 0.292, 0.319, 0.231, 0.078)$$

$$U_3=B_3\times R_3=(0.000, 0.033, 0.233, 0.400, 0.333)$$

$$U_4=B_4\times R_4=(0.028, 0.158, 0.319, 0.367, 0.128)$$

$$U_5=B_5\times R_5=(0.050, 0.200, 0.400, 0.317, 0.033)$$

$$U_6=B_6\times R_6=(0.000, 0.140, 0.240, 0.520, 0.100)$$

$$U_7=B_7\times R_7=(0.050, 0.225, 0.450, 0.225, 0.050)$$

根据矿山可持续重构设计及建设后的单因素模糊综合评价结果，进行矿山可持续重构设计及建设后的整体评价，结果汇总见表 7.18。

矿山评价结果为 $U_A=A\times R_A=(0.036, 0.160, 0.312, 0.369, 0.122)$。

表 7.18 矿山可持续重构设计及建设后的模糊综合评价结果

指标	V_1	V_2	V_3	V_4	V_5	得分	评价
U_1	0.075	0.125	0.250	0.450	0.100	67.50	一般
U_2	0.081	0.292	0.319	0.231	0.078	58.72	一般
U_3	0.000	0.033	0.233	0.400	0.333	80.60	良好
U_4	0.028	0.158	0.319	0.367	0.128	68.18	一般
U_5	0.050	0.200	0.400	0.317	0.033	61.66	一般
U_6	0.000	0.140	0.240	0.520	0.100	71.60	一般
U_7	0.050	0.225	0.450	0.225	0.050	60.00	一般
总目标	0.036	0.160	0.312	0.369	0.122	67.56	一般

7.5.5 评价结果分析

矿山可持续重构设计与建设前的单项评价得分分别为：企业发展 58.50 分，职工发展 56.08 分，开采效率 50.00 分，生产安全 53.00 分，资源评价 47.52

分，治理能力 57.64 分，环境承载 50.50 分。可以看出，矿山可持续重构设计与建设前在矿山开发可持续评价中的企业发展得分最高，表明矿山对企业的管理做得比较完善，建立了良好的企业文化和管理制度，保持较好的企业业绩；而资源评价得分相对较低，表明设计与建设前的矿山在资源利用方面存在不足，不能较好地利用矿山开采的各项资源，资源的可持续性较差。从矿山可持续重构设计与建设前评价的结果不难看出：矿山可持续重构设计与建设前的综合评价得分为 53.30 分，处于中等偏差的水准，说明矿山存在大量可持续问题有待解决，结合实际可以总结为设备老旧、智能化程度低、资源利用率不高。

矿山可持续重构设计与建设后的单项评价得分分别为：企业发展 67.50 分，职工发展 58.72 分，开采效率 80.60 分，生产安全 68.18 分，资源评价 61.66 分，治理能力 71.60 分，环境承载 60.00 分。综合评价得分达到 67.56 分。所有分数都比可持续重构设计与建设前更高。特别是在开采效率方面，通过对矿山的智能化设计改造，提升了矿山的数字化程度；通过对矿山可持续空间设计，拓宽了矿山未来发展经营的可能性。对矿山的可持续重构设计与建设同样提高了生产安全、资源评价、治理能力三项的分数，说明可持续重构设计对矿山的生产安全保障、资源利用效率和环境保护状态都有不同程度的提升，对矿山的可持续重构设计在较短时间对矿山可持续发展提升较为明显。

综合来看，对矿山进行可持续重构设计能够提升矿山开发的可持续性，特别是在开采效率、生产安全、资源评价和治理能力四个部分。矿山在可持续重构设计领域做出了创新性的尝试，但是存在基础设施较弱、资金不足、人手不够等问题，同时由于实践时间不够长，实践未能全面深入矿山所有环节，导致可持续重构设计在矿山开发过程中的影响力不够大，对评价结果的提升没有起到特别显著的效果。

第 8 章 总结与展望

8.1　研究总结

矿山开发是一个复杂又烦琐的系统工程。随着智能技术的发展与环保可持续意识的提高，新技术、新理念背景下矿山开发逐渐向智能化、绿色化转型升级。设计创新作为矿山开发中重要的工具手段，在矿山可持续转型中发挥着协同促进的作用。本研究围绕矿山开发中的可持续问题，探索了重构理念在矿山开发过程中的设计应用，建立了矿山开发可持续重构设计模式与框架，形成了“设计 + 评价”的矿山开发可持续重构设计方法策略，并实现了矿山开发可持续重构设计的应用实践，为矿山开发可持续设计提供新理念、新思路和新方法。

本研究的工作与成果主要包括以下几点。

（1）建立了矿山开发可持续设计知识体系

本书通过梳理矿山可持续开发领域的研究背景和发展机遇，明确了研究思路和技术路线。从景观规划、信息呈现和设计评价等角度探讨了矿山开发可持续创新的已有研究成果和方法。同时，也对矿山开发可持续设计支撑理论进行了深入阐述。

（2）形成了矿山开发可持续重构设计理念

介绍了重构理念的定义、设计动机、特点和应用领域。探讨了重构理念在矿山开发可持续进程中的适用性。通过 *K*-means 聚类算法对矿山领域中重构理念的关注点进行梳理，明确了矿山开发可持续重构设计理念的主要内容及组成元素，并基于此形成了解决矿山复杂可持续问题的开发理念。

（3）构建了矿山可持续重构设计的模式与策略

利用矿山开发可持续重构设计的特征和优势，通过将虚拟技术、可视化技术应用于矿山设计场景，形成了矿山开发可持续重构设计方法。建立了三层次的矿山开发可持续设计框架，梳理出重构设计的关键机理，进而构建了矿山开发可持续重构设计的新模式。围绕矿山空间演变功能化、信息协同可视化和资源开发参数化这三个视角，探索了矿山开发可持续重构设计策略。分别对矿山空间重构设计、矿山信息可视化重构设计进行了深入探讨，形成了矿山开发可持续重构设计的思路、框架、具体设计路径以及设计要素，为矿山可持续设计实践提供了理论基础。

（4）引入了矿山开发可持续评价作为设计检验手段

运用主成分分析法（PCA）发现了基于人企发展、资源开发和环境保护三个领域的矿山关键问题。针对此问题，构建了以人—资源—环境为评价视角的矿山可持续评价指标体系。通过层次分析法（AHP）确定了各项指标权重后，采用模糊综合评价法建立了可持续评价模型，为矿山可持续设计提供了科学而有效的测度方法。通过此评价体系，可以及时评估重构设计的效果，更好地辅助设计师进行矿山设计实践。

（5）完成了矿山开发可持续重构设计的应用实践

通过对湖南资兴矿山进行实地考察，并结合该矿山的地形地貌、生产条件、经营状况等特点，因地制宜，进行可持续重构设计实践。其中包括矿山未来空间设计、智能化架构以及可视化界面的创新升级，并对可持续重构设计与建设前后的矿山进行评价。评价结果表明，经过可持续重构设计与建设后，矿山在开采效率、资源利用、环境保护、生产安全等领域取得了较大进步，验证了矿山开发可持续重构设计的可靠性和适用性。

本研究依然存在较多不足和局限之处：首先，矿山开发研究难度较大，矿山系统涉及矿业工程、环境工程等多个学科领域。由于本书的篇幅有限以及研究的局限性，研究框架不够完整，无法从矿山全生命周期的每一个环节和领域开展研究，导致可持续重构设计的设计范围局限于空间设计、可视化设计和评价设计等与可持续设计关系最为紧密的领域。其次，矿山设计实践时间不够持久，下沉深度不够。本研究从 2020 年开始进行矿山设计实践，由于时间限制，无法长期对矿山进行跟踪研究，对重构设计方法长期适应性研究不够全面。最后，对矿山技术应用还停留在方法层面，不够深入。本研究从智能技术的应用入手，通过设计协同多种技术共同解决矿山可持续问题，但未从设计视角出发对技术进行深入改进研究。在应用过程中，也未能排除部分技术存在的弊端，降低了矿山开发可持续重构设计方法的可靠性。

8.2　未来展望

矿山开发，作为资源型产业的核心环节，其智能化、绿色化的转型升级不仅是技术演进的必然趋势，也是迈向可持续发展目标的关键路径。基于本书的研究与成果可知，未来矿山开发的可持续重构设计将面临更为复杂多变的挑战与前所未有的机遇。以下是对未来发展方向的具体展望，旨在深化研究、拓展应用，引领矿山开发向更高层次的可持续发展目标迈进。

（1）构建全面的矿山可持续设计知识体系

矿山开发是一个涉及多学科领域的复杂工程，其可持续设计需跨越矿业工程、环境工程、信息技术、社会学等多个学科。未来研究应更加注重这些学科的交叉融合，通过组建跨学科研究团队，开展综合性研究项目，以系统解决矿山可持续开发中的复杂问题。此外，研究框架需逐步扩展，覆盖矿山从勘探、开采、加工到闭坑的全生命周期，确保每个阶段都融入可持续设计理念，实现矿山开发的整体可持续性。同时，加强与国际先进企业的交流与合作，借鉴其在可持续设计、智能技术应用、环境保护等方面的成功经验，提升国内矿山开发的整体水平。

（2）深化矿山可持续设计的核心理念

随着矿山开发环境的不断变化，矿山设计理念需更加注重动态适应性和灵活性。通过建立灵活的设计机制，及时调整设计策略，以有效应对矿山开发中可能出现的新问题和新挑战。在矿山重构设计中，应特别重视生态环境恢复，通过科学合理的生态修复措施，恢复矿区的生态环境，实现矿山开发与生态保护的和谐共生。此外，加强矿山开发企业的社会责任感，鼓励社区参与矿山开发决策过程，确保矿山开发符合当地社区的利益和期望，实现可持续发展。

（3）优化矿山开发可持续重构设计的模式与策略

智能技术与数字化转型是矿山可持续发展的重要驱动力。未来应继续深化智能技术在矿山开发中的应用，推动矿山数字化转型。通过大数据、云计算、人工智能等技术手段，提高矿山开发的智能化水平，实现资源的高效利用和环境的精准保护。同时，注重精细化设计和管理，通过精确测量、模拟仿真等手段，提高设计的准确性和可靠性，确保各项设计措施得到有效实施。此外，推广参数化设计和模块化构建方法，提高矿山设计的灵活性和可重用性，降低设计成本，缩短设计周期，提高设计效率。

（4）强化矿山开发可持续评价与设计检验体系

为了全面评估矿山开发的可持续性，需进一步完善多维度评价体系，从经济、社会、环境等多个维度对矿山开发进行全面评价。通过引入更多的评价指标和评价方法，提高评价的准确性和科学性。同时，建立矿山开发的实时监测和反馈机制，及时发现和解决矿山开发中的问题。鼓励第三方评价机构和公众参与矿山可持续评价过程，提高评价的公正性和透明度，增强评价结果的可信度。

（5）拓展矿山开发可持续重构设计的应用实践范围

为了验证设计方法的适用性和有效性，需在不同地域和不同类型的矿山中开展可持续重构设计实践。通过在具有不同地质条件、生产规模、经营状况的矿山中进行实践，积累更多的设计经验和数据。同时，对矿山开发可持续重构设计进行长期跟踪和效果评估，了解设计措施在实际应用中的效果和问题，为后续的设计改进提供依据。在矿山开发可持续重构设计过程中，不断引入新的技术和方法，推动设计的持续改进和创新，实现更高层次的可持续发展目标。

（6）加强政策支持与法规监管

政府应出台更多支持矿山可持续开发的政策，如税收优惠、资金补贴、技术支持等，激励企业加大在可持续设计、智能技术应用、环境保护等方面的投入。同时，建立矿山可持续开发的评价体系和标准，引导企业按照可持续发展的要求进行矿山开发。加强矿山开发的法规监管，制定严格的环保法规和安全标准，对矿山开发过程中的环境破坏、资源浪费、安全隐患等问题进行严厉打击。建立矿山开发的公众参与机制，保障公众的知情权和参与权，促进矿山开发的透明化和民主化。

（7）关注新兴技术与未来发展趋势

密切关注新兴技术的发展动态，如区块链、物联网、5G 通信等，探索其在矿山可持续开发中的应用潜力。通过引入新兴技术，提高矿山开发的智能化、自动化水平，降低运营成本，提高资源利用效率。加强对矿山开发未来趋势的预测和研究，如资源枯竭、环境压力、社会变革等，制定相应的应对策略和措施。通过提前布局和规划，确保矿山开发在未来能够持续、稳定地发展。

（8）建立可持续发展的长效机制

建立矿山可持续开发的持续改进机制，定期对矿山开发进行评估和审计，发现问题及时整改。通过持续改进和优化，提高矿山开发的可持续性和竞争力。建立政府、企业、社会等多方参与和协作的机制，共同推动矿山可持续开发。通过加强沟通、协调、合作等方式，形成合力，共同应对矿山开发中的挑战和问题。

综上所述，未来矿山开发的可持续重构设计是一个涉及多学科、多领域、多层次的复杂系统工程。通过完善知识体系、深化设计理念、优化设计模式与策略、强化评价与设计检验、拓展应用实践、构建政策支持与法规监管体系、加强人才培养与科研创新支持、推动国际合作与交流、关注新兴技术与未来发展趋势以及建立可持续发展的长效机制等多方面的努力，我们可以推动矿山开发向更高层次的可持续目标迈进，实现资源的高效利用、环境的精准保护和社会的和谐发展。

参考文献

REFERENCES

[1] 曾贤刚，李琪，孙瑛，等．可持续发展新里程：问题与探索：参加“里约 +20”联合国可持续发展大会之思考 [J]. 中国人口・资源与环境，2012，22（8）：41-47.

[2] XU Z C，LI Y J，CHAU S N，et al. Impacts of international trade on global sustainable development [J] . Nature Sustainability，2020，3（11）：964-971.

[3] 习近平．习近平谈治国理政：第 4 卷 [M]. 北京：外文出版社，2022：360-366.

[4] 习近平在中共中央政治局第二十九次集体学习时强调 保持生态文明建设战略定力 努力建设人与自然和谐共生的现代化 [J]. 中国生态文明，2021（2）：6-7.

[5] 中共中央宣传部，中华人民共和国生态环境部．习近平生态文明思想学习纲要 [M]. 北京：学习出版社，2022：56-66.

[6] ROME A. “Give Earth a Chance”：The environmental movement and the sixties[J]. The Journal of American History，2003，90（2）：525-554.

[7] PISANI J A D. Sustainable development：historical roots of the concept[J]. Environmental Sciences，2006，3（2）：83-96.

[8] CALDWELL L K. Political aspects of ecologically sustainable development[J]. Environmental Conservation，1984，11（4）：299-308.

[9] O'RIORDAN T. Research policy and review 6：future directions for environmental policy[J]. Environment and Planning A，1985，17（11）：1431-1446.

[10] BARBIER E B. The concept of sustainable economic development[J]. Environmental Conservation，1987，14（2）：101-110.

[11] 封志明．资源科学研究的五大趋向 [J]. 地球科学进展，1992，7（6）：46-50.

[12] 崔大鹏，张坤民．走好关键的第三步：纪念《我们共同的未来》发表 20 周年 [J]. 环境经济，2007（9）：31-34.

[13] 中国环境报社 . 迈向 21 世纪：联合国环境与发展大会文献汇编 [M]. 北京：中国环境科学出版社，1992.

[14] 李晓西 . 联合国《2030 年可持续发展议程》在中国的实施 [J]. 社会治理，2017（6）：5.

[15] 阚博颖 . 基于可持续发展目标（SDGs）框架的江苏海岸带可持续发展评价 [D]. 南京：南京大学，2020.

[16] LÈBRE E，CORDER G，GOLEV A. The role of the mining industry in a circular economy：a framework for resource management at the mine site level[J]. Journal of Industrial Ecology，2017，21（3）：662-672.

[17] 宋海鸥，杨宇静 . 生态环境损害惩罚性赔偿规则的检视与适用 [J]. 中国环境管理，2022，14（3）：125-131.

[18] 程才，李洁 . "双碳" 目标下非煤矿山高质量发展现状与对策 [J]. 内蒙古科技与经济，2022（24）：11-13.

[19] 张帆，葛世荣 . 矿山数字孪生构建方法与演化机理 [J]. 煤炭学报，2023，48（1）：510-522.

[20] 丁恩杰，俞啸，廖玉波，等 . 基于物联网的矿山机械设备状态智能感知与诊断 [J]. 煤炭学报，2020，45（6）：2308-2319.

[21] 向中林，王妍，王润怀，等 . 基于钻孔数据的矿山三维地质建模及可视化过程研究 [J]. 地质与勘探，2009，45（1）：75-81.

[22] 王志杰，汪云甲，伏永明 . 基于虚拟现实技术的矿山三维建模、显示及漫游系统 [J]. 测绘工程，2006（1）：44-47.

[23] 刘立民，刘汉龙，连传杰，等 . 基于 GIS 的矿山塌陷损害评价系统及可视化方法 [J]. 防灾减灾工程学报，2003（1）：69-73.

[24] 李春民，李仲学，王云海 . "数字矿山" 三维可视化研究 [J]. 系统仿真学报，2006（2）：515-518.

[25] MONOSKY M，KEELING A. Planning for social and community-engaged closure：a comparison of mine closure plans from Canada's territorial and provincial North[J]. Journal of Environmental Management，2021，277：111324.

[26] 滕晓铂 . 设计生态观三题：设计伦理、公民精神与可持续发展 [J]. 工业工程设计，2021，3（5）：23-26+32.

[27] ZVARIVADZA T，NHLEKO A. Resolving artisanal and small-scale mining challenges：moving from conflict to cooperation for sustainability in mine planning[J]. Resources Policy，2018，56：78-86.

[28] MENEGAKI M E，KALIAMPAKOS D C. Landscape analysis as a tool for surface mining design[J]. Environment & Planning B：Planning & Design，2006，33（2）：185-

196.

[29] ZHAO Y L，ZHANG H Y，CHEN B，et al. Study on landscape ecological pattern optimization of abandoned mine based on GIS[C]//2010 18th International Conference on Geoinformatics，2010.

[30] HANCOCK G R，DUQUE J F M，WILLGOOSE G R .Geomorphic design and modelling at catchment scale for best mine rehabilitation：The Drayton mine example （New South Wales，Australia）[J].Environmental Modelling & Software，2019，114：140-151.

[31] ZHANG M，WANG J M，LI S J，et al. Dynamic changes in landscape pattern in a large-scale opencast coal mine area from 1986 to 2015：a complex network approach[J]. Catena，2020，194（1）：10483.

[32] DOLEY D，AUDET P，MULLIGAN D R. Examining the Australian context for post-mined land rehabilitation：reconciling a paradigm for the development of natural and novel ecosystems among post-disturbance landscapes[J]. Agriculture Ecosystems & Environment，2012，163：85-93.

[33] MAGNUSSON A. Design proposal for a shifting landscape：the Minecity park in Kiruna[D]. Slu Department of Landscape Architecture Planning & Management，2013.

[34] WANG L S. Natural landscaping，a comparison of design treatments in a surface mine setting[D]. East Lansing：Michigan State University，2013.

[35] 陈影，张利，董加强，等 . 废弃矿山边坡生态修复中植物群落配置设计：以太行山北段为例 [J]. 水土保持研究，2014，21（4）：154-157+162.

[36] 刘峘，江权，孙广懿 . 度假型矿山公园的规划设计探索：北京市房山区四马台矿山公园规划实践 [J]. 规划师，2014，30（5）：58-63.

[37] 杨宁，汪静，付梅臣 . 矿山公园空间组织与产业化发展模式设计 [J]. 金属矿山，2015（11）：149-152.

[38] ZANK H，UHUG-MAY F. Habitats in the post-mine landscape：examples from the Lusatian mining area[J]. World of Mining：Surface and Underground，2017，69（6）：335-341.

[39] HANCOCK G R，DUQUE J F M，WILLGOOSE G R. Mining rehabilitation：using geomorphology to engineer ecologically sustainable landscapes for highly disturbed lands[J]. Ecological Engineering，2020，155：105836.

[40] KABAS S，ACOSTA J A，ZORNOZA R，et al. Integration of landscape reclamation and design in a mine tailing in Cartagena-La Unió n，SE Spain[J]. Integrational Journal of Energy Environment，2001，5（2）：301-308.

[41] HE Y，HUO L L. Research of landscape design in mine's eco-environment restoration[C]// International Conference on Civil Engineering，Architecture and Building

Materials，2012.

[42] MCKICHAN S. Re-formed rock：designing waste rock piles for the post production landscape[D]. Winnipeg：University of Manitoba，2013.

[43] 葛书红，王向荣 . 煤矿废弃地景观再生规划与设计策略探讨 [J]. 北京林业大学学报（社会科学版），2015，14（4）：45-53.

[44] 唐由海，李欣娟，王靖雯 . 矿山废弃地景观美学价值分析 [J]. 城市建筑，2019，16（6）：3.

[45] XU W X，WANG J，ZHANG M，et al. Construction of landscape ecological network based on landscape ecological risk assessment in a large-scale opencast coal mine area[J]. Journal of Cleaner Production，2021，286：125523.

[46] 张剑，刘亚秋 . 文化旅游视野下废弃矿山修复景观的相地与布局理法探析：以威海华夏城为例 [J]. 装饰，2022（8）：133-135.

[47] ZHU Z B，WANG G，ZHANG D. A design of mine WSN layout strategy[J]. Procedia Engineering，2011，15：5508-5513.

[48] 宋金玲，郝丽娜，魏培，等 . 夹河煤矿感知矿山物联网方案设计及实施 [J]. 煤炭科学技术，2012，40（09）：68-71+124.

[49] LI W J，LI S Y，LIN Z Y，et al. Information modeling of mine working based on BIM technology[J]. Tunnelling and Underground Space Technology，2021，115：103978.

[50] 丁恩杰，施卫祖，张申，等 . 矿山物联网顶层设计 [J]. 工矿自动化，2017，43（9）：1-11.

[51] 毛善君，崔建军，令狐建设，等 . 透明化矿山管控平台的设计与关键技术 [J]. 煤炭学报，2018，43（12）：3539-3548.

[52] 张瑞新，毛善君，赵红泽，等 . 智慧露天矿山建设基本框架及体系设计 [J]. 煤炭科学技术，2019，47（10）：1-23.

[53] 吴群英，蒋林，王国法，等 . 智慧矿山顶层架构设计及其关键技术 [J]. 煤炭科学技术，2020，48（7）：80-91.

[54] HLADYSZ Z J. Virtual mine design[J]. Mineral Resources Engineering，1998，07（3）：233-246.

[55] KODYM O. Virtual reality in presentation of the underground mine technological process[J]. Acta Montanistica Slovaca，2003，8（2-3）：71-79.

[56] KODYM O. Visualisation of technological processes of underground mine parameters and Internet of Things[C]// 2011 12th International Carpathian Control Conference（ICCC），2011.

[57] 杨彪，罗周全，陆广，等 . 露天矿山三维设计方法应用研究 [J]. 工程设计学报，2011，18（1）：48-52.

[58] 蔡武，陈果，朱志敏，等 . 基于 3D Max 和 Virtools 的矿井虚拟仿真系统设计 [J]. 煤炭

工程，2011（1）：111-113+116.

[59] 修春华，孙秀娟，苗坡，等 . 基于 Unity3D 的虚拟矿山漫游仿真系统设计与实现 [J]. 金属矿山，2015（4）：262-266.

[60] 罗娟，陈守余 . 矿山环境质量评价指标体系及层次分析法评价 [J]. 安全与环境工程，2005（1）：9-12.

[61] WU Q，LI W，LI R J. Study on assessment of mine environments[J]. Acta Geologica Sinica：English Edition，2010，82（5）：1027-1034.

[62] 魏迎春，许友宁 . 矿山地质环境量化评价模型研究 [J]. 华南地质与矿产，2004（4）：47-50.

[63] SUN L H，FENG S B. Heavy metals in the surface soil around a coalmine：pollution assessment and source identification[J].Polish Journal of Environmental Studies，2019，28（4）：2717-2724.

[64] FUENTES I，MÁRQUEZ-FERRANDO R，PLEGUEZUELOS J M，et al. Long-term trace element assessment after a mine spill：pollution persistence and bioaccumulation in the trophic web[J]. Environmental Pollution，2020，267：115406.

[65] 毛益平，郭金峰 . 非煤矿山安全评价技术与实践 [J]. 金属矿山，2003（4）：7-10.

[66] LI C L，HE X. Coal mine safety assessment based on rough set theory and analytical hierarchy process[J].Journal of Henan Polytechnic University（Natural Science），2008.

[67] 白文元，何昕，赵云胜 . 非煤矿山安全评价方法探讨 [J]. 工业安全与环保，2004，30（8）：32-34.

[68] 阮琼平，王玉杰 . 地下金属矿山安全评价体系的探讨 [J]. 工业安全与环保，2004，30（3）：46-48.

[69] 邓红卫，周爱民，黄筱军 . 浅析金属非金属矿山安全评价指标体系与评价方法 [J]. 矿业研究与开发，2004（1）：62-64.

[70] 李新春，吴志刚 . 矿山企业可持续发展评价研究 [J]. 煤炭经济研究，2000（5）：49-50+57.

[71] 钟爽 . 矿山废弃地生态恢复理论体系及其评价方法研究 [D]. 阜新：辽宁工程技术大学，2005.

[72] 张德明，贾晓晴，乔繁盛，等 . 绿色矿山评价指标体系的初步探讨 [J]. 再生资源与循环经济，2010，3（12）：11-13.

[73] 闫志刚，刘玉朋，王雪丽 . 绿色矿山建设评价指标与方法研究 [J]. 中国煤炭，2012，38（2）：116-120.

[74] WANG Y. Application of fuzzy evaluation method in mine construction project design plan comprehensive evaluation[J]. Journal of the Balkan Tribological Association，2016，

22：4089-4098.

[75] REID C，BÈCAERT V，AUBERTIN M，et al. Life cycle assessment of mine tailings management in Canada[J]. Journal of Cleaner Production，2009，17（4）：471-479.

[76] GUO P Y，ZHENG L E，SUN X M，et al.Sustainability evaluation model of geothermal resources in abandoned coal mine[J].Applied Thermal Engineering，2018，144：804-811.

[77] 鞠建华，强海洋 . 中国矿业绿色发展的趋势和方向 [J].2017，26（2）：7-12.

[78] 汪民 . 以矿产资源可持续利用促进生态文明建设 [J]. 中国科学院院刊，2013，28（2）：226-231.

[79] 李小玲，刘湘源，陈瑛 . 土地利用协调度压力－状态－响应评价模型 [J]. 广西科学院学报，2014，30（1）：27-31.

[80] 张进德，张德强，田磊 . 全国矿山地质环境调查与综合评估技术方法探讨 [J]. 地质通报，2007，26（2）：136-140.

[81] 陈钰嘉，田淑芳 . 矿山地质环境评价中最佳评价尺度确定方法的研究及应用 [J]. 现代地质，2020，34（3）：626.

[82] AMIRSHENAVA S，OSANLOO M. A hybrid semi-quantitative approach for impact assessment of mining activities on sustainable development indexes[J]. Journal of Cleaner Production，2019（218）：823-834.

[83] 赵玉灵 . 基于层次分析法的矿山环境评价方法研究：以海南岛为例 [J]. 国土资源遥感，2020，32（1）：148-153.

[84] HAN X S，FAN G Q. Application of AHP method in the assessment of mining geological environment：a case study of the coal mine in Datong，Shanxi provence[J]. Ground Water，2013.

[85] 王红梅 . 基于层次分析法的煤矿矿山生态环境评价定量模型研究 [J]. 中国矿业，2020，27（7）：70-75.

[86] CHEN Q，HU K，LUO K L，et al. Study on the synthetical assessment model of mine eco-environments based on AHP[J]. Journal of China University of Mining & Technology，2006，35（3）：377-383.

[87] 谢高地，张彩霞，张雷明，等 . 基于单位面积价值当量因子的生态系统服务价值化方法改进 [J]. 自然资源学报，2015，30（8）：1243-1254.

[88] 廖红军，邵怀勇，孙小飞 . 基于综合指数法的矿山地质环境评价：以攀西矿区为例 [J]. 测绘与空间地理信息，2015，38（11）：44-46.

[89] 罗德江，吴尚昆，郭科 . 基于组合权－灰色关联分析法的矿产资源开发利用综合评价 [J]. 金属矿山，2015（2）：20-25.

[90] ZHANG S，SHI X Z，GU D S，et al. Analysis and evaluation of safety management capability in mine based on ISM and AHP and fuzzy evaluation method[J].Journal of Central South University（Science and Technology），2011，42（8）：2406-2416.

[91] WANG Q X，WANG H，QI Z Q. An application of nonlinear fuzzy analytic hierarchy process in safety evaluation of coal mine[J]. Safety Science，2016，86（1）：78-87.

[92] 董煜，柳晓娟，侯华丽．绿色矿山评价指标解析 [J]. 中国矿业，2020，29（12）：68-74.

[93] 季闪电，杨沣．忻州市煤炭行业绿色矿山建设评价指标体系研究：以王家岭煤矿为例 [J]. 中国矿业，2020，29（7）：65-69+91.

[94] 李湘州．协同学的产生与现状 [J]. 基础科学，1997（4）：38-40.

[95] 李柏洲，董媛媛．基于协同论的企业原始创新动力系统构建 [J]. 科学学与科学技术管理，2009，30（1）：56-60.

[96] 王贵支．从混沌到有序：协同学简介 [M]. 武汉：湖北人民出版社，1987.

[97] 白列湖．协同论与管理协同理论 [J]. 甘肃社会科学，2007（5）：228-330.

[98] 袁莉，杨随先，韩志甲．基于全生命周期设计思想的工业设计方法 [J]. 包装工程，2005（3）：184-186+191.

[99] LIU H F，GOPALKRISHNAN V，NG W K，et al. An intelligent system for estimating full product Life Cycle Cost at the early design stage[J]. International Journal of Product Lifecycle Management，2008，3：96-113.

[100] 郭万林．机械产品全生命周期设计 [J]. 中国机械工程，2002（13）：79-84+86.

[101] GORMAN M R，DZOMBAK D A. A review of sustainable mining and resource management：transitioning from the life cycle of the mine to the life cycle of the mineral [J]. Resources，Conservation and Recycling，2018，（137）：281-291.

[102] 陶永，李秋实，赵罡．面向产品全生命周期的绿色制造策略 [J]. 中国科技论坛，2016（9）：58-64.

[103] 秦翥．矿用装备全生命周期服务系统的研究与应用 [J]. 煤炭科学技术，2019，47（4）：44-49.

[104] 张涵，王峰．矿井提升机全生命周期服务体系构建与应用 [J]. 煤矿安全，2021，52（12）：159-164.

[105] LOOMES R，O'NEILL K. Nature's services：societal dependence on natural ecosystems[J]. Pacific Conservation Biology，2000，6（3）：274.

[106] SUMMERS J，SMITH L，CASE J，et al. A review of the elements of human well-being with an emphasis on the contribution of ecosystem services[J]. AMBIO，2012，41（4）：327-340.

[107] KING M，RENÓ V，NOVO E. The concept，dimensions and methods of assessment of human well-being within a socioecological context：a literature review[J]. Social Indicators Research，2014，116（3）：681-698.

[108] 赵文武，刘月，冯强，等 . 人地系统耦合框架下的生态系统服务 [J]. 地理科学进展，2018，37（1）：139-151.

[109] 马琳，刘浩，彭建，等 . 生态系统服务供给和需求研究进展 [J]. 地理学报，2017，72（7）：1277-1289.

[110] 傅伯杰，周国逸，白永飞，等 . 中国主要陆地生态系统服务功能与生态安全 [J]. 地球科学进展，2009，24（6）：571-576.

[111] LIQUETE C，CID N，LANZANOVA D，et al. Perspectives on the link between ecosystem services and biodiversity：the assessment of the nursery function[J]. Ecological Indicators，2016，63：249-257.

[112] REID W V，MOONEY H A，CROPPER J，et al. Millennium ecosystem assessment ecosystems and human well-being：Synthesis[M]. Washing D C：Island Press，2005.

[113] 赵士洞，张永民 . 生态系统与人类福祉：千年生态系统评估的成就、贡献和展望 [J]. 地球科学进展，2006（9）：895-902.

[114] LI H L，WEI X Y，GAO X Y. Objectives setting and instruments selection of circular economy policy in China's mining industry：a textual analysis[J]. Resources Policy，2021，74：102410.

[115] SU B W，HESHMATI A，GENG Y，et al. A review of the circular economy in China：moving from rhetoric toimplementation[J]. Journal of Cleaner Production，2013，42（3）215-227.

[116] BOULDING K E. Earth as a Space Ship [D]. Pullman：Washington State University，1965.

[117] PEARCE D W，TURNER R K. Economics of natural resources and the environment[M]. London：Harvester Wheatsheaf，1990.

[118] 诸大建 . 可持续发展呼唤循环经济 [J]. 科技导报，1998（9）：3-5.

[119] 石秀秀 . 习近平总书记关于长江经济带绿色发展重要论述研究 [D]. 武汉：中国地质大学，2021.

[120] COSTANZA R，D'ARGE R，GROOT R D，et al. The value of the world's ecosystem services and natural capital[J]. Ecological Economics，1997，25（1）：3-15.

[121] MATHEWS J A，TAN H，HU M C. Moving to a circular economy in China：transforming industrial parks into eco-industrial parks[J]. California Management Review，2018，60（3）：157-181.

[122] 潘英杰．论矿山开发对环境的影响与矿山退役及土地复垦 [J]. 中国矿业，2012（1）：4-8.

[123] FILHO N，MENEZES R R，NEVES G，et al. Environmental impact assessment of mining activities in Pedra Lavrada - PB[J]. Revista Brasileira de Geografia Física,2017,10（1）176-193.

[124] 安然，黄忠，邢东伟，等．矿山开采对环境的影响及防治措施 [J]. 环境保护工程，2017，43（4）：5-10.

[125] 朱贝贝，刘姝婷，冯舒怡，等．矿山开发对土壤环境的影响及防治对策 [J]. 环境保护工程，2019，45（2）：1-6.

[126] 刘宇飞，张文龙，刘春阳，等．矿山开发对水资源环境的影响及其防治对策 [J]. 环境保护工程，2018，44（5）：1-7.

[127] 杨梅忠，刘亮，高让礼．模糊综合评判在矿山环境影响评价中的应用 [J]. 西安科技大学学报，2006（4）：439-442.

[128] 朱五星，孟红军，宋爱民，等．安阳县矿山开发对生态环境的影响及防治对策 [J]. 中国水土保持，2006（9）：45-46.

[129] 窦艺馨．生态文明建设下矿山企业社区和谐发展的讨论 [J]. 中国矿业，2016，25（2）：166-168.

[130] 康纪田．矿山企业在社区建设中的社会责任 [J]. 经济与管理，2013，27（8）：93-97.

[131] 洪增林，李永红，张玲玉，等．一种基于主成分分析法的区域性地质灾害危险性评估方法 [J]. 灾害学，2020，35（1）：118-124.

[132] 李芬，李妍菁，赖玉珮．城市矿山修复生态效益评估研究 [J]. 环境保护，2018，46（2）：55-58.

[133] 吉平，周孝信，武守远．采用平均风速参与因子法的区域风资源评估 [J]. 中国电机工程学报，2012，32（19）：10-15+179.

[134] ALVES W，FERREIRA P，ARA Ú JO M. Challenges and pathways for Brazilian mining sustainability[J]. Resources Policy，2020，74：101648.

[135] 窦永香，赵捧未．敏捷信息系统重构中的模型化研究 [J]. 情报学报，2000，19（4）：391-396.

[136] SIMON F，STEINBRUCKNER F，LEWERENTZ C. Metrics based refactoring [C]// European Conference on Software Maintenance & Reengineering，2001.

[137] FOWLER M. 重构：改善既有代码的设计 [M]. 北京：人民邮电出版社，1999.

[138] 黄仲山．美学重构语境下图文关系的再思考 [J]. 内蒙古社会科学（汉文版），2012（3）：156-159.

[139] 刘秀云 . 基于系统论语境下的工业设计 [J]. 包装工程，2021，33（16）：85-87.

[140] 马赛 . 工业设计中的系统重构与创新 [J]. 包装工程，2018，39（22）：8-11.

[141] 陈晓华，曹梦莹 . 国外乡村空间重构研究述评 [J]. 安徽农业大学学报，2019，46（2）：275-281.

[142] 王雪微 . 东北振兴战略实施以来城市群组空间重构及其城镇化效应研究 [D]. 吉林：东北师范大学，2016.

[143] 郁枫 . 空间重构与社会转型：对中部地区五镇变迁的调查与探析 [D]. 北京：清华大学，2006.

[144] 陈宗瑜 . 社会转型视角下桂北小城镇空间重构研究 [D]. 苏州：苏州科技学院，2015.

[145] 林奕 . 解构与重构在实验性插画设计中的应用 [J]. 艺术品鉴，2020（3）：256-257.

[146] 张浩然 ."空间重构" 在当代工笔人物画中的应用研究 [D]. 淄博：山东理工大学，2022.

[147] NEILL C J，LAPLANTE P A. Paying down design debt with strategic refactoring[J]. Computer，2006，39：131-134.

[148] PLOSCH R，BRAUER J，SAFT M，et al. Design debt prioritization：a design best practice-based approach[C]// IEEE/ACM International Conference on Technical Debt. IEEE Computer Society，2018.

[149] ZAZWORKA N，SHAW M A，SHULL F，et al. Investigating the impact of design debt on software quality. [C]//MTD'11：Proceedings of the 2nd Workshop on Managing Technical Debt，2011.

[150] Kerievsky J. Refactoring to patterns[J]. China Machine Press，2002.

[151] 任恒怡，贺松，陈文亮 . 一种改进的 *K*-means 聚类算法在图像分割中的应用 [J]. 通信技术，2017，50（12）：2704-2707.

[152] 陈思燕 . 基于 *K*-means 算法的云肩色彩提取与配色评价 [D]. 杭州：浙江理工大学，2021.

[153] 邓万春 . 时间、空间与社会理论重构的谱系 [J]. 人文杂志，2013（7）：114-119.

[154] 邓羽，陈田，刘盛和 . 城市物质空间更新研究进展与展望 [J]. 地理科学进展，2017（5）：540-548.

[155] HRICOVA B，NAKATOVA H，BADIDA M. Principles of design for the life-cycle[Z]. Annals of DAAAM & Proceedings，2011.

[156] 柯庆镝，王辉，宋守许，等 . 产品全生命周期主动再制造时域抉择方法 [J]. 机械工程学报，2017（11）：134-143.

[157] KOTA S，CHAKRABARTI A. ACLODS：A holistic framework for product life cycle

design [J]. International Journal of Product Development，2014，19：137-146.

[158] RODRÍ GUEZ C，FLORIDO C，JACOB M. Circular economy contributions to the tourism sector：a critical literature review [J]. Sustainability，2020，12（11）：4338.

[159] 陈小勇 . 关于虚拟空间的经济学思考 [J]. 社会科学战线，2020（4）：76-83.

[160] 杨彪，罗周全，陆广，等 . 基于三维仿真和动态评估的露天矿采剥顺序优化 [J]. 科技导报，2011（8）：54-57.

[161] MEI H H，MA Y X，WEI Y T，et al. The design space of construction tools for information visualization：a survey[J]. Journal of Visual Languages & Computing，2018，44：120-132.

[162] 左稀 . 情感与认知：玛莎・纳斯鲍姆情感理论概述 [J]. 道德与文明，2013（5）：135-142.

[163] 高颖，赵若轶 . 服务设计视角下传统村落人文体验的“三全”设计策略研究 [J]. 装饰，2020（5）：97-99.

[164] 范公勤，陈超 . 基于 Kinect 的数字矿山用户体验研究 [J]. 金属矿山，2013（12）：85-89+93.

[165] 肖广岭 . 隐性知识、隐性认识和科学研究 [J]. 自然辩证法研究，1999（8）：18-21.

[166] 张进财 . 绿色生态资源的规整性开发策略模型与算法求解 [J]. 生态经济，2021（1）：44-52.

[167] 朝乐门 . 信息资源管理理论的继承与创新：大数据与数据科学视角 [J]. 中国图书馆学报，2019（2）：26-42.

[168] HUANG G L，ZHOU W Q，ALI S. Spatial patterns and economic contributions of mining and tourism in biodiversity hotspots：a case study in China[J]. Ecological Economics，2011，70（8）：1492-1498.

[169] 梁流涛，曲福田，冯淑怡 . 农村生态资源的生态服务价值评估及时空特征分析 [J]. 中国人口・资源与环境，2011（7）：133-139.

[170] 周浩明 . 基于“全生命周期评价”的可持续设计思路与方法 [J]. 工业工程设计，2020，2（3）：25-34.

[171] 杨利刚，龚林懋 . 论中色非矿专属云建设的必要性、方法和原则 [J]. 中国有色金属，2023（1）：73-77.

[172] 董治年 . 当代数字化科技背景下环境设计的艺术与科技共生性 [J]. 工业工程设计，2021，3（2）：89-93+102.

[173] KOTA S，CHAKRABARTI A. ACLODS：A holistic framework for product life cycle design[J]. International Journal of Product Development，2014，19：137-146.

[174] RODRÍ GUEZ C，FLORIDO C，JACOB M. Circular economy contributions to the

tourism sector：a critical literature review[J]. Sustainability，2020，12（11）：4338.

[175] LOTTERMOSER B G. Mine wastes[M]. Berlin：Springer Berlin Heidelberg，2010.

[176] 雷海青，柏明娥 . 矿山废弃地植被恢复的实践与发展 [M]. 北京：中国林业出版社，2010.

[177] 宋安琪，季心蕙，赵兵 . 基于生态修复理论的长江岸线林带景观营造：以扬州市江都经济开发区沿江区域林带景观规划设计为例 [J]. 园林，2020（3）：71-75.

[178] 徐逸 . 都市工业遗产的再利用 [J]. 建筑评论，2003（9）：54-56.

[179] 杨守国 . 工矿企业园林绿地设计 [M]. 北京：中国林业出版社，2004.

[180] 于晓航，张曦月 . 工业废弃地景观改造与再利用方法综述 [J]. 现代园艺，2015（12）：89.

[181] 严晖 . 矿山资源可视化信息管理系统的设计 [J]. 矿业研究与开发，2003（2）：35-37+49.

[182] 冯晓娟，米湘成，肖治术，等 . 中国生物多样性监测与研究网络建设及进展 [J]. 中国科学院院刊，2019，34（12）：1389-1398.

[183] ZHAO X L，FENG Z K，ZHOU Y Y，et al. Key technologies of forest resource examination system development in China[J]. Engineering，2019，6（5）：491-494.

[184] 王茂芝，徐文皙，汪大明，等 . 高光谱遥感矿产资源探测软件研制与问题探讨 [J]. 国土资源科技管理，2012，29（6）：59-63.

[185] REN W H. Research on dynamic comprehensive evaluation of allocation efficiency of green science and technology resources in China's marine industry[J].Marine Policy，2021，131：104637.

[186] 张明辉，胡立恩，姚丹，等 . 石英音叉增强光声光谱甲烷检测系统 [J]. 光学学报，2020，40（24）：193-199.

[187] 许嘉炯，马军，南军 . 水资源数字化技术在给水工程中的应用 [J]. 给水排水，2012，48（1）：106-109.

[188] 丛屹，俞伯阳 . 数字经济对中国劳动力资源配置效率的影响 [J]. 财经理论与实践，2020，41（2）：108-114.

[189] 王履华，孙在宏，曾微波，等 . 省级国土资源海量遥感影像数据管理技术研究 [J]. 中国土地科学，2013，27（7）：69-73+2+97.

[190] 董宇，安小米，钱澄，等 . 基于开放度的可控自管理科技数字资源集成平台构架 [J]. 情报理论与实践，2014，37（11）：104-109+113.

[191] LEE T H，JAN F H，LIU J T. Developing an indicator framework for assessing sustainable tourism：evidence from a Taiwan ecological resort[J]. Ecological Indicators，2021，125：107596.

[192] 张坤，苏欣蕾，苏凯红，等 . 基于 POI 大数据的京津冀旅游资源空间分异研究 [J]. 地域研究与开发，2021，40（1）：103-108+114.

[193] 向勇 . 特色文化资源的价值评估与开发模式研究 [J]. 北京联合大学学报（人文社会科学版），2015，13（2）：44-51.

[194] 刘岗，赵轶男，孙裔申，等 . 指挥信息系统人机交互设计中的用户研究方法 [J]. 计算机辅助设计与图形学学报，2020，32（11）：1765-1772.

[195] LIU G W，YANG H，FU Y，et al. Cyber-physical system-based real-time monitoring and visualization of greenhouse gas emissions of prefabricated construction[J]. Journal of Cleaner Production，2020，246（10）：119059.

[196] 张广海，王佳 . 海南省旅游开发生态风险评价与预警机制 [J]. 热带地理，2013，33(1)：88-95.

[197] 张小明 . 公共危机预警机制设计与指标体系构建 [J]. 中国行政管理，2006（7）：14-19.

[198] STARKE S D，BABER C. The effect of four user interface concepts on visual scan pattern similarity and information foraging in a complex decision making task[J]. Applied Ergonomics，2018，70：6-17.

[199] MCDOUGALD B R，WOGALTER M S. Facilitating pictorial comprehension with color highlighting[J]. Applied Ergonomics，2014，45（5）：1285-1290.

[200] NG A W Y，CHAN A . Color associations among designers and non-designers for common warning and operation concepts[J]. Applied Ergonomics，2018，70：18-25.

[201] JIN T，NIU Y F，ZHOU L. Are the warning icons more attentional[J]. Applied Ergonomics，2017，65：51-60.

[202] JUNG H，WILTSE H，WIBERG M，et al. Metaphors，materialities，and affordances：Hybrid morphologies in the design of interactive artifacts[J]. Design Studies，2017，53：24-46.

[203] MEI H H，GUAN H H，XIN C Y，et al. DataV：data visualization on large high-resolution displays[J]. Visual Informatics，2020，4（3）：12-23.

[204] 陈佩 . 主成分分析法研究及其在特征提取中的应用 [D]. 西安：陕西师范大学，2014.

[205] 张滕飞，金晓辉 . 基于 AHP-EW 的武器装备作战试验指标赋权方法 [J]. 指挥控制与仿真，2022，44（1）：127-130.

[206] 周红宇，张学敏，赵金锴，等 . 基于层次分析法和模糊综合评价法的智能割草机器人设计 [J]. 包装工程，2022，43（22）：65-71.